温儒敏论语文教育
四集

Wen Rumin
Lun Yuwen Jiaoyu
Si Ji

温儒敏 著

图书在版编目(CIP)数据

温儒敏论语文教育四集/温儒敏著.—北京：北京大学出版社，2021.4
ISBN 978-7-301-32105-8

Ⅰ.①温… Ⅱ.①温… Ⅲ.①语文课—教育研究—中小学—文集 Ⅳ.①G633.302-53

中国版本图书馆CIP数据核字(2021)第056205号

书　　　名	温儒敏论语文教育四集
	WEN RUMIN LUN YUWEN JIAOYU SI JI
著作责任者	温儒敏　著
责任编辑	艾　英
标准书号	ISBN 978-7-301-32105-8
出版发行	北京大学出版社
地　　　址	北京市海淀区成府路205号　100871
网　　　址	http://www.pup.cn　新浪微博：@北京大学出版社
电子信箱	pkuwsz@126.com
电　　　话	邮购部 010-62752015　发行部 010-62750672　编辑部 010-62756467
印刷者	北京鑫海金澳胶印有限公司
经销者	新华书店
	787毫米×1092毫米　16开本　17.75印张　359千字
	2021年4月第1版　2022年3月第2次印刷
定　　　价	69.00元

未经许可，不得以任何方式复制或抄袭本书之部分或全部内容。
版权所有，侵权必究
举报电话：010-62752024　电子信箱：fd@pup.pku.edu.cn
图书如有印装质量问题，请与出版部联系，电话：010-62756370

前　记

此前《温儒敏论语文教育》已经出版过3集，现在又要出第四集。

这一集收文54篇，大都写于2016年年初至2020年。这期间我除了教学和专业研究，最重要的工作就是主持中小学语文统编教材的编写。收在集子里的大部分文章也都和教材编写使用有关。全书分为4辑。

第一辑"用好统编教材"，主要是有关语文统编教材如何使用的讨论，包括小学、初中和高中语文，其体例、特色和使用的建议，都有比较详细的说明。有多篇是教材投入使用前教师培训的讲座整理稿。

第二辑"教材编写叙录"，包括编写过程的一些思考、争议和探究。从小学、初中到高中，整个语文统编教材编了7年，经过几十轮评审，有些篇章写了几十稿。这个"公共知识产品"到底是怎样"炼"成的？其间的确枝节繁杂，所涉及的文稿、纪要、笔录等材料盈箱溢箧，这里选取若干，从个人角度去回顾教材编写的意图和过程，可谓"弱水三千，只取一瓢"。我曾几次建议人民教育出版社（以下简称"人教社"）把相关的档案做好，否则，日后若有人想研究教材编写史，无从了解其底细，也只能凭心逞臆，做些表面的描述罢了。

第三辑"新高考 新课改 新教法"。因为统编教材是根据课程标准来编的，特别是高中，课型与教法有很大的变化，新高考也给一线教学提出挑战，我尽可能结合一线教学的问题做一些探讨。这一部分文章多是讨论教学的，其实和教材的使用也密切相关。

第四辑"读书为本，读书为要"，所收的文章比较杂，但也大都和读书有关。我总是固执地以为，提升学生的阅读兴趣，是语文教学的"牛鼻子"。据说我的有些"说法"已引起某些一线老师的兴趣，并试图实施到教学中，我为此感到欣慰。

因工作的关系，这些年各种媒体有关我的报道很多，这里选择2篇，附录书后，自知过奖，抱愧实多。还有王彬在《传记文学》上发表的我的传记，聊复存此，希望能为关心我的读者提供一些"背景"材料。对这些记者和传记的作者我深表谢忱。

我的本业是中国现代文学研究，关注并参与语文教育，只能算是业余，本意是鼓动更多的学人一起来为基础教育做点事情。后来发现，语文教育"改革"频频，文件和"动作"很多，其实基础性的研究非常缺乏，而很多社会性的因素又制约了语文教育的正常发展，想做点事情其实是很难的。我虽然出版了多种有关语文教育的文集，其实心里明白斤两,真正有学理性的研究并不多,终究也还是"敲边鼓"而已。

这次新冠肺炎疫情袭来,半年多困瘁宅家,只能采掇旧篇,稍加次第,成此集子,以消磨时光。虽无精彩,曩曾用心,芹献同好,或能得些许切磋与指教也。

书中所收很多是不同场合的讲演或者访谈,有些内容难免重复,这是要特别说明,敬请谅解的。

2020 年 9 月 6 日

目 录

前 记 ·· 1

第一辑 用好统编教材

回答小学语文统编教材使用的十个问题 ·· 3
小学四、五、六年级语文教材的使用建议 ·· 10
重视语文核心素养,重建语文知识体系 ··· 21
如何用好初中语文统编教材 ··· 25
如何用好高中语文"必修"教材 ·· 37
如何用好高中语文"选择性必修"教材 ·· 48
新教材,新在哪里?
　　——《人民日报》专访 ·· 60
在课程改革中"守正创新"
　　——新华社《瞭望东方》周刊报道 ·· 64

第二辑 教材编写叙录

往课外阅读及学生的语文生活延伸 ··· 71
小学初中语文教材的七点创新 ·· 74
编审杂录四则 ·· 76
在国务院教材工作会议上的汇报 ··· 80
关于语文教材中的诗歌 ·· 84
编教材要实事求是,照规律办事
　　——在人教版高中语文修订会上的讲话 ·· 86
"语用"和"方法性知识" ·· 90
关于高中语文"双线组元"的意见 ··· 93
高中语文教材编写大纲形成的某些困扰 ··· 95
网络戾气有碍于学术讨论 ·· 101
在高中语文封闭统稿会上的发言 ··· 103

我与人教社的三度合作 …… 108
"有什么样的教材，就有什么样的国民"
　　——《环球人物》杂志报道 …… 112

第三辑　新高考　新课改　新教法

高考改革背景下的语文教学 …… 119
高考语文试卷命题改革的几点建议 …… 132
高中作文教学为何"全线崩溃"？
　　——《光明日报》专访 …… 136
在高考考试大纲公布宣讲会上的发言 …… 139
高考作文不宜导向写"小社论" …… 141
语文课重点学的是书面语 …… 144
核心素养、任务群与建构主义 …… 146
"整本书阅读"功夫在课外 …… 153
课外阅读能否课程化？ …… 155
小学语文中的"诗教" …… 158
和中学生谈谈如何读《朝花夕拾》 …… 167
《乡土中国》导读 …… 177
《红楼梦》整本书阅读的教学要点与难点 …… 184
语文老师要做"读书种子" …… 190

第四辑　读书为本，读书为要

《温儒敏谈读书》出版感言 …… 197
要的是"浸润式"阅读 …… 199
培养纯正的阅读口味 …… 202
为何要通识教育？ …… 204
《温儒敏语文讲习录》前言 …… 207
为师范生培养竖起卓越的标杆 …… 210
让经典喜闻乐见 …… 213
孩子们喜欢《哈利·波特》的 N 个理由 …… 215
和流俗文化保持一点距离 …… 219
扎根基层有真材实料的教育家 …… 221
刷视频玩游戏还是读书，这是一个问题！ …… 224
抖落学生的任性 …… 229

《中国现代文学三十年》出版往事 ……………………………………… 231
《温儒敏讲现代文学名篇》前言 …………………………………………… 235
《为精神界之战士者安在》题记 …………………………………………… 239
说说我的研究著作
　　——选自《温儒敏画传》 ……………………………………………… 243

附　录

以教师为"志业"，不只是"职业"
　　——《教育家》杂志封面人物报道 ………………………………… 251
温儒敏：温良儒者，敏慧前行
　　——《中华儿女》杂志报道 ………………………………………… 256
澹泊敬诚的问学之道
　　——《传记文学》刊载温儒敏学术传略 …………………………… 261

第 一 辑

用好统编教材

回答小学语文统编教材使用的十个问题[①]

> 要关注教材变化之中所体现的观念、意图和方法,用好新教材,推进语文教学水平的提升。

这套新教材是中央关注和批准、教育部直接领导和组织编写的,其编写资源可以说空前雄厚。前后从全国调集五六十位专家、作家、教研员和编辑,组成编写组,人教社的中学语文室(以下简称"中语室")和小学语文室(以下简称"小语室")在其中起到中坚作用。实际参与过这套教材咨询等工作的各个学科领域专家有上百人。教材还经过三十多轮评审、几百名特级教师的审读,以及多个省市几十所学校的试教。如果不是"部编",很难动员这么多力量。它的编写质量是有保障的,作为一种"公共知识产品",也能够被多数人接受。我们不好说这是理想的教材,但显然可以超越现有各个版本同类教材的整体水平。不必把这套教材的优点说得那么多、那么绝对,它可能只是相对地好一些,是站在既有的各种版本语文教材的"肩膀"上,提升了一些高度。部编教材取代原来人教版,以及其他一些版本,不要忘记前人的功劳。

很自然的,大家会比较新旧教材的异同。要关注这些"不同"与变化之中所体现的观念、意图和方法,通过新教材的使用,去推进语文教学水平的提升。

大家现在只看到小学一年级和初中一年级新教材,其他还在最后送审,二年级大概8月份才能印出来。这里有

[①] 本文根据2017年5月24日笔者在小学语文统编教材使用培训会上的讲稿整理。

必要让大家对整个"部编本"语文教材有个大致的印象。说是总体特色,其实也就是从编者角度,希望教材能够在这些方面有所创新和突破。

一是强调"立德树人",却又避免做表面文章,努力做到润物无声。

二是"接地气",希望有新理念,又不挂空,能实用好用。

三是"守正创新",新教材吸收了过去教材编写以及教学改革的经验,不是颠覆以往的教材教法,而是在以前各个版本教材的基础上去创新。

四是体现时代性,力图贴近当代中小学生的"语文生活"。

以上4点,是新教材的编写理念,也是努力的方向吧。

下面,我想结合老师们接触这套新教材之后可能碰到的若干问题,来做些说明。一共有10个问题。

一、一年级为何要改为先认字,再学拼音?

过去都是一年级刚上学就学拼音,然后再用拼音去认字。这回改了:把拼音学习推后个把月,先认一些汉字,再学拼音,而且边学拼音边认字。这个改变体现一种更切实的教学理念。其实,传统的语文教育都是从认字开始,是在没有注音帮助的情况下进行的。以前的蒙学的办法,就是让孩子反复诵读,慢慢就会认字了。"部编本"多少有点回归传统。入学教育以后,第一篇识字课文,就是"天、地、人、你、我、他",六个大的楷体字扑面而来,会给刚上学的孩子留下很深的印象,可能是一辈子的印象。接下来是"金、木、水、火、土""云对雨,雪对风",很传统,也很有趣。为什么这样安排?要的是孩子们对汉字的原初感觉。"第一印象"不是字母 abc,而是汉字"天地人",这个顺序的改变是别有意味的:把汉语、汉字摆回到第一位,而拼音只是辅助学汉字的工具,不是目的。

先认字后学拼音,还有一个考虑,是幼小衔接,放缓坡度。对于一年级刚上学的孩子而言,一上来就是拼音,比较难,等于给了"下马威",并不利于培养对语文课的兴趣。现在把拼音学习推后一点,能减少他们的畏难情绪。我看拼音学习再往后推一两个星期也无妨,总之是要想办法让小学生觉得语文学习挺有意思的,一开始就要注意培养认字读书的兴趣,这比什么都重要。

二、汉语拼音对刚上学的孩子比较难,教学有什么建议?

老师们要明确,学拼音是为了识字,当然,还有普通话正音。拼音是认字的工具,但别当作阅读的工具。汉语拼音只是拐杖,学会认字就可以不要这个拐杖了。所以,拼音教学要实事求是,降低难度。

例如,发音是比较难学的。学拼音当然要教发音的方法,但也不要过分要求。一年级能拼读音节就可以了,不一定要求能直呼音节。拼音字母表是要熟记的,但不强求背诵默写。声母、韵母的音节能够书写即可,是否工整不必讲究。大致说来,就是一年级拼读准确,二年级要求熟练一点儿,也就可以了,别增加其他额外的负担。有许多学校一年级还学英语,英文字母和汉语拼音老是混淆,老师教学的压力是很大的。还有就是南方方言区的老师,为了训练一个发音,可费老劲了,效果还不好。如果认识到汉语拼音就是一个认字的"拐杖",普通话正音无非是为了沟通,那老师的压力会小一点,辐射到学生那里负担也会轻一点,效果不见得就差。

其实,《义务教育语文课程标准(2011年版)》已经降低了难度,有些学校可能不注意。说到普通话的学习,也要实事求是,方言区的学生会用普通话沟通,就可以了,不一定要求说得多么标准、漂亮。如果方言区的老师能结合所在地区学习普通话的发音难点,来补充设计更有针对性的教学方案,那就更好了。总之,学拼音就是帮助认字,不能代替认字。拼音对学普通话有正音作用,但不要把读拼音当作学普通话的办法。

另外,"部编本"语文的拼音教学内容还有一个变化,就是将拼音教学与认字教学结合起来,学拼音结合认字,彼此融通。对此大家也要重视。

三、"和大人一起读"是什么栏目?要列入教学计划吗?

"和大人一起读"是新教材的亮点之一。大人指父母、老师或其他家庭成员与亲友。一年级刚上学的学生自己还不会读,所以让大人和他们一起读。这个栏目的用意是激发读书的兴趣,让孩子刚上学就喜欢语文,喜欢读书。这也是幼小衔接的学习方式。幼儿园主要是无纸化教学,听故事多,到了小学就开始使用纸质的阅读材料包括书本了,让孩子先和大人一起读,慢慢过渡到自己读,这过程需要大人的引导。以前的教材没有这个栏目,大家不知道如何处理。我建议你们把这个栏目纳入教学计划,但不要处理成一般课堂上的课,这是课堂教学的延伸,延伸到课外,延伸到家庭。让家长少看电视、少打麻将、少用微信,多和孩子一起读书,这也等于创造了语文学习的良好氛围。可以给家长"布置作业",让他们配合做好"和大人一起读"。现在许多家长没有和孩子一起读书的习惯,我们可以先在教室里面让老师和学生一起读,然后,通过家长会、家长课堂等形式,示范怎么实施一起读。

一起读可以朗读,也可以讲读,或者对话式阅读,形式不拘,但要注意都是在读书,是书面语言的阅读。一起读不要给孩子太多压力,也不必布置作业,附加的任务多了,压力大了,兴趣就少了。应当让孩子在大人的陪伴下进行无压力的自由轻松的阅读。教师如果觉得教材中的一起读课文比较浅,也可以换,另外找一些作品来读。

四、"部编本"小学语文教材的课文有哪些变化?

一个变化就是课文数量减少了,教学类型增加了。像一年级上册,人教版原来有41

课,现在减少为32课;汉语拼音的课量也减少了,识字课却增加了。一年级下册,人教版原有39课,现在也减少了,减少为29课。

课文数量的减少,不要简单地理解为"减负"(孩子们负担重,往往不是教材、老师加重的,而是社会、家长加重的),而是教学内容方式的调整,使教材所呈现的内容更加丰富,更加重视口语、读书等方面的内容,也更有利于语文素养的提升。

从一年级到六年级,整个课文的变化很大,几乎换了三分之二的课文。课文的选篇标准强调了这4点,即经典性,文质兼美,适宜教学,同时要适当兼顾时代性。新教材对优秀的传统文化格外重视,这方面选文的比重大大增加,一年级就选了许多古诗。

大家会发现,有些经典的老课文又回来啦,没经过沉淀的"时文"少了。

五、识字写字教学如何做到更有科学性?

首先是实行"认写分流,多认少写"。这是"部编本"语文低年级的编写原则。这样做,是为了提高教学效果,为尽快过渡到独立阅读阶段创造条件。认识字和学会写,是两个不同的目标,小学要求低年级认识常用字1600个左右(以前是要求1800个),其中800字左右会写,教学中注意不要加码。不要回到过去那种"四会"的要求,因为认、讲、用、写是很难齐头并进的,那样做效果可能欲速则不达。

新教材在识字教学的安排上是有讲究的,大家在教学中要认真体会。一般而言,只要按现教材设定的各个阶段目标推进,学生到二年级下学期大致可以实现独立阅读。大家要注意:一年级上册后面附了一个《识字写字基本字表》,要求会认300字(这300字应当是低年级识字教学的重点),100个会写的字;一年级下册附400个会认的字,200个会写的字。有的老师会问:这些字是怎么来的? 是为了帮助学生认读课文,才安排学这些字吗? 不是的,它是依据对小学生阅读的字频调查来确定的。先认这些字,才可能尽快过渡到独立的阅读。而且从字理、字结构来看,先认识这些字,也有助于学生举一反三,认更多的字。

新教材有意安排了"多元认字"内容,就是说,不完全依赖拼音认字,还要多通过字形、结构、偏旁等去认字。如果单纯依赖拼音识字,可能会拖累识字的效率,不利于尽快进入无拼音的实际阅读阶段。教学中老师们要重视范读、熟字带生字、尽量勾连口语词,等等。教第二、三单元时,要巩固和复现之前认识的汉字,避免回生。一年级要尽量照顾到多元识字,到二年级下学期,一般就掌握多元认字方法了,那时就不光会拼音识字,还会根据上下文猜读、根据形声字构字规律猜读等。新教材"多元认字"的教学思路,老师们应当多加关注,加强研究。

六、如何上好古诗词的课？有无必要让孩子学"国学"？

部编语文的古诗文篇目增加了。小学一年级开始就有古诗，整个小学6个年级12册共选有古诗文132篇，平均每个年级20篇左右，占课文总数的30%左右，比原有人教版增加很多，增幅达80%左右。初中6册选用古诗文的分量也加重了。

怎样教好古诗文的课？最好的办法就是反复诵读，读得滚瓜烂熟，不用有过多的阐释，也不要太多活动，宁可多读几遍、多读几篇。比如，给一年级学生讲《春晓》，讲春天到来的感觉，那种发现，让孩子大致上懂得写了什么，发挥孩子的想象力，就可以了，不要让孩子去记什么"抒发了诗人热爱春天、珍惜春天的美好心情"之类。因为"珍惜春天的美好心情"之类，不是一年级孩子能理解的。讲王维的山水诗，也不一定非得往"热爱大自然"上面靠，让小学生安静下来，体会一下诗中表达的那种"静"，我看就可以了，不必添加许多成年人理解的内容。

古诗词教学要注重让学生感受诗词音韵之美，汉语之美，也许一时说不清美在哪里，总之是积淀下来，有所感觉了。现在有些古诗词教学过于烦琐，像外科手术，把那种"美"都给弄丢了。

小学生学古诗文，是比较难的，要求别过高，不必在所谓主题思想、意义价值、艺术手法等方面讲太多。有的教案总喜欢来个三段论——"知作者，解诗意，想画面"，未免太死板，也不得要领。

朗读不能取代自主性的阅读和吟诵。

要不要把"国学"当作课程？我在这里非常明确地表达自己的观点：没有必要。"国学"这个概念很复杂，在晚清是为了抵御"西学"、拯救国粹而提出的，当时是"国将不国"之学，带有保守主义的意味。这些年有些人张扬"国学"，也许有一定的现实意义，但什么是"国学"？范围太大，很笼统，而且精华与糟粕纠缠，又很复杂。我看还是提"优秀传统文化"为好，这是中央的提法。至于"国学"不"国学"，学界都还弄不清楚，有争议，我们中小学不要去套用。

社会上有人开设了读"三百千"的班，说那是"读经"。夸张了。"三百千"是古代开蒙的读物，主要是认字用的，小学生读一读也无妨。但要注意"三百千"并不是"经"，里边也有许多不适合现代人格发展的糟粕。小学不要开设什么"读经"班。多读点优秀的古诗文就挺好。

七、"部编本"语文为何要强调课型的区分？

课型的区分一年级还看不太出来，到了三年级，课文就分为两种类型，或者两种课型，一是精读课，二是略读课。初中教材"精读"干脆改为"教读"，"略读"改为"自读"，加上往课外阅读,就建构了"三位一体"的阅读教学体系。

精读课主要老师教,一般要求讲得比较细、比较精,就是举例子,给方法,激发读书的兴味;而略读课主要让学生自己读,把精读课学到的方法运用到略读课中,自己去试验、体会,很多情况下,略读课就是自主性的泛读。课型不同,功能也不同,彼此配合进行,才能更好地完成阅读教学。

那么小学怎么上好教读课? 一是要安排好预习,不要布置太多作业,主要就是提一些有趣的问题做铺垫和引导,激发阅读的兴趣。教读的重点是教阅读的方法,同时也适时教一些写作方法,两者结合起来。自读课是把教读课的方法沉淀运用。老师不要多讲,就让学生自己去读。有些老师可能不放心,还要为自读课安排讨论或者作业,这是不必要的。

我特别要说说另一种课型的混淆,不管学什么文体,无论小说、散文、诗歌、童话、议论文、科技文,全都用差不多的程序和讲法。有的上诗词课,也要分析主题意义,上童话课,就和小说差不多,还是人物性格、艺术手法,等等。不同的文体课型应当有变化。如果课型不变化,没有节奏,老是那一套,学生能不腻味?

"部编本"在课型问题上有许多探索,比如对文体特点的提示,以及不同文体阅读方法的要求,等等,都是有用意的,老师们要重视。

八、为何要提倡阅读教学的"1+X"?

现在语文教学最大的弊病就是少读书,不读书。教材只能提供少量的课文,光是教课文、读课文,不拓展阅读量,怎么用力,语文素养也不可能真正提升上去。"部编本"语文教材比起以往教材,更加注意往课外阅读延伸了,但阅读量还是不够。所以我主张加大课外阅读,鼓励"海量阅读",鼓励读一些"闲书",也就是和考试甚至和写作并不一定"挂钩"的书;鼓励读一些"深"一点的书,可以"似懂非懂"地读,"连滚带爬"地读。只有这样,才能培养起读书的兴趣。当然,我们的语文课就要改一改,不能满足于精读精讲,不能要求阅读全都围绕写作,还要在精读精讲之外,交给学生各种实用的读书方法,比如快读、浏览、跳读、猜读、群读,还有非连续文本阅读、检索阅读,等等。"部编本"语文在不同文体的阅读,以及多种读书方法的教学方面,开始做一些尝试。这是新课题,希望老师们也支持。

所谓"1+X"的办法,即讲一篇课文,附加若干篇泛读或者课外阅读的文章,让学生自己读,读不懂也没关系,慢慢就弄懂了。这就是为了增加阅读量,改变全是精读精讲而且处处指向写作的那种教学习惯。

新教材一二年级就有延伸阅读,高年级会更多些。小学中高年级以及初中教材,几乎每一单元都有课外阅读的延伸。新教材实际上已经把"延伸阅读"部分纳入教学体制,并尝试设置一些检测评价。一线老师在这方面可以大有作为,发挥各自的主动性,去探索、研究适合自己的可行的办法。这肯定是一个教学的创新点。

九、怎么设计"快乐读书吧"课?

"快乐读书吧"课,每学期一两次,每次安排某一种阅读类型。比如,儿童故事、童话、寓言、民间传说、科普读物,等等,让学生接触各种文体类型,有基本的文体知识,激发阅读各种类型读物的兴趣,有意识让学生去掌握一些读书方法。这个栏目不要处理成一般的课文学习,老师可以举一反三,讲一点相关的读书常识,包括书的类型和阅读方法,但主要是引发兴趣,让孩子自己找书来读。

十、新教材为何要重建语文知识体系?

这些年的课改为了防止应试式的反复操练,提出语法修辞和语文知识的教学不要体系化,要"随文学习"。这个出发点是好的。问题是,如今的语文教学又出现另一趋向,就是知识体系被弱化。很多老师不敢理直气壮地讲语文知识,不敢放手设置基本能力的训练,知识点和能力训练点不突出,也不成系列。结果教学梯度被打乱,必要的语文知识学习和能力训练得不到落实。有时课上得满天飞,可就是没有把得住的"干货"。

针对这种偏向,"部编本"语文教材做了一些改进。一是每个年级和各个单元的课程内容目标力图更清晰,教学的要点也更清晰,要让一线老师备课时了解应当有哪些"干货",做到"一课一得"。

部编语文教材已经在努力重建中小学的语文核心素养的体系,这是"隐在"的体系,不是"显在"的,不刻意强调体系化,还是要防止过度的操练。老师们了解这一点,教学中就要胸有成竹,知道每一年级的语文学习大致达到什么要求,通过哪些线索去逐步实现,每一单元甚至每一课的知识点、能力点在哪里,等等。教学实施中不去追求"体系化",但还是要有体系的。

语文知识的教学必须加强,但"随文学习"的办法不能丢。心中有数,就能在教学中想办法落实。不要从概念到概念。

小学四、五、六年级语文教材的使用建议①

新教材带来新要求,新理念,促使我们改进教学。但要实事求是,根据各自的学情稳步推进。

今年9月开始,小学四五六年级也要使用"部编本"语文教材。我就教材的编写理念、框架、体例,以及使用中应当注意的问题,讲几点意见,供大家参考。

在座主要是教研员,你们有一部分所在地区的学校已经在用"部编本"语文一二三年级教材,过去也有过培训,对这套教材比较了解;也有一部分老师还没用过"部编本",我讲课会兼顾一点,但重点放在如何用好四五六年级教材。主要针对教材使用中可能面对的一些问题来讲,讲讲如何备课,给老师一些建议,不一定对,只供参考。讲8个问题。

一、"立德树人"要"整体渗透,润物无声"

部编小学语文教材是如何体现"立德树人"的?从课文选择看,增加了体现优秀传统文化、革命传统和中国特色社会主义文化的课文,同时也兼顾到其他类型的文化,所选课文注重经典性,这就保证了教材的"材"是有利于"立德树人"的。再看框架结构。新教材以双线组合来设计教学单元,一条线是人文主题,另一条线是文体和语文素养等要求。每个单元都有一句格言或者诗句做导语,以

---

① 本文系2019年5月23日笔者在教育部举办的部编小学语文教材(四、五、六年级)使用培训会上的讲话,发表于《语文建设》2019年第8、9期。

比较灵活的方式把单元的人文主题标示出来。备课时应当先琢磨导语的含义，结合单元的课文去把握这个单元的人文主题。主题可能比较宽泛，但总有大致的指向。比如，四年级上册第七单元第一页写着"天下兴亡，匹夫有责"，结合课文，我们可以理解这个单元的人文主题就是"为中华崛起而读书"。而第八单元第一页写的是"青史留名多俊杰"，主题则落在学习中华历史仁人志士精神这一点上。五年级上册第七单元用了艾青一句诗"为什么我的眼里常含泪水，因为我对这土地爱得深沉"，六年级上册第二单元首页标示的是"重温革命岁月"，显然，这两个单元的人文主题是"爱国"和"继承革命传统"。但也有一些单元的人文主题不那么集中和明显，或者只在单元首页标示与人文性关联不大的一两句话，比如五年级第二单元的首页标示的是"阅读要有一定的速度"，这是侧重读书方法的。不过，这个单元同样也有"立德树人"的主题要求，可以结合课文内容指向去归纳确定。备课时，应当对整个小学语文新教材的单元结构，特别是人文主题的安排情况，有个大致的了解。教一个学期，起码对这个学期教材中人文主题的安排能了然于心，明白各个单元在落实"立德树人"方面重点做什么。所谓"整体构思"，是教材的，也应当是教学的，老师在这方面要留一点心。

教材没有刻意去规定哪个设计或者习题就是"完成"所谓"人文性"的，"人文性"应当很自然地弥漫到各个教学环节，也就是"润物无声"。"立德树人"的教育必须是语文的，是通过自然熏陶，能紧密贴近学生的情思的，教学时不必刻意拔高，或者处处贴标签的。我看到有些老师备课时把所谓"思想教育"一条一条列出，教学中也常常照搬某些成人社会的"大词"和"套话"，似乎这就很"人文"了，其实未能关照儿童认知的特点，也未能发挥语文课熏陶感染的功能，难以起到好的教学效果。新教材的使用，应当注意克服这种偏向，要"立德树人"，但这是"润物无声"的教育，别弄得"教化"味太浓。举个例子，比如，四年级上册第一单元，首页引用王维的诗句"江流天地外，山色有无中"，主题不那么明显，如果结合课文，包括"钱塘观潮"、洱海"走月亮"，还有"月夜繁星"等内容，可以理解这个单元的人文主题是"人与自然"。不过，对四年级小学生来说，我们不一定非得从"人与自然"这样哲学的高度去归纳主题，而应当考虑到儿童认知的合适角度。其中布置"口语交际"练习，有这样的一句话提示："和大自然接触，让人们心旷神怡。"我看，这就可以作为整个单元的人文主题。在这个单元教学中，能够让学生去体会这一点，感受大自然，认识大自然，就有人文性，也就是在做"立德树人"的教育了。当然，教材的习题中还提示了这么一句，"不难发现人类的许多行为正破坏着我们的生活环境"，也是想突出主题吧，不过这有点拔高了。课文本身很难提炼出这个意思，还不如就扣住"和大自然接触"，启发孩子们的想象与感受。

实现人文教育，切忌穿鞋戴帽，不要动不动就套用"大词"。如五年级下册第四单元，标示语是林则徐"苟利国家生死以，岂因祸福避趋之"，这个提示有点"严重"，很容易让人想到这个单元又是"爱国"主题,而林则徐的那种悲愤与感慨,不是这个年龄段的孩子们能够完全理解的。单元所收课文有的写刘伯承忍痛动手术,有的写方志敏的"清贫",还有的写南海无名岛上海军陆战队的艰苦生活,与林则徐那两句话又不完全联系得上,我看还不如贴近小学生的认知特点来突出本单元主题,就从坚毅、清贫、奉献等角度去启发学生体会和思考。我举这些例子,是想说明,教学把握各个单元人文主题,应当结合课文的内容和学生容易理解的生活经验,去激发对美好品质的思考与向往。这种教育不是外加的、教化的,而是自然的、发自内心的、浸润式的,也就是"润物无声"的。

在这套新教材中,"立德树人"是全覆盖,无论课文选取还是教学设计,可以说处处渗透这一理念,有时不用专门去讲,但已经在起作用。"立德树人"不是教学中要显示的一个标签,语文课的人文教育,包括革命传统教育,应当是"语文"的,是通过语言文字运用的学习在起作用的,是"润物无声"的。这和历史、品德课应当有所不同。

二、立足"语文核心素养",克服教学的随意性

语文教学容易被人所诟病的,是随意性。部编语文教材想在减少随意性、加强科学性方面下功夫。希望老师们使用新教材,能关注如何克服"随意性"这个问题。最重要的,是理解和把握好语文学科的性质与定位,有这种理论自觉。语文是什么?语文课要教什么、学什么?"人文性和工具性"的统一就把语文学科性质解释清楚了吗?所谓"大语文""真语文"等提法有意义吗?……多年来,这些问题一直都有争论,我们当老师的好像是明白的,事实上又未见得清楚,这才有"随意性"。可喜的是,2017年发布修订后的高中语文课程标准,在语文学科的性质定位方面做了一些理论推进,值得注意。我们是小学语文老师,对于高中语文新课标如何定义语文课程,应当关心和了解,这对于用好部编语文教材,克服教学的"随意性",会有很大帮助。

"部编本"小学与初中语文教材编写时,高中语文新课标尚未颁布,但有关"语文核心素养"的理念已在学术界讨论,一定程度上,新教材是采纳了"语文核心素养"这一理念的。特别是编高中教材时,注意贯彻新课标的精神,"语文核心素养"更成为编写中时常在考虑的基本观念。这也是使用小学语文教材,也应当重视"语文核心素养"的理由。

我们在备课时,在教学中,处处都应当想到如何体现"语文核心素养"。当然,具体到某一课,可能会侧重四个维度的某一方面。比如,四年级上册第一单元有这么一道习题:"阿妈牵着我走过月光闪闪的溪岸,细细的溪水,流着山草和野花的香味,流着月光。你的头脑中浮出了怎样的画面?"类似的要求"想想画面"的习题在教材中比比皆是,教学中必须细化,有导向。这道题不只是让学生熟悉课文内容,而且要发挥学生想象力,导向直觉思维、形象思维的训练。过去我们的教学也总在要求"想象",老师们知道"想象力"重要,但对"想象力"到底包含哪些主要成分,为何要从直觉思维、形象思维训练的高

度去要求"想象力",就不见得很明白。

语言文字训练,背后有思维训练,包括以前大家关心不够的直觉思维、形象思维的训练。比如这个单元另外一道题,要求学生从课文中找优美生动的句子,抄写下来。一般处理这道题,就是学习语言表达,积累句子和语感。其实这也是不够的,别忘了语言运用和积累的背后,还有很重要的审美训练。这个单元"语文园地"中的交流平台,又是要求学生"想象画面",感觉能"听到秋虫的鸣叫声",还能"闻"到文章中的味道,等等。为何这样设计?要达到什么意图?也应当往直觉思维和形象思维训练方面多想想。

再举例子。第八单元,有《王戎不取道旁李》《西门豹治邺》《扁鹊治病》《纪昌学射》4篇课文,都是历史故事。教这个单元,除了基本的语文知识,大家都会把"语文核心素养"侧重点放在"文化传承与理解"上,但不要忘记语言和文化背后的"思维训练",仍然是本单元的重点。这一单元的"写作",要求选一件"让心儿怦怦跳的事情",写清楚经过与感受。这是语言学习,但背后还是思维训练。我不厌其烦举这些例子,是说明备课和教学时,要有"语文核心素养"的意识,多留意在哪些方面关照"语文核心素养"的哪个维度,这样,教学的目标感更加突出,随意性也会减少。

以上两点说的是用好部编语文新教材的前提,即留心"立德树人"和"语文核心素养",用这两方面的理念和要求,指导整个教学。下面,对于部编语文四五六年级新教材的使用,特别是如何备课,再提一些具体的建议。

三、理清教材的结构框架,让教学目标更明晰

拿到新教材,第一件事可能就是看看有哪些新课文。部编小学语文的新课文大概占41%,变动是比较大的,有些老师感觉比较难,于是主要精力也就花在如何准备好新课文的教学上。这可以理解,但最重要、应该先着手去做的,是对新教材有通盘的了解。

备课中存在的比较常见的问题,是对语文课程的内容目标缺少通盘的把握,备一课算一课,很少考虑这一课或这一单元在整个小学语文课程中的位置与功能。这也不能全怪老师。推行课程改革十多年来,为了防止应试式的反复操练,提出语法修辞和语文知识的教学不要体系化,要"随文学习"。这个出发点是好的。问题是,如今的语文教学又出现另一趋向,就是知识体系被弱化。很多老师不敢理直气壮地讲语文知识,不敢放手设置基本能力的训练,教学中的知识点和能力训练点不突出,也不成系列,教学梯度被打乱,必要的语文知识学习和能力训练得不到落实。有时课上得满天飞,可就是没有把得住的"干货"。有的老师很少主动去了解过现在小学语文几个学段的目标,不太清楚那个年级的语文学习要达到的大致水平,只是关注和经营自己要讲的单元,上下都不衔接,也不通气。

比如分析一种写作方式是"情景交融",或者一种修辞手段是"比喻"(甚至还有什么

明喻、暗喻等),从小学中年段就讲过,高年级还要讲,并非螺旋式上升,而是同义反复,学生会很烦。对整个小学每个学段乃至每一学年语文教学要重点解决什么问题,达到什么水平,很多老师并没有做到心中有数,也就是"大概齐",备课只能是一课一课往前蹭,教到哪儿算哪儿。这种对课程系统缺少整体把握的备课,必然是随意的,甚至是杂乱的,低效的。

针对这种偏向,"部编本"语文教材做了一些改进。一是每个年级和各个单元的内容目标更清晰,教学的要点也更明确,要让一线老师备课时了解应当有哪些"干货",做到"一课一得"。二是部编语文教材已经在努力重建中小学的语文核心素养的体系,这是"隐在"的体系,不是"显在"的,不刻意强调体系化,还是要防止过度的操练。教学实施中不去追求"体系化",但还是要有体系,才不至于凌乱无序。

怎么去掌握新教材的编写体系,又怎么在教学中落实必要的知识点和能力点呢?

建议重温《义务教育语文课程标准》,了解其中第二部分"课程目标与内容",有总体目标与内容共10条,都是比较具体的教学目标。而具体到各个学段,目标和内容就更加细致明确,分识字和写字、阅读、写作、口语交际和综合性学习5个方面,每一学段达到什么目标,都有要求。注意其间所体现的教学梯度,同样是阅读,每个学段要求高低是渐进的,好像在重复,其实有深浅之差别,是螺旋式上升。

所以,在采用部编语文四五六年级教材时,别忘了先认真学习领会课程标准,可以把课标的要求和新教材做些对比,看教材是怎样落实课标的要求的。这道"工序"很重要,是备好课的前提。把课标的要求和教材的设计结合到一起来研究,有个通盘考虑,然后结合自己所在学校以及学生的情况,来用好教材。可以基本按照教材的编排来设计课程,也可以对现有教材的单元结构进行重组,遵循由浅入深的规律来安排语文学习的某些基本要素,课文的单元组合服从这种新的安排。比如这两周上课重点是讲解和练习"浏览",下两周重点是"群读"(瞬间能看一组词),这一单元侧重学习描写,下一单元重点学习议论,等等,是以语文"基本要素"的侧重点来组成教学顺序与线索,课文则是服务和体现这一顺序与线索的。当然,也不是那么机械地分割、镶嵌,不是重回过去那种以知识点为中心的训练,但每一课总要有"抓手",最好每课一得,"得"就是语文素养的某一方面,包括知识、能力。

现在整个部编的小学语文教材都出来了(四五六下册即将出来),我们可以对整个教材的结构框架有完整的了解,这对于我们备课教学是非常必要的工作。即使前面几个学期已经教过一二三年级,现在接着要教四五六年级,我们也要把教材的框架结构弄清楚,胸中有数。编写过程有一个结构框架表,大家可以认真研究,把每一单元、每一课的知识、能力、方法的要求提炼出来。比如五年级上册,依照单元顺序,8个单元的要求分别是"借景抒情""阅读速度""复述与书写""列提纲""场景与细节""简单的说明文"

"景物描写的动与静""梳理信息",等等。可能还有其他一些要求,比如口语的要求,但这几点是知识、方法、能力教学的重点。

参照教师用书。每个单元前面有一个"单元说明",对本单元的主题、课文搭配会有简要介绍;交代"语文要素",也就是教学的要点(单元的首页);还有就是习作的要求。单元教学"需要注意的问题";还会建议"教学要点和课时安排"。每一课都有5个部分的建议:"教材解释"(实际上是课文的读解)、"教学目标""教学建议""教学资源"、"教学设计举例"(教案)。一般来说,教师用书对于教学的知识点、要点、难点交代比较清楚,可以参考,但要结合学情来用。

现在教学案例很多,找起来非常方便。有些老师明天要上课了,今天晚上上网搜索一两个教案,包括PPT,下载,变通变通,很快就备好课了。课文都是教过的,或者读过的,备课也就不再去细读。这样到了课上,效果未见得会好。人家的教案,再好也只是人家的,可以借鉴,但一定根据自己实际情况改造、翻新,变成自己的教案。如果总是图方便,随便搬用并过分依赖人家现成的教案,不但影响教学效果,还可能阻碍老师发挥各自的主动性和创造性,久而久之,有些教师变得很懒,顶多也就成为"教书匠"了。

我听过许多课,看过不少教案,据说有些还是成功的"样板级"的教案,的确也有不错,但也不少是有技巧没有感觉的。为何"有技巧没有感觉"?安排很有条理,甚至有些创意,很好看,但对课文的理解可能是硬套的,没有结合本班的学情,没有自己"感觉"的。这也导致"教什么"的随意。

四、不同文体的教学还是要有课型的区别

部编语文教材很注重课型的划分。从三年级开始,课文分为"精读""略读",加上"课外阅读",形成三位一体的阅读教学体系。初中也是实行单元教学,课文干脆改"精读"为"教读"、"略读"为"自读"。这是有意加大课型的区分。这和以往教材是不太一样的。

精读课主要老师教,一般要求讲得比较细、比较精,功能是举例子,给方法,举一反三,激发读书的兴味;而略读课是让学生自己读,把精读课学到的方法运用到阅读实践中,主要是泛读,自主性阅读。

课型区分不只是分精读和略读,还要区分不同文体教学的不同课型。现在的问题是,教学中文体意识淡薄,课型混淆,这跟教材也有关系。以前各个版本语文教材很多都是以人文主题来划分单元结构的,教学往往就围绕既定主题来进行,可是同一单元课文可能有不同的文体,教学中难免顾此失彼,无论是小说、故事、童话还是散文、诗歌、说明文,几乎都采用差不多的分析性阅读,很注重背景、主题、作者意图、段落大意、词句分析、思想意义、修辞和艺术手法等,这就有点文体混淆了。

其实不同的文体,阅读方法应当有所区别,授课的重点也不一样。老师要教给学生面对不同的文体、不同的书,采用不同的阅读方法。比如,小说和童话不一样,诗歌和散文不一样,文学类阅读和实用类、思辨类阅读是有明显差别的。教学中应当注意区分不同的课型,增强文体教学意识。

比如五年级上册第三单元是民间故事,包括《猎人海力布》《牛郎织女》等故事。老师备课自己先要搞清楚:为何小学语文要安排民间故事?民间故事和一般的故事、小说有何不同?教学的目标指向是否也应当有不同?民间故事积淀有民间或者古人的智慧,本身属于传统文化部分,民间故事里边有民族的审美基因,可以对孩子起到某种文化的熏陶作用。民间故事往往都是集体的口头的创作,充满幻想,带有超自然的、异想天开的成分,表达人们美好的愿望。让儿童接触民间故事,有利于孩子们接受传统文化基因,同时,激发想象力,包括超自然的想象力。所以教这一类课,主要是让学生欣赏情节的夸张,那些带有超自然的、异想天开的幻想,而不能满足于使用教小说的办法,不一定要引导分析人物、主题、思想和手法。

《猎人海力布》选做题要求给海力布的那块石头写一段话,介绍它的来历。《牛郎织女》的选做题是寻找课文中那些不可思议的地方,再想想自己读过的故事有哪些不可思议的情节。这就举一反三,引导如何去"读某一类书"了。

我这里举的只是一个例子,是为了说明,课型必须适合课文的内容和教学目标,即使同一文体的课型,也应当有所变化,语文课才比较生动有趣,不至于死板僵化。比如,散文、小说、诗歌与童话的课型也应当各自有所不同,古代诗歌和现代诗歌的课型也有差别。小学一二年级主要是识字写字教学,还没有分单元,文体界限不要求很清晰。但到了三年级,就分单元了。文体教学意识要加强。

那么怎么去领会教材,区分课型,找到上课的要点和感觉呢?要做两件事,一是自己要读课文,"赤手空拳"去读,获取真实的感觉和认知,这是很要紧的。不只是新课文要认真去读,老课文在备课时也要重新读。自己有感受,讲课才有感觉,有"温度"。二是想一想你的班上那些学生读这篇课文可能会有哪些反应,有哪些难点,有哪些兴趣点,等等。这样,教学才更有针对性。

五、"精读"之外还有多种读书方法

小学三年级以后,应当有更多时间让给学生自主阅读,老师主要是教读书的方法,起到引导作用。比如,读诗歌要教诵读,在体验诗歌的节奏韵律中发挥想象力,还要让学生感受到诗歌语言的精粹,有时会和平常说话的语言不一样,但给人印象却更深刻。这其实是所谓"陌生化"。教学中不一定用这个概念,学生不容易懂,但有些方法还是要提示的。比如提示读一首诗,头一遍很重要,要重视直观感受,最好快读,朗读,一口气读完,

获取带有鲜活的个人感觉的第一印象。这就是方法。

现在的语文课也不是完全不教读书方法，只是缺少自觉，光教精读，轻慢其他。阅读方法是多种多样的。比如默读、浏览、快读、跳读、猜读、互文阅读，以及如何读一本书，如何进行检索阅读，等等，各有各的技巧路数，可是并没有教给学生，甚至没有这方面的教学意识。结果学生就只会精读，无论碰到什么文章，全都用主题思想、段落大意加艺术手法等一套办法去套。一些学生上了大学还不会默读和浏览，只会用精读法，读得很慢，还不得要领。

默读与浏览都是常见而又实用的读书方法，是基本的阅读能力，只有具备这些能力，才有阅读的速度，扩大阅读面，增加阅读量，也才谈得上读书的习惯与兴趣。

比如"跳读"，是浏览、快读时必须要有的方法之一，可以跳过与阅读目的无关或者自己不感兴趣的内容，也可以跳过某些不那么精彩的章节，这样，读起来就会很快，也很有兴趣。又比如"猜读"，也是很常用的方法。小学生认字还不多时，要读一篇文章或者一本书，不能碰到生字生词就查字典，可以根据前后文意思猜着那生字生词读下去，只要大致能读，就不要中断，最好一鼓作气读下去。这样才有读书的兴趣，也才读得快，读得多。想想，我们小时候读《西游记》等小说，不就是这样跳读、猜读的？本来这是无师自通的方法，如果语文课也能教一教，从方法上指导一下，那效果就不一样了。

教给默读、跳读、浏览等方法，要有窍门，有可操作性。光要求"抓住关键词"，要求"读得快"，学生还是不会，等于没有讲，这就需要有具体的可以模仿学习的技巧。拿浏览来说吧，就要把默读、快读、跳读等多种阅读方式结合起来，尽量在"一瞥"之间掌握一个句子甚至一个段落，眼睛最好看文章的中轴线，不要逗留。但是有些孩子阅读时还是要不断逗留，读不快。怎么办？可以让他这样训练自己：五个手指并拢，顺着书的字行往下移动，速度要比眼睛的感觉稍快，而且越来越快。这就训练出来了。总之，要教给具体的读书方法。

要强调读书方法的传授。一堂课下来，有把握得住的"干货"。读书方法就是"干货"。当然，教无定法，根据不同的学情，可以有多种多样的教法，但无论哪种教法，都要让学生有兴趣学，又能把握方法，学会学习，学会读书。

六、采用"1＋X"方法拓展阅读

现在各种版本的语文教材，安排学生的自主阅读、自由阅读还是太少，只靠教材是远远不能满足阅读教学需要的。为了弥补这一缺陷，"部编本"语文做了改进，除了区分课型，把略读课归还给学生，还想各种办法加大阅读量。小学一年级就有"和大人一起读""快乐读书吧""我爱阅读"3个栏目。初中有"名著导读"，高中有"整本书阅读"。小学初中几乎每个单元都有延伸阅读。这些都完成了，阅读量会成倍增加。

但这恐怕还是不够,我就有一个建议:实施"1+X"的办法。即每讲一课(主要是精读课),就附加若干篇同类或者相关的作品,让学生自己去读。可以在课内安排读那些附加的作品,也可以安排在课后。不只是读散篇的作品,也要有整本的书。老师可以稍加点拨,但千万不要用精读课那老一套要求去限制学生,只要求学生能读就好。

这里专门说说教材中的"快乐读书吧",每学期一次,主要当作课外阅读,但课内应当有引导,它是小学阶段的"读整本书",让学生接触不同类型的书,也多少教一点读书的方法。注意,教材的安排有一个系列,是有梯度的。一年级认识书,激发读书兴趣,二年级读童话与儿童故事,三年级读童话和古代寓言,四年级读神话和科普初级读物,五年级读民间文学和《西游记》,六年级读小说,如《童年》《鲁滨逊漂流记》等。每次"快乐读书吧"引导读一本书,又延伸同类书二三种。这个栏目要重视用好,课内举一反三,激发阅读兴趣,适当给点方法。课外放手让学生读,也可以适当"管理",比如组织读书会讨论等,但别有过多程序,别布置太多任务,能读完就应当鼓励和表扬。重要的是读书兴趣和习惯的培养。

七、古诗词要多诵读,少分析

"部编本"小学语文的古诗文篇目增加了。小学一年级开始就有古诗,整个小学6个年级12册共选有古诗文132篇,平均每个年级20篇左右,占课文总数的30%左右。怎样教好古诗文的课?我举几个例子,探讨一些教学的侧重点与方法。看来,教好古诗词,前提是老师对诗词作品要有"感觉",要了解古诗词艺术的基本特点。

如王维的《鹿柴》:"空山不见人,但闻人语响。返景入深林,复照青苔上。"这首诗写空山深林在傍晚时分的那种幽静,先写空山的寂静,接着引出人语响,是空谷传音,愈添空寂。最后写夕阳余晖,更是触发幽暗的感觉。这首诗是写修禅的过程中豁然开朗,有些神秘。当然也可以做其他理解。给小学生读,没有必要往修禅的方面引,也不一定非得往"热爱大自然"上面靠。这首诗写的那种幽静心境,是现在儿童生活中极少能体会到的,让孩子们体味一下,不只是为了了解古人,也是一种"灵魂的探险"。小学生读一读,安静下来,想象和体会一下诗中表达的那种"静"(这是他们未曾经历的),我看就可以了,想象力、直觉思维和形象思维能力,对自然景物的体察、吟味和欣赏的能力,都很自然得到熏陶,这就是美育,不必添加许多成年人理解的内容。

再举六年级上册例子,《古诗词三首》之孟浩然《宿建德江》:"移舟泊烟渚,日暮客愁新。野旷天低树,江清月近人",写的是羁旅的寂寞与思念,一个"愁"字。辛弃疾《夜行黄沙道中》:"稻花香里说丰年,听取蛙声一片",写的是乡下野趣,突出一个"趣"字。习题要求"想象画面",比较两诗写景中表达的不同感情。光是要求"想象画面",对于六年级学生来说,浅了。应当有对于诗歌词语的吟味和理解的引导。比如"客愁新",为何

"愁"能用"新"来形容？又如，"野旷天低树，江清月近人"两句如何对照？"天低树"能否用自己的语言来说说？"明月别枝惊鹊，清风半夜鸣蝉"，诗歌是如何把几个"镜头"拼接到一起的？这样会起到什么效果？等等。类似这样的感受性分析，才真正能引入对于古诗的艺术的欣赏。如果说小学二三年级不一定这样去要求，那么六年级就应当有类似的教学安排了。教材中并没有这方面细致的设计，有点遗憾，老师们在教学中可以发挥。

古诗词教学要注重让学生感受诗词音韵之美，汉语之美，也许一时说不清美在哪里，总之是积淀下来，有所感觉了。现在有些古诗词教学过于烦琐，像外科手术，把那种"美"都给弄丢了。

小学生学古诗文，是比较难的，要求别过高，不必在所谓主题思想、意义价值、艺术手法等方面讲太多。有的教案总喜欢来个三段论——"知作者，解诗意，想画面"，未免太死板，也不得要领。低年级学习古诗词，还是要让学生大致明白诗中所写的内容。"大致"即可，不要字斟句酌，逐字逐句分开来解释，老师适当引导之后，让学生自己去读，反复诵读，能理解多少是多少，可以"不求甚解"。中年级和高年级要逐步引导读诗时的"会意"，也就是多少有些领悟，但也不一定非常清楚。即使因为考试，要给标准答案，那也要给学生说明这只是一种说法，其实还可以根据自己的理解去做其他解释。

古诗词的教学和文言文一样，最好的办法也是反复诵读，读得滚瓜烂熟，不用有过多的阐释，也不要太多活动，宁可多读几遍、多读几篇。诵读可以采取各种不同的方式，但不要全都安排做朗读。这是两种读法。要让学生有自我陶醉式的诵读，要有独处式的诵读，还可以有唱读。这样，才能把古诗词的韵味读出来。就整个中小学语文教学来说，文学类阅读，诗词的教学，活动要少一点，还是让学生静下心来读，是自主性的阅读，而不是动不动就讨论，就做各种活动。

八、写作教学的"根"是思维训练

要重视教学的梯度。一二年级开始有"写话"，也就是学会模仿写几句话。三年级开始有"习作"，而"习作"也是有梯度的。要研究一下每一学期、学年如何安排这个教学梯度。如四年级上册8次习作："推荐一个好地方""小小动物园""观察日记""我和某某过一天""生活万花筒""记一次游戏""写信""我的心儿怦怦跳"；四年级下册"我的乐园""我的奇思妙想""游历什么""我学会了""我的自画像""故事新编"等。这些命题作文，显然是有梯度的。注意主要激发兴趣，每次突出一个点，逐步连成一线。新教材的写作是有系列安排的。老师们对于小学整个写作教学应当有大致的计划。不着急搞"提前量"，不强调谋篇布局，立意创新。可以有模仿，有"仿写"，但要防止一开始就搞"套式作文"。

写作学习的目的为了什么？不只是为了写好文章，更是为了思维训练。明白这个道理,我们的写作教学就有"根"。无论什么教学法,重要的是让学生对写作有兴趣,应当想办法营造一种氛围,引起学生动笔的兴趣,有了兴趣就好办。如果把作文课上成应试技巧课,完全纳入考试准备,那是很难引起兴趣的。

比如,四年级下册"我的自画像",教材中提示是来了新的班主任,为了让老师尽快熟悉自己,想一想自己的外貌、性格、爱好等,举一些事例来介绍自己。可以事先安排每个同学去做,还可以选择某些写得好的,读给大家听,猜猜是谁。如果写作教学能把重点放到思维训练上,引导学生观察、反思、抓特点,就比直接布置如何去写要好得多。

新教材很重视"读写结合",但也并非凡是阅读都指向写作,那样很累,反而会败坏读书兴趣,写作也就上不去。提升写作能力,最重要的是扩大阅读面,加上适当的思维训练和文字训练。多读比多写能更有效地提高写作能力。

新教材带来一些新的要求,新的教学理念,促使我们改进教学。但一定要实事求是,根据各自的学情来稳步推进。各个学校师资和教学水平不同,使用新教材不必"一刀切",不必规定非得采用哪种教学方式,学校和教师应当有他们的选择权。只要抱定"立德树人"和提升"语文核心素养"的宗旨,有改革的意愿,又植根于自己所处的现实环境,脚踏实地前行,部编语文教材就能用好,语文课改就会有好的前景。

重视语文核心素养,重建语文知识体系[①]

中小学语文知识的教学不要追求体系化,不能满足于让学生反复操练,但也要有教学的知识体系,有训练,有"干货"。

这套教材重新确定语文教学的"知识体系",落实那些体现语文核心素养的知识点、能力点。

在十多二十年前,语文教学的知识体系是比较清楚的,听说读写的能力点、知识点也都比较成体系。但在教学中出现的普遍现象是考什么,就学什么、训练什么,语文教学的知识体系实际上已被应试教育的"题海"战术和反复操练所绑架。实施新课程以来,特别是课标的出台,首先要去解决的就是"题海"战术和反复操练的问题,因此特别强调语法修辞和语文知识讲授不要体系化,要"随文学习"。而且课程改革几乎一边倒,就是强化人文性。教材受这种观念支配,也就都采用以人文性为中心的主题单元建构。和之前的教学比起来,最近几年的教学要活跃得多,学生学习的主体性得到尊重。

但又出现另一趋向,就是语文的知识体系被弱化,甚至被拆解了,教材在知识体系的建构上,不敢理直气壮地讲语文知识,不敢放手设置基本能力的训练,知识点和能力训练点不突出,也不成系列。结果教学梯度被打乱,必要的语文知识学习和能力训练得不到落实。有时课上得满天飞,可就是没有把得住的"干货"。某一单元某一课到

[①] 本文系2016年7月20日笔者在小学语文统编教材使用国家级培训会(昆明)上讲话中的一部分。

底要实现什么教学目标,这个目标在整个小学或者中学的语文课程中到底是什么位置,通过这一单元或者这一课能让学生具体学会什么,大致达到什么程度,都不是很清楚。特别麻烦的是,现在各种教材都是课改之后编写的,大都是以人文主题来建构单元,考虑更多的是选文如何符合单元主题,而对语文课程内容目标如何实现,就难以处理。结果大多数教材都只是在思考练习题上做点平衡和补救。大家看看现有其他版本教材,每一课都有字词句分析积累,都有主题、中心思想的探究,但阅读写作的方法都还是比较笼统的。例如总是要求"有感情地朗诵",从一二年级到初三都是这样,到底怎样做到"有感情",朗读有什么方法,并没有提示;思考题中总是见到诸如"抓住关键词""发挥想象力"之类的要求,可是如何让学生怎样去"抓"、去"发挥",也不见方法的交代。修辞如"情景交融""栩栩如生"之类,每个学期几乎大多数课文都这样讲,看不到其中可以模仿练习的方法,看不到教学的梯度。现在的教材的确存在问题,需要改进。"部编本"语文教材很重要的一点改进,就是让课程内容目标体现的线索清晰,各个学段、年级、单元的教学要点清晰。

这套新教材的编写一开始就注意这个问题,按照课标的学段目标要求来细化那些知识的掌握与能力的训练,落实到各个单元。有些必要的语法修辞知识,则配合课文教学,以补白形式出现。现在不是强调"语文核心素养"吗?"部编本"语文教材就已经在努力建构适合中小学的语文核心素养体系。但这是"隐在"的,不是"显在"的,在教材的呈现和教学中并不刻意强调体系,防止过度的操练。但总是要让一线老师使用这套教材有"干货"可以把握,最好能做到"一课一得"。

"部编本"语文教材如何体现知识体系和能力点?有5个"渠道"。

第一是教师用书,会给大家排列一个表,每个学段、单元,甚至每一课要学习哪些基本的知识,进行哪些必要的训练,都一目了然。

第二是每个单元的导语,对本单元学习的重点,包括知识点或能力点,亦有提示。

第三是每一课的思考题和拓展题,必定有一两道题是按照相关的知识点或者能力点来设计的。

第四是综合性学习、写作、名著选读等方面,全都有学习方法或者训练目标等提示,有的还比较具体。

第五是初中每个单元都有一两块"补白",努力联系课文和教学实际,用比较浅易和生动的语言来介绍语法修辞等语文知识。

老师们使用"部编本"教材,要注意这5个"渠道"所体现的语文知识体系,并落实到具体的教学中。

如何去落实?每个学校每位老师可以根据实际情况去做,我这里只是建议大家备课时,做好如下几点。

首先是重新学习研究《义务教育语文课程标准》，了解掌握其中对各个学段内容目标的要求，特别是知识和能力的要求。课标的第二部分"课程目标与内容"，所提出的是总体目标与内容，共10条。比如要求认识3500个左右常用汉字，具有独立阅读的能力，能阅读日常的书报杂志，能借助工具书阅读浅易文言文，背诵优秀诗文240篇（段），九年课外阅读总量应在400万字以上，能具体明确、文从字顺地表达自己的见闻、体验和想法，等等。对总的要求要先明确。还要了解各个学段的目标和内容，那是更加细致明确的。每个学段都有5方面的要求：识字和写字、阅读、写作、口语交际和综合性学习。这些要求是有梯度的。同样是阅读，每个学段的要求是渐进的，好像在重复，其实有深浅之差别，是螺旋式上升。老师们对这些必须了然于心。老师们使用"部编本"语文教材之前，认真研读课标，对新教材所落实的每个学段、单元的内容目标就会做到心中有数，也才能用好新教材。

接下来，老师们可以做的工作，就是参考教师用书所建议的小学和初中的语文知识点和能力点的系列，可以把这个系列和课标的要求对照，互为补充。这样，无论是教哪个学段，都能做到有全局意识，对整个义务教育语文教学所要达到的基本目标很清晰。

做完这两项准备，就是第三步，再仔细研究这些"要点"（知识点、训练点，也就是讲课的重点）如何分布到各个单元、到每一课。要有梯度，螺旋式提升，这就是体系。比如识字写字，从小学一年级到初中三年级，课标都有阶段目标要求，这些要求也已经体现在新教材中，我们可以把这些要求细化，成为一些教学点，做有梯度的排序。比如识字写字教学，其中有各种很具体的要求，包括识字量、笔画、常见偏旁部首、按部首查字典、笔顺、铅笔写字、硬笔写字、正楷、毛笔临摹，等等，都有必要细化落实到每一单元和课上。应当有一条循序渐进的线索，比如从铅笔、钢笔到毛笔，从正楷到行楷，从描红到临写，都要具体落实。这就需要我们老师自己来排列组合。应当细致一点，实在一点，一课一得，重点突出。

再讲讲阅读，每个学段都有要求，但落实到教学，如何细化？如何转为教学中可以把握的点？现在从小学到高中都是"有感情地朗读"，怎么才能做到"有感情"？在方法技巧上还是要具体落实。比如这一课要求朗读注重声调、停顿，下一课可以多练习把握节奏。不是绝对把方法的几个要求分开，但具体到某一课，要有重点。又比如，阅读中很重要的方法——默读，从三年级（以前是一二年级）就要"做到不出声，不指读"。其实这样要求还未能解决如何做到的问题。所以还要教方法、技巧，并落实到教学系列中。现有其他版本教材比较偏重思想内容分析，以及字词句分析，这有必要；但好像普遍不太重视阅读技能的习得，比如精读、快读、浏览、朗读、默读，都有技巧，教材中体现不够。我们备课设计教学方案时就要想办法去细化、落实。

备课要先有全局意识，不能备一课是一课，也不能临时抱佛脚，"克隆"现成的教案了事,一定要研究教材,梳理其"隐在"的知识体系,比较自然而又扎实地体现在自己的教学中。

目前学界在这个问题上仍然有争论,我们认为应当实事求是,稍有平衡,目标是加强科学性。老师们安排设计教案,虽然也可以随文学习,但还是要有整体的考虑和安排,有潜在的体系。中小学语文的知识教学不要过分追求体系化,不能满足于让学生去反复操练,但也要有教学的知识体系,要有训练,有"干货"。总之,使用"部编本"语文教材,不要体系化,但要有体系。这不是开倒车,不是回到以前(其实现在也有)那种完全围绕知识能力点展开的教学,而是在教材中让"语言、修辞、逻辑、文学常识"基本知识和技能要求更清晰,教师教学有章可循。"部编本"语文教材的结构充分考虑到教学需要,各个单元重点突出,单元与单元之间衔接也注意由浅入深,不断积累提升,反复落实基本训练。

如何用好初中语文统编教材[①]

> 读书非常重要,读书的过程,读书的积累,读书兴趣和习惯的养成,本身就是语文。

去年和前年,统编语文教材开始投入使用,我曾经有个讲话,对如何使用新教材提出一些建议。当时主要是就初中一年级而言。今后几年将大面积铺开二三年级,所以我讲课的内容将照顾到整个初中语文教材的使用。关于这套新教材的编写理念框架等,教育部的领导和其他同志也会讲到,我这里就不重复了。但我想讨论一些新的问题,特别是高中语文课程标准刚刚颁布,体现出一些新的课程改革理念,有些必然会影响到整个基础教育语文课程,包括初中,所以在讲新教材时,会联系到怎么理解高中新课标。

但是我今天讲课的主题词是"读书为要",这是老生常谈,但又有现实针对性。基本观点是,使用新教材,应当明确"读书为要",把培养读书兴趣作为语文教学的"牛鼻子"。

这些年,老是"改革""创新",一波未平,一波又起,而且改革的姿态总是在颠覆,把过去那一套摧毁。这个"多动症"弄来弄去,我们一线老师都有点疲了。改革还是要改的,但必须实事求是,不搞颠覆,不要从头做起,要尊重教育规律,尊重前人的劳动,但同时还要面对多样的问题找到主要矛盾,想出改进的办法。比如,高考中考是基础

[①] 本文系2018年5月8日笔者在初中语文统编教材使用培训会(成都)上讲话的讲稿。

教育必须面对的巨大现实，谁都不能只是唱高调，你的理念再先进，方法再诱人，也不能不面对考试这个巨大现实。如果脱离实际，改革要付出的"成本"过大，最终也会失败。这个巨大的现实对于小学语文也是决定性的。我们躲不开呀！

教育界总有一批理想主义者，他们的教育理想和现实形成巨大反差，是很诱人的。他们设想让学生非常快乐地学习，没有作业，不考试，没有排名，没有竞争，无忧无虑的童年。这的确很美，值得向往。但是靠学校老师很难做到，只能是个教育的乌托邦。因为这理想很丰满，现实很骨感。现实是什么？是社会各阶层的竞争越来越严酷，竞争的脚步已经很难停下来。这种社会性的竞争必然辐射到教育中来，什么减负呀，抑制择校热呀，清理辅导班呀，高考中考改革呀，是有些抑制作用的，但也只是治标，而不可能治本。社会上严酷的竞争状态始终会对基础教育产生实质性的影响。所以，在教育问题上，唱高调是无济于事的，只能实事求是，做好学校和老师本身能做好的事情。能改良最好，改一寸是一寸。

需要做一些冷静思考，看在中考高考直接制约基础教育这个巨大现实面前，我们能做些什么？能否让我们的学生考得好，又不至于完全陷于应试教育的怪圈？

我多次说过，有水平的老师都有一个特点，就是懂得平衡，能从各种问题缠绕中厘清主要矛盾，找到比较能解决问题的办法。在当前，语文教学有各种不同的理念、方法、经验、模式，还有自上而下一波接一波的改革，头绪繁杂，目迷五色，但我认为还是要向那些懂得平衡的老师学习，化繁为简，抓主要矛盾，抓培养读书兴趣这个"牛鼻子"。那一波一波的改革，还有层出不穷的改革理念和口号，都可以简化和转化到读书这个"牛鼻子"上来。回到这次会议的主题：若问"统编本"语文教材有什么特色，可以从几个方面去论说，但最主要的特色，就是"读书为要"。用一家媒体的报道标题来说，就是"新教材专治不读书"。

语文学科和其他学科不同，实践性很强，你很难指出一条速效的办法去提高语文素养，它需要长期的熏染、积累、习得。这就必须大量读书，没有别的办法。语言的习得，需要语感的积累，光是精读精讲加练习，或者概论式的知识获取，是难以实现语言习得乃至语文学习的效果的。无论怎么改革，对于语文来说，说一千道一万，还是离不开读书。不能以为放手做各种项目驱动，把课堂搞得很活跃，学生的交际能力提高了，语文素养也随之提升。万变不离其宗，这个"宗"，就是培养读书兴趣。读书非常重要，读书的过程，读书的积累，读书兴趣和习惯的养成，本身就是语文。如果说语文教育要遵循规律，其规律之一，就是激发读书兴趣，养成读书习惯。读书兴趣和习惯的培养，以及读书方法的掌握，远比现在这种面向考试、精读精讲、反复操练的做法要高明，也更加重要。

那么新教材在加强读书方面有哪些措施？我们一线教学应当如何使用和实施呢？

一、区分不同的课型

现在语文教材很多都分为精读和略读两类课。新的初中语文课文干脆改"精读"为"教读"、"略读"为"自读"。这个改变是有明确意图的,就是大课型的区分。目录上标示有星号的都是"自读"课文,其他都是"教读"。

教学中应当如何来处理这两类课呢?

教读课主要老师教,一般要求讲得比较细、比较精,功能是举例子,给方法,举一反三,激发读书的兴味;而自读课是让学生自己读,把精读课学到的方法运用到阅读实践中,主要是泛读,自主性阅读。

老师们可能会有一种担心,怕自读课学得不够精细,影响阅读能力提升,影响考试成绩。其实这是"过虑"了。语文课实践性很强,教读课举例子,给方法了,总得让学生自己去试一试,通过自身的阅读实践去取得属于自己的经验。如果把两种课型都上成教读,学生自己没有足够的实践体验,阅读的经验还是没有。教读和自读两类课型的功能不同,加以区分,是非常必要的,配合进行,才能更好地完成阅读教学。

自读课如何备课,提点建议。备课时要研究教材的导读,然后转化为教学的内容。和其他课比较,导读课应当简单扼要,上成点拨的、提示性的、注重方法的,不要安排太多太细,空间留给学生。比如,八年级上册《美丽的颜色》,是居里夫人传记一节,自读的提示应当突出几点:一是传记阅读方法,类似读历史,真实性为主,感受与思考也要围绕真实。导读中有这么一段:

> 文章记述了居里夫妇在棚屋中用四年时间提取镭的过程。作者像一个摄影师,充满深情地将一个个镜头展示出来。我们仿佛置身于残破的棚屋,看到居里夫妇忙碌的身影,感受到科学发现的艰辛,从中也领略到科学家的坚守与乐观。

注意历史细节,感受真实场景。第二段:

> 文章在叙事的同时,还引用了居里夫人自己的话,或补充历史细节,或展示传主的心理感受。这些引文,增强了文章的真实性,同时变换了文章的叙述节奏,使行文更加生动。多读几遍文章,感受这一特点。

这里提示"真实性"的问题,要求阅读时注意。上课提示这几点就可以了。

讲到课型区分,不只是"教读""自读"的区分,还有不同文体课文教学的课型也要区分。新教材初中语文是双线单元结构,有的单元文体杂混。以后高中语文都是任务群组元,文体杂混会更加突出。这本来也不是什么大问题,一个单元里边可以有不同的文体,适当区分就好了。

现在的问题是,由于单元组合的文体杂混,导致了教学中文体意识淡薄,课型混淆。

最近十多年,各个版本语文教材几乎都是实施人文主题单元结构,按照主题来进行单元教学,同一单元课文可能有不同的文体,但教学中顾此失彼,有所忽略。常常看到那种太过单调的备课,无论是小说、童话、散文、诗歌还是新闻、议论文、说明文,几乎都采用差不多的分析性阅读,很注重背景、主题、作者意图、段落大意、词句分析、思想意义、修辞和艺术手法等,一应俱全。这就有点文体混淆了。

其实不同的文体,阅读方法应当有所区别,授课的重点也不一样。老师要教学生面对不同的文体,不同的书采用不同的阅读方法。比如,小说和童话不一样,诗歌和散文不一样,新闻和历史不一样,文学类阅读和实用类、思辨类阅读是有明显差别的。

备课要重视课型,聚焦文体,突出重点。那么怎么去领会教材,找到我们上课的要点呢?老师要做两件事,一是自己要读课文,赤手空拳去读,获取真实的感觉和认知,这是很要紧的。自己有感受,讲课才有感觉,有温度。二是想一想你班上那些学生读这篇课文可能会有什么反应,有哪些难点,可能有哪些兴趣,等等,这样备课才能有针对性。这两件事要做在前面,是任何教学参考材料都不可能代替的。

讲课不要老是那一套程式,应当根据课的文体以及单元要求的教学目标来设计不同的教案程序,突出文体阅读的特点和重点。比如,散文、小说、诗歌与童话的课型应当各自有所不同,古代诗歌和现代诗歌的课型也要有差别。

二、采用"1+X"方法拓展阅读

以前各种版本的语文教材有一个共同的弊病,就是安排学生的自主阅读、自由阅读太少,每学期只靠十多二十篇课文,无论怎么精细讲授、反复练习,都是远远不够的。没有一定的阅读量,不可能保证阅读能力和写作能力的提升。吕叔湘批评说语文课少、慢、差、费,花了2000多个课时还不过关,是咄咄怪事。其实也不奇怪,就是读得太少。所以新编语文教材要专治不读书,首先就在阅读量这方面下功夫。小学一年级就有"和大人一起读""快乐读书吧""我爱阅读"3个栏目,初中有"名著导读""延伸阅读",高中有"整本书阅读"。这些都完成了,阅读量会成倍增加。

但这恐怕还是不够,于是我就有一个建议:实施"1+X"的办法。即每讲一课(主要是精读课),就附加若干篇同类或者相关的作品,让学生自己去读。可以在课内安排读那些附加的作品,也可以安排在课后。不只是读散篇的作品,也要有整本的书。老师可以稍加点拨,但千万不要用精读课那老一套要求去限制学生,只要求学生能读就好。

阅读材料怎么找?由北大语文教育研究所组织编写的《语文素养读本》可以参考。

区分课型,或者"1+X",都并非反对讲课的精细。课文的分析,有时必须要细,要精,要透,这是毫无疑问的。但这种"细"要有意义,意义就是指向学生读书的兴趣,并帮助学生学会读书的方法,而不能只是为了考试,其他不管。起码这两方面都要兼顾一点,别走极端。课上得死板,千篇一律,又几乎全都指向考试,这就是语文课的一大弊端,是扼杀读书兴趣的。

顺便提到,高考和中考也都开始注意考阅读速度与阅读量。使用新教材,也要重视阅读量的问题。

三、授之以渔,要教读书方法

和以前的教材比较,统编教材更加注意读书方法或者阅读策略。使用新教材,要特别注意方法问题。

现在的语文课也不是完全不教读书方法,只是缺少自觉意识,单打一,光教精读,轻慢其他。阅读方法是多种多样的。比如默读、浏览、快读、跳读、猜读、互文阅读、检索阅读,以及如何读一本书,读不同类型的书如何用不同的方法,等等,以往的教材是关注不够的,老师在教学中也缺少方法意识。结果就造成一种状况:很多学生只会精读,无论碰到什么文章,全都用主题思想、段落大意加艺术手法等一套分析办法去套。一些学生上了大学还不会默读和浏览,读得很慢,还不得要领。

老师们使用统编教材,一定要强化方法意识,加强这方面的教学投入。统编教材中有关读书方法的内容分布在导言、习题特别是"名著导读"中。每一册2次"名著导读",每次都会突出一种阅读方法。老师们备课时,可以参照这些方法提示,把它们转化为教学的内容。比如"名著导读"的《西游记》一课,就集中研讨"跳读""猜读"。想想,我们小时候读《西游记》等小说,不就是这样跳读、猜读的?本来这是无师自通的方法,如果语文课也能教一教,从方法上指导一下,那效果就不一样了。

教读书方法,要有窍门,有可操作性。光要求"抓住关键词",要求"读得快",学生还是不会,等于没有讲,这就需要有具体的可以模仿学习的技巧。拿浏览来说吧,就要把默读、快读、跳读等多种阅读方式结合起来,尽量在"一瞥"之间掌握一个句子甚至一个段落,眼睛最好看文章的中轴线,不要逗留。但是有些孩子阅读时还是会不断逗留,读不快。怎么办?可以让他这样训练自己:五个手指并拢,顺着书的字行往下移动,速度要比眼睛的感觉稍快,而且越来越快。这就训练出来了。

如何阅读一本书?也有方法,可以训练。拿起一本书,要教学生先看书名扉页、提要简介、前言,等等,再翻一翻目录,或者挑选一两个与主旨联系密切的章节重点看看,跳着读,读几段,或者几页,最后要比较认真看看书的结尾部分,往往是对全书提要性的总结,或者还可以看看后记,很快就可以大致了解一本书的大致内容,甚至能判断写得怎么样,决定是否值得再细读精读。这叫"检视阅读",或者叫"检索阅读",是迅速读一本书的办法。很多书都可以采取这种读法,然后再选择自己要认真细读的书。

还可以教学生如何把精读与略读结合。比如,一本书可以读三遍,第一遍粗读,大致了解其轮廓主旨,有个基本印象;第二遍细读,对各章节内容有更加深入的理解;还可以有第三遍,就是带着问题包括疑问去读,选择重点章节读。当然,不是所有书都需要读三遍。这里指的是比较重要的基本的书。

当然,教材不可能全都安排介绍,但老师们讲课时应当心中有数,把散落于整个初中语文教材中的各种读书方法策略理一理,看大致有哪些,整个初中语文学习应当教给学生哪些基本的读书方法,然后安排到讲课中。

读书方法的传授是语文课很重要的内容目标。一堂课下来,要有把握得住的"干货"。读书方法就是"干货"。当然,教无定法,根据不同的学情,可以有多种多样的教法,但无论哪种教法,都要让学生有兴趣学,又能把握方法,学会学习,学会读书。

四、"名著导读"怎么教?

统编语文教材设计了栏目"名著导读",目的是什么?一是引导读名著,读经典,把人类文化的精华交给学生,让学生接触最高尚的精神产品;同时,就是要强化"整本书阅读",读书养性。以前的语文教材都是单篇选文的累积教学,并没有在"整本书阅读"上提出要求。结果学生读书少,完整的阅读更少。有的初中到高中6年,没有完整地读过几本书。这种状况是很严重的。问题是信息时代到来后,网络为王,阅读多是碎片化的,学生更是难得静下心来读完整的书。新教材专门安排"名著导读",首先就是为了"养性",涵养性情,让学生静下心来读书,感受读书之美,养成好读书的习惯。这可能是最重要的。

初中语文统编教材的"名著导读",其实就是"整本书阅读"。每学期2次,也就是读2本,还延伸介绍两三种。"整本书阅读"要列入教学计划,但这是很特别的课型,特别在哪里?课内讲得少,主要是课外阅读,是学生自主性阅读。

我不太主张名著阅读("整本书阅读")课程化。当然课内可以安排一些内容,比如简要介绍某一种书的基本情况,激发读的兴趣,重点放在提示读"这一类书"的基本方法上。比如,怎样读长篇小说,怎样读社科著作,怎样读传记,怎样读历史,都应当在基本方法上有所交代。让学生知道不同的书是有不一样的读法的,有时还需要"签订阅读契约"——比如读小说,主要是借某一角度来打量生活,激发想象,而不能像读历史那样去"坐实";读社科论作,要关注核心概念,以及要解决的问题,要梳理逻辑思路,就不能像读小说那样放开想象;等等。本来读书方法很多,但围绕一本书的阅读重点学习某一种适合的方法,以后学生碰到同一类书,也就会读了。这些都是提示性的,可以用很少的课内时间去实施,但"整本书阅读"主要是课外阅读。

老师们上课应当把"名著导读"独立出来,这是专门的课型,如何做好,需要试验。但有一点我觉得要注意:若要学生喜欢上"整本书阅读",就不能太多干预,应当导向自由阅读、个性化阅读。如果"课程化"太明显,要求太多,学生还没有读,可能就兴趣减半了。如果搞得很功利,处处指向写作,甚至和考试挂钩,那就更是煞风景,败坏阅读兴味。我看社会上有些跟进新教材的名著导读一类读物,安排了很多阅读计划和规定动作,比如如何写笔记,如何做旁批,如何写读书心得之类,甚至时间都规定好了,那就会限制了读书的自由,减损了读书的乐趣。

"整本书阅读"教学效果好不好,就看学生是否爱上读书,自己找更多的书来读,而且是整本书阅读。所以,不要管得太死,宁可实行目标管理,开头有个提示和引导,结尾布置一点小结之类,那就很好了。

中高考语文试卷命题都在考虑如何检测整本书阅读,比如加强阅读面与阅读速度的考察,这可能"撬动"整本书阅读的教学。但那种指定读若干种书,考试就考有无读过,其效果值得怀疑。因为有些应试的办法就是对付这种考试的,结果很多学生未见得读过整本的书,只是读些提要之类,也能应付考试,还是不会读整本书,也没有读书的兴趣和习惯。

五、把课外阅读纳入教学计划

通常讲阅读教学,往往就只是课堂上围绕课文的教学,对课外阅读并不重视,甚至放弃了。这种状况,可称之为"半截子"的阅读教学。

语文课程是一门综合性、实践性课程。这里所说"综合性""实践性",并不限于课内教学,还应当包括课外阅读。要让课堂阅读教学往课外阅读伸展,让课堂内外的阅读教学相互交叉、渗透和整合,联成一体。

课外阅读要给学生自主选择,但不是放任自流,必须有所指导。这就需要有相应的教学计划,根据各个学段的教学目标,安排适当的课外阅读,注意循序渐进,逐级增加阅读量与阅读难度,体现教学的梯度。但是,纳入计划不等同于上课,一定注意不要太多干预,要想办法激发阅读兴趣。要给他们一些自由选择的空间。书目规定可以是一个范围,让学生在这个范围中自己找书来读。规定太死不好。

要容许学生读"闲书",尊重他们的"语文生活"。如果老师们能放手让学生读闲书,那语文课会有变化,变得活跃,还能进入学生的语文生活。

前几天,我在济南西站候车,咖啡室的茶几上放着一本东野圭吾的书叫《白夜行》,我翻了翻,大致知道这是日本一位推理小说家的作品,写得很有技巧,文字也清浅可读。但这类小说都是有套路,可以批量生产的,阅读功能不是感动或者审美,主要是猎奇和娱乐。但让我惊奇的是,这本书到2017年,已经78次印刷。我在我的微博上说了这件事,很多跟帖说,现在中学生、大学生都喜欢东野圭吾。这让我想到,这就是现在相当部分年轻人的文学生活或者语文生活呀!怎么看待中小学生阅读流行作品?我觉得应当持开放态度。

流行作品,也是所谓"闲书",是好像和考试关系不大的书,也是学生按照自己兴趣选择的课外书。有些老师和家长总是担心妨碍考试,可能会限制读"闲书"。其实,我们每个人都有过读"闲书"的经历,那是自由阅读的享受,也是最有阅读兴趣的时候。为了应对中考和高考,有些制约也难免。但限制过甚,不让读"闲书",也就等于取消了学生阅读的个人空间,扼杀了读书的兴致。读"闲书"也是一种阅读,可以引发阅读兴趣,扩大阅读面,提高阅读能力,更重要的,这是学生的语文生活的重要部分。如果老师对学生的语文生活有所了解,能借此与学生对话,那么语文阅读教学便可能别开生面,并可以事半功倍,大大延伸出去。

事实上,凡是课外阅读量大、知识面广,读过很多"闲书"的学生,思想一般比较活跃,整体素质也高,他们往往也能在考试中名列前茅;而那些只熟习教材和教辅,课外阅读"闲书"少,没有阅读习惯的学生,即使考试成绩不错,视野大都比较窄,思路也不太开展,往往是高分低能。所以,在应试教育还不可能完全取消的情况下,最好还是要兼顾一些,让学生适当保留一点自由阅读的空间,使他们的爱好与潜力能在相对宽松的个性化阅读中发展。阅读面宽了,思维开阔了,素养高了,反过来也是有利于考试拿到好成绩的。

要尊重学生的语文生活。我们也许不能完全进入学生的语文生活,但应当给予尊重和必要的关照,尽可能在语文课和学生的语文生活之间疏通一条通道,那肯定会加倍引发学生学习语文的兴趣,培养起读书的习惯。我们这个课说的是培养读书兴趣,怎么培养?办法之一就是多少进入学生的语文生活。阅读教学,甚至整个语文教学,都要高度注意培养学生广泛的阅读兴趣,使他们扩大阅读面,增加阅读量,提高阅读品位。

"统编本"语文也想在学生读"闲书"方面,以及他们的语文生活方面多安排一些内容,更开放一些,亲切一些,但还是做得不够。教科书是公共知识产品,各方面制约很多,"面孔"是比较严肃的。但在使用新教材时,应当活跃一点,能多关注一点学生的语文生活,让学生读一些"闲书",也是有助于培养读书兴趣的。

六、如何上好文言文和古诗词的课?

统编语文的文言文和古诗文篇目增加了。

首先要明白为何要让学生学文言文。一是了解现在我们运用的语言的来路、源流,就像一个家庭,要让孩子知道家族的历史一样道理。学文言文是"寻根",寻找现在语言的"根"。现代汉语特别是书面语言本身就有文言文的"基因",含有很多文言文的成分,学点文言文,了解这个"根",会帮助我们提高语言表达的能力。还有一点,就是如果有文言文的底子,写文章的语言就会更有文气,也更有底气。当然,还有一个更重要的道理,就是让学生学一点文言文,对传统文化有些感性的了解,热爱传统文化。这些"道理"要让学生知道,而且转为一种自觉意识,不只是为了考试拿分,他们才能自觉地学习文言文,学好文言文。

据我所知,老师们对于文言文的教学普遍都是比较重视的,也因为文言文在考试中比较好拿分。这也是无可非议的。怎样教好文言文?大家都有很多诀窍。但我有一点建议,就是加强诵读,把诵读作为学习文言文基本的又是最重要的环节与手段。我听过一些老师讲文言文的课,一般都是串讲,一句一句往下讲,把所有难懂的词语都疏通,还可能随文分析一些文言词语的语法,做古今词语对照比较。还有的老师用很多的功夫把文言课文翻译成现代汉语,再让学生比较古今的异同。这些方法不能说不好,也有其必要吧,但我看不是文言教学最好的办法。好办法在哪里?就是诵读,以诵读为先,诵读为主。有了大量的诵读做基础,再去做前边说的那些动作,可能效果会更好一些。文言课起码应当有半数以上时间安排给诵读。如果两节课,一节用来串讲,半节用来活动讨论,剩下半节给朗诵,那就有些问题了。应当倒过来,起码用一节时间让学生诵读,各种形式的诵读,乃至背诵。

有的老师可能怕诵读安排太多,学生还是不懂,也把握不了虚词、实词语法等。这种担心是不必要的。文言文,特别是选入教材的那些经典的篇章,即使一开始就让学生去读,参考注释,也大致能懂,能达到阅读中常有的那种"会意"的状态。所谓"会意",就是知其大意,可是又不见得说得清楚,不能确解。这不妨碍大致了解全篇。现在老是讲"整体感知",对文言文来说,通过诵读知其大意,能对文章的文气和语感有整体感觉,这是基础。所以,我还是建议文言课少一些串讲,少一些活动,不一定要"先译后背",也不一定"字字落实,句句翻译",把更多时间交给学生诵读,很多课文都可以做到"当堂成诵"。

诵读可以采取各种不同的方式,但不要全都安排做朗读。这是两种读法。要让学生有自我陶醉式的诵读,有独处式的诵读。

古诗词的教学和文言文一样,最好的办法也是反复诵读,读得滚瓜烂熟。不用有过多的阐释,也不要太多活动,宁可多读几遍、多读几篇。

古诗词教学更要注重让学生感受诗词音韵之美,汉语之美,也许一时说不清美在哪里,总之是积淀下来,有所感觉了。现在有些古诗词教学过于烦琐,像外科手术,把那种"美"都给弄跑了。

七、写作教学问题

要注意教学的梯度。

新教材的写作是有系列安排的,等 6 个年级的教材都出版后,可以看到这个系统。

老师们对于小学整个写作教学应当有大致的计划。

写作学习的目的不只是为了写好文章,更是为了思维训练。这道理要搞清楚。作文课和阅读课一样,需要气氛,需要熏陶,需要不断激发学生表达言说的欲望。无论什么教学法,重要的是让学生对写作有兴趣,应当想办法营造一种氛围,引起学生动笔的兴趣,有了兴趣就好办。如果把作文课上成应试技巧课,完全纳入考试准备,那是很难引起兴趣的。提升写作能力,最重要的是扩大阅读面,加上适当的思维训练和文字训练。多读比多写能更有效地提高写作能力。

作文教学是否做得好,有一个前提,就是老师自己要喜欢写作,会写文章,而且敢于和学生一起来写"下水文"。不一定要写得多么漂亮,但起码"会写"。那写作课才不至于很隔,套式化,学生不喜欢。还有,就是要给学生改作文。

八、关于语文知识的教学

这些年的课改为了防止应试式的反复操练,提出语法修辞和语文知识的教学不要体系化,要"随文学习"。这个出发点是好的。问题是,如今的语文教学又出现另一趋向,就是知识体系被弱化。很多老师不敢理直气壮地讲语文知识,不敢放手设置基本能力的训练,知识点和能力训练点不突出,也不成系列。结果教学梯度被打乱,必要的语文知识学习和能力训练得不到落实。有时课上得满天飞,可就是没有把得住的"干货"。

针对这种偏向,"部编本"语文教材做了一些改进。一是每个年级和各个单元的课程内容目标力图更清晰,教学的要点也更清晰,要让一线老师备课时了解应当有哪些"干货",做到"一课一得"。

部编语文教材已经在努力重建中小学的语文核心素养的体系,这是"隐在"的体系,不是"显在"的,不刻意强调体系化,还是要防止过度的操练。老师们了解这一点,教学中就要胸有成竹,知道每一年级的语文学习大致达到什么要求,通过哪些线索去逐步实现,每一单元甚至每一课的知识点、能力点在哪里,等等。教学实施中不去追求"体系化",但还是要有体系的。

怎么去掌握新教材的知识体系,又怎么在教学中落实那些知识点和能力点呢?我这里给大家一些建议吧,也许备课时用得上。

一是参照教师用书。教师用书会有知识点、训练点的提示。

二是看单元导语。每个单元都会提出教学的要点。

三是研究思考题和各个栏目的要求。思考题往往体现对知识点或语文能力训练的要求。

语文知识的教学必须加强,但还是以"随文学习"为主,不要从概念到概念。

九、如何看待任务驱动下的群文阅读

这些年有些学校在试验这种方法。高中新课标也提倡以"任务群"来组织教学,以任务驱动和项目活动来取代过去的单篇教学。

这种任务群学习与过去的教学模式有很大的区别,强调的是:不以文本为纲;不求知识的系统与完备;不把训练当作纯技巧进行分解训练。教师是组织者,学生是主体,师生互动。

但是也有很要紧的问题值得探讨。任务群提倡两点,一是任务驱动下的多文本学习,二是任务驱动下的学习活动,把这两点作为以后语文教学的主要方式。这可能有点问题,还需要试验。这两点有好处,就是有利于学习目标和内容集中、明确,克服语文教学的随意性,同时有利于发挥学生学习的主动性。有任务嘛,教学目标就清晰了。

但我有3个担心。第一个担心,是把任务驱动作为语文教学的唯一方式,一边倒,出现新的偏误。因为任务驱动是预设的、外加的,如果所有的阅读教学都预先布置任务,是在任务的指使下去阅读,反而可能会让学生被动,降低他们阅读和学习的兴趣,适得其反;学生在阅读学习过程中,会时常想到预设的那个任务,所关心的是如何完成任务,是阅读材料中哪些部分可以用在完成任务上,他们思考的问题就会限定于预设的任务范围,而不是在阅读中自然地形成的。所谓个性化阅读、探究性阅读,很可能就会受到预设的任务的限制或者牵引。这很可能还会导致为完成任务而阅读的实用主义,自由的、开放的、创造性的阅读,也就可能沦为功利性的阅读。就像我们现在很多学者被科研项目所捆绑,为了完成项目而进行研究,结果陷入项目化的状态一样。所以任务驱动的那个"任务",恐怕不能预设太细,要考虑留给学生的空间大一些。

我的第二个担心,就是若把语文教学全都处理成多文本阅读,虽然可以抑制以往一课一课精读精讲、容易碎片化的弊病,但也可能沦为浅阅读。因为都放手让学生自己去读,而且是在有限的时间里的群文阅读,肯定不可能很细致,甚至容易囫囵吞枣。在实施多文本阅读的时候,把握好精读与略读的结合,防止浅阅读,是非常有必要的。改进的办法就是,还是要把群文阅读的课文或者材料分为精读与略读,要有精读的要求。

我的第三个担心,就是任务驱动下的学习活动可能会包揽整个教学过程。有些文类的阅读,比如实用类阅读、思辨类阅读,可以活动多一点,但文学类阅读,活动少一点,还是让学生静下心来读,是自主性的阅读,而不是动不动就讨论,就各种活动。我们的语文课本来就很热闹,很浮躁,缺少沉浸式的阅读,缺少真正个性化的自由的阅读,如果老是任务驱动,老是组织各种活动,那也是不利于语文素养的提升的。

过犹不及,欲速则不达,新课标提出的语文核心素养的理念很好,任务群的主张也有新意义,但不要全盘否定以往语文教学的经验,也不要指望把新的办法定于一尊,那是不

可能的,甚至会适得其反。在新课标刚提出之时,我说说自己的担心,也是一种提醒吧。我们可以做一些调和,吸收新课标关于任务驱动的理念,在某些教学环节可以多使用这个办法;但不一定全部都改为任务驱动,还是要实事求是,根据教学的内容需要,并且根据学情来决定如何实施。

如何用好高中语文"必修"教材[①]

这套高中语文教材有很大变化,但并非对既往教材教法的颠覆,我更愿意用"守正创新"来概括它的特色。

去年已经有6个省市使用高中语文统编教材,今年又增加了十多个省市。大家对新教材也早就有所耳闻了。大概许多老师都担心教材的变化太大,教学中难以实施。今天我就围绕大家比较关心的问题,来谈谈新教材的编写意图,以及怎样来使用这套教材。希望能听到大家的批评指导。

我首先要说的是,这套高中语文统编教材,和以前的教材比,有很大变化,但并非对既往教材教法的颠覆,我更愿意用"守正创新"来概括它的特色。

这套教材努力去"守"的,是中国语文教育传统的优秀成分,是十多年来课改的得失经验,是以往语文教材编写值得借鉴的东西。这些都是"正",是这套教材编写的基础和资源。用好这些资源,吸收这些经验,化为新教材的筋骨血肉,就是"守正"。

在此基础上去"创新",教材的"亮点"是显著的。起码有这么几个"亮点":一是编写的立意更高,遵循中央提出的"立德树人"指导思想,通过"整体规划,有机渗透"的设计,结合语文学科特点去落实社会主义核心价值观教育;二是贯彻高中语文课程标准的精神,更新教育观念,改

[①] 本文系2020年8月26日笔者在第二批使用高中语文统编教材教师培训会上的讲稿,发表于《人民教育》2020年第9期。

进教学方式,有针对性地去改变目前语文教学存在的一些偏误;三是借鉴世界上母语教学先进的经验,关注信息环境下的教育教学改革,让教材更加符合语文教育的规律,也更加适合新时代公民基础教育的需要。和以往同类教材比,这套教材无论编写理念、结构体例、课文选取还是内容设计,都有明显的变化与改进,是"守正创新"。

大家拿到新教材,看到许多课文是新的,体例和教法是新的,改革的力度大,担心跟不上,用起来困难。这种心情可以理解。但也要看到,这套教材的"新",并非以革命的姿态把以前的教材教法全部颠覆,它是在原有基础上的变化革新,是那种大家经过努力就跟得上的"创新"。所以不必焦虑,要以积极而又正常的心态来使用教材。

我也不赞同泰然处之、我行我素,甚至拒绝改革的态度。以往语文的教材教法中的确存在随意、低效、不能适应新时代需要的亟待改革之处,改革是必需的。现在高考正在推进改革,高中统编教材是为了和"新高考"配套衔接,课改是大趋势,必须跟进。"以不变应万变"是不行了。

当然,新教材落实新课标精神,实施课程和教法的改革,也在探索之中,并不完善,需要通过实践的检验去不断修订。大家对新教材不适应,有批评,这很正常,教学中也应当容许有不同于教材设计的教法,但对于新教材所引导的改革方向,毫无疑义是应当积极支持,全力以赴的。

使用新教材,改革我们的语文教学,必须立足于各自的学情,根据自身条件,在原有基础上去逐步调整、改进和更新。新教材的使用,关键是教师,老师的思想和业务水平必须跟上,吃透教材,才能用好教材。而这需要时间,不可能靠几次培训就解决问题。

使用新教材,我不赞成搞"运动",不赞成形式主义,不赞成"一刀切",不赞成一哄而上。办学条件好的,改革步子可以大一点;条件差的,也可以等一等,分步实施,创造条件去改,能改一寸是一寸。

下面,围绕统编高中语文教材变化最大、创新最显著的几个方面,说说我作为编写者的一些感想和认识,同时也会提出一些使用建议。

一、教材的结构和体例

高中语文教材分"必修"和"选择性必修":"必修"2册,所有高中生都要学;"选择性必修"3册,理论上可供自主选择,实际上绝大多数学生都要学。所以不必纠结这些课程的名称,都作为必修来安排就是了。必修可以安排在高一,选择性必修安排在高二,当然,也可以做其他灵活的安排。

整套教材以"人文主题"和"学习任务群"两条线索组织单元。"人文主题"的设计充分考虑新时代高中生人格和精神成长的需要,涉及面宽,但聚焦在三方面:"理想信念""文化自信"和"责任担当"。每个单元的"人文主题"都会突出其中某一方面。"学习任务群"是单元组织的另一条线索，每个单元都设计有若干指向"语文核心素养"的学习任务，保证语文工具性的落实。

高一的必修教材2册，每册8个单元，共16个单元，覆盖7个"学习任务群"。高二的选择性必修3册，各4个单元，共12个单元，覆盖9个"学习任务群"。单元的组织形式有两类：一类以课文或整本书的阅读为基础，读写结合；另一类不设传统意义上的课文，以专题性的语文活动为主，带动相关资源的学习，如"当代文化参与""跨媒介阅读与交流""语言积累、梳理与探究"等。另外，高二和高一的单元教学略有不同，高二是"专题研习"为主，更加凸显探究性学习。高一到高二，"学习"与"研习"，一字之差，教学的梯度上去了，要求更高了。

此外，各册均安排有"古诗词诵读"。这主要提供课外诵读，不一定安排课内学习。

以上是教材结构体例的简介。下面用多一点时间探讨一下"学习任务群"。

二、关于"学习任务群"

这是高中语文课程标准提出的一个新术语，代表了一种全新的学习理念，也是贯彻到新教材的最重要的理念。面对这个新事物，大多数老师感到新鲜，又有些犹疑和焦虑。有些陌生感是正常的，焦虑则大可不必。"学习任务群"其实是对十多年来课程改革经验的提升，是"语文核心素养"的观念提出后，在教学实践中探索的新形式。以前我们大概也都不同程度尝试过"主题教学""综合性活动""大单元教学"等，很多做法和"学习任务群"都有共通之处。"学习任务群"是一种新的教学方式，还是以课堂教学为主，还是要教听说读写，以前我们熟悉的教学经验经过调整和改革，也还派得上用场。

"学习任务群"的提出，有什么学理依据？为什么教材要改为"学习任务群"为主的单元教学？以前是以单篇课文和课时为基本教学单位，课是一篇一篇讲的，老师讲授为主，听说读写的训练分布到各个教学环节。这样做的好处是每一课都学得比较精细，知识点和能力点突出，但灌输式讲解过多，"刷题"太多，学生自主学习太少，读书太少。比如讲散文，尽管每篇的特点不同，但教学的思路程式大致就那样，总是段落大意、主题思想、作者情思、篇章结构、写作方法，等等，最后得出诸如"情景交融""比喻的手法""形散神不散"之类大同小异的结论。"刷题"也大都围绕这些内容反复进行。我们的语文课总是显得零碎、重复、随意，可能跟这种陈陈相因的教学方式有关。

现在高中语文提倡"学习任务群"教学，希望以"学习任务"来整合单元教学，突破单篇阅读精讲细析的固定模式，让学生在自主的语文实践中学会学习，建构"语文核心素养"。某个单元或者某一课主要学会哪些基本知识和关键能力，有哪些"干货"，做到心中有数，有助于克服语文教学的随意性。采用这种形式也是为了减少灌输式讲解，多匀出时间让学生自主学习，带着问题学，拓展阅读面，扩大阅读量，这也有助于解决语文教学长期以来存在的"读书少"的问题。课改以来,语文教学普遍注意到多发挥学生学习的主动性,其实大家也都在改进教学,只是因为高考的压力太大,应试教育的那些"套路"仍然很有"市场",这都是两难,老师也很困扰。新教材的使用,可以让我们的教学方式变得更加灵活有效,和"新高考"的要求更加贴近。"学习任务群"教学就是值得尝试的一种好办法。

那么怎样用好新教材,实行"学习任务群"教学?

备课时首先要明确单元的"学习任务群"。比如必修上册第一单元,有毛泽东诗词,有现代诗、外国诗,还有两篇现代小说,文体很杂,大家可能不太习惯,不知道怎么去抓教学的内容目标。我们认真研究这个单元的导语、课文、各课的"学习提示",以及"单元学习任务",就会了解这个单元属于"文学阅读与写作"这个"学习任务群",单元的"任务"就是学习文学类阅读的基本方法,领会和思考"青春的价值"。我们备课,就可以聚焦这两个"任务"。教师用书中对单元的"任务"也会有所提示。

掌握了单元所承担的"学习任务群",第二步工作,是把"任务"细化,化为教学的目标、要点、难点,形成教学方案。这就关系到单元后面的"单元学习任务"怎么使用。"单元学习任务"不同于以前的习题,不是学完一个单元之后的练习,而是对"学习任务"也就是"教学方案"的提示。"单元学习任务"应置前,是设计单元教学方案的主要依据。我们可以参照"单元学习任务",来设计一个单元的教学环节。

教案的设计形式要改一改,多往"学习活动"方面靠拢。不全是授课的讲稿或者程序,而主要是"问题"(课题)、解决问题(课题)的方法与材料提示、对学习和交流"活动"的组织引导、读书的引导,等等。到了高二,就是"研习"为主,更加强调让学生主动学习,探究式学习。老师要转变角色,由主要担负讲授,转为引导学生在语文实践即"活动"中学习。不是讲授不重要,也不必限定讲授,而是把教学的落脚点放在安排好学生的自主学习。有些课也可以多讲一点,有些少讲一点,都可以,但都力求围绕自主学习的"任务"去设计。

我们来看看必修上册第一单元的"单元学习任务",有4个"任务",都是以"活动"为主,不要求回答问题,要让学生带着问题在一定的情境中去"做事"。教材设计的"单元学习任务"已经提供一些"活动",侧重点是不一样的,也是分层次的。第一题是覆盖整个单元的,要求学生从本单元课文中最有感触的某一点出发,就"青春的价值"和同学讨论。整个"任务"可以在学习整个单元之前布置,也可以学完整个单元之后做总结。第二个"任务"是围绕"意象"和"诗歌语言"探讨欣赏诗歌的方法,还下设3个小的题目。可以把这个"任务"布置在诗歌的那两课中。第三个"任务"是有关小说的,可以在第三课安排。第4个"任务"是指向写作的,应当在单元教学总结时安排。备课时应当认真研究"单元学习任务",看怎么把这些"任务"转化为"问题"和学习的方法,在"活动中"

去"解决""问题",学会学习。教材没有为每一课设计好教学方案,因为学情不同,老师应当根据自己所面对的学情,去自行设计。也可以超越教材的"单元学习任务",自己另外设计一些可能更加贴切有趣的"活动",去完成单元的教学。

备课时最好还能够重新研究和参照语文课程标准,看其中对本单元所承担的"学习任务群"是怎么定义和要求的。比如对必修课"文学阅读与写作"的"学习目标与内容",就强调精读作品,根据不同文体特点从语言、构思、形象、意蕴、情感等多个角度欣赏作品,那么这个单元的教学重点就要放在启发学生通过诗歌和现代短篇小说的欣赏,举一反三,掌握阅读诗歌和短篇小说的一般方法。课标对"文学阅读与写作"任务群的教学也有建议,包括如何做好问题设计,提供阅读策略指导,在学习过程中进行指导点拨,以及引导指定读书计划,等等。这些建议在教材的"学习提示"和"单元学习任务"中已经有所体现,备课要把这些意图转为让学生去思考的问题和解决问题的途径。

其实,课标对各个任务群的教学功能、目标都有要求,有些属于比较"上位"的要求,备课时也应当关注,让教学设计的方向更加明确。比如,课标在论述"语文核心素养"时,提到要"通过语言运用,获得直觉思维、形象思维、逻辑思维、辩证思维和创造思维的发展",还提到要帮助学生形成"正确的审美意识、健康向上的审美情趣与鉴赏品位"。诸如直觉思维、形象思维、审美情趣等,是新提法,我们以前教学中较少关注的,新教材也努力在体现,我们备课时就应该多考虑,设计"文学阅读与写作"这个单元,应当如何超越以往过于偏重文体知识灌输的教法,在设计学习活动和问题时,多考虑诸如直觉思维、形象思维、审美情趣等能力培养,尽可能往"语文核心素养"的目标靠拢。

"学习任务群"是一种新的教学方式,虽然提倡"任务"和"活动",但还是以课堂教学为主,还是要教听说读写,以前我们熟悉的教学经验经过调整和改革,也还派得上用场。新教材按照"任务群"来结构单元,是全面考虑的,教学中应当全面落实,但也可以有些灵活性。因为学校不同,班级的学情不一样,可以有一些微调,不一定死扣学分。比如,你们班上学生审美能力普遍差一些,那么文学类的单元可以在课时安排上加强一些;如果思辨能力普遍偏弱,则可以加强一些思辨类的单元教学。

下面,就落实任务群教学中会碰到的几个概念和相关的问题,再具体一点来讨论。包括"任务驱动""群文教学""'活动'与'情境'""整本书阅读"和"综合活动单元"。

三、关于"任务驱动"

新教材提倡的是"学习任务群"为中心的大单元教学,是以"任务"来带动单元教学,这就是所谓"任务驱动"。

在备课时,应当根据单元所承担的"学习任务群"和课文的形式内容要求,来考虑如何设置"任务驱动"。有的可以是整个单元预设若干情境和任务;有的也可以一课(可能是一组课文)设定一个情景、一个任务。"任务驱动",一般是"任务"在前,当然也可以安排在中间或者后面,要根据教学的内容需要来定。老师要考虑提出什么问题、布置什么活动才能更好地实现这个单元或者这一课的教学目标,而且真正能调动学生自主学习的积极性。

实施"任务驱动",不等于布置一下任务就完全由学生自己去学,有些比较艰深的课文,有些文言文和古诗词,或者与学生比较隔膜的经典文章,还是要先帮助学生读懂读通,然后才谈得上完成任务和解决问题。有些课老师先讲,讲得多一点,也是应该的,这方面不应该限制,不要规定讲授比例之类。不过老师的讲解也应当力求做到是那种指向"任务"的、有针对性的讲解,是能启发学生进入自主阅读的方法性讲解。

必须用好每一课后面的"学习提示"。"学习提示"的功能有三:激发学习兴趣;提示学习重点和难点,帮助读懂课文;提供阅读方法和学习策略。以前的教材也有导读之类设计,着重介绍某篇课文写了什么,是怎么写的,用了什么手法,等等。而"学习提示"重点放到要怎么去读,阅读时注意什么,以及怎样进入探究性学习。"学习提示"主要是给学生写的,但对老师来说也很重要,实际上也在提示教学的目标、要点与抓手。教师备课要认真琢磨"学习提示",在布置"任务"时,必须参照"学习提示",适当发挥,指导学生进入阅读的状态。

设计"任务驱动",往往"任务"在前,要提醒不能只是奔着"任务"去阅读,也不是单纯为了解决"问题"或者参加讨论去阅读。本来课文有很丰富的内涵,可以做各种个性化的理解,如果太功利,又先入为主,反而"窄化"了对课文的理解。

很多课文都是经典,让学生接触经典,本身就是教学的重要目标,不应该把课文纯粹作为解决问题、完成任务的材料或者讨论问题的"支架"。

在设计"任务驱动"时,警惕"一边倒",要尊重学生个性化的阅读,留给学生更多感受和理解的空间,避免被"任务"捆绑。

四、关于"群文教学"

新教材实施"学习任务群"单元教学,所谓"课"的构成原则也产生了变化,不再以单篇课文或者课时作为"课"的基本构成单位,而是根据"任务"来设"课"。以往一篇就是一"课",现在也还有一篇作为一"课"的,但更多的情况是一组课文为一"课"。因此教学的方式也会变化,不再一课一课地教,而是一组一组地学,就是"群文教学"。

"群文教学"有利于调动学生的自主学习,但也不要理解为"群文"学习就比单篇教学更"高级",也不是"群文教学"要一律取代单篇教学。在新教材中,单篇教学和"群文教学"是并存的。比如有些古文,有些比较深奥的经典,就仍然设计为单篇教学。注意,"群文教学"也应当有精读、略读之分,一课之中的两篇或者三篇课文,总有一篇是要精读的,老师要举例子,给方法,给读书和思考的方法,其他则让学生带着"任务"去泛读。

五、关于"活动"与"情境"

完成"学习任务"主要是通过"活动",让学生在"活动"中建构自己的学习经验,而不只是"做题"。教材的"活动"设计大多数还是在课堂教学中实施的,课堂教学还是主要形式。语文学习最重要的"活动",还是读书,还是我们都熟悉的那三件事——阅读与鉴赏、表达与交流、梳理与探究。不要安排那些和语文关系不大的"活动"。

在课堂教学中设置一定的场景氛围,让学生在这种气氛或者环境中做好自主、合作、探究的学习,帮助学生更好地理解教学内容,这种做法并不罕见,许多老师特别是小学老师都可能使用过。现在新教材也提倡"情境教学",要求精心设计和组织教学活动,让学习"活动"尽可能有"情境"。这不只是为了激发兴趣,更是为了给"活动"的开展提供背景、条件与氛围。有时候"情境"就是课堂教学内容涉及的"语境"。这种情境或者语境,对学生的学习"活动"而言,必须是真实的,是能和他们的生活经验贴近,并能促进深度学习的。教材的"单元学习任务"和"学习提示",均已设定有"活动"的"情境",教学中可以参考采用,但更多的"活动"情境还是需要根据课文内容和"任务"的要求来设计。

语文教学的方式多种多样,"情境"教学自然有它的优势,但有些学习主要靠理论推导,对高中生而言,并非所有"学习任务"都要设定"情境"。

实施任务群教学,最终都是要导向多读书,多思考,多练笔,目标还是提升语文核心素养。不能把时间和精力浪费在那些脱离语文本质的"活动"上,切忌形式主义。热热闹闹、轰轰烈烈,却没有"干货",那不是我们愿意看到的。

六、关于"整本书阅读"

"整本书阅读"不要搞得很玄乎,好像新教材全都在实施"整本书阅读"。不是这样的,"整本书阅读"在整个教学中占的比重并不大。课时有限,不可能全都实施"整本书阅读"。到底怎样做才有好的效果?这是一个新课型,还需要在实践中不断总结经验。统编初中语文已经有"整本书阅读",设计为"名著导读",每册指定2种书,量比较大。高中教材原来也考虑读4部以上的名著,后来考虑高中的学业负担重,还要面对高考,就把阅读的量减少,一共才读2部——《乡土中国》(费孝通)和《红楼梦》(曹雪芹)。"整本书阅读"是作为"任务群"专设2个单元的,都安排在必修。

教材中的"整本书阅读"设计是提示性的,主要包括"阅读指导"和"学习任务"两部分,比较简单。"学习任务"主要引导阅读和思考,供学生选择其中一二,不必全部完成。

"整本书阅读"旨在引导学生通过阅读整本书,拓展阅读视野,建构读书的经验,形成适合自己的读书方法。"整本书阅读"的功夫在课外,应以课外阅读为主,课堂上可以安排一些交流分享活动。老师也可以给一些引导,主要是读"这一类书"的方法引导。比如,读《乡土中国》,要求学生注意概念和大小纲目,注意理论推导;读《红楼梦》,要求整体把握作品的思想内容和艺术特点,注意从自己感触最深的地方入手去探究、体验与欣赏,等等,都是方法的引导。不要像一般课文教学那样去多加讲解,更不能以教师的讲解代替或限制学生的阅读与思考。"整本书阅读"可以多少起到"磨性子"的作用,"读书养性",培育毅力,涵养心智,祛除浮躁。要求不宜太高,重在"目标管理",不要太多"过程管理",能坚持完整通读几本书,就很不错了。

有些老师、家长抱怨安排《乡土中国》和《红楼梦》太深了,负担太重。我在给《乡土中国》所写的导读中有这么一句话可供参考:"经典阅读总会有困难,却又是充满乐趣的。读书不能就易避难,不要总是读自己喜欢的、浅易的、流行的读物,在低水平圈子里打转。年轻时有意识让自己读一些深一点的书,读一些可能超过自己能力的经典,是一种挑战。"

七、关于综合活动单元

综合活动单元是新课型,教材的设计虽然数易其稿,还是不满意。老师们可以结合学情放手去摸索。这些课的设计,是教材的有机部分,也很重要,不要因为不好讲,就放弃了。

"当代文化参与"单元安排在必修上,要求做家乡文化生活调查。目的是引导学生积极参与当代文化生活,把语文课往社会生活拓展。教学重点要放在指导学生设计调查方案,实施访谈和调查,从而提高语文综合运用的能力。要注意调查访问与书面学习相结合,"活动"的实施必须是语文的。

"跨媒介阅读与交流"单元安排在必修下,主题是了解"信息时代的语文生活"。教学中重点是引导学生认识多媒体,善用多媒体。要引导学生学习跨媒介的信息获取、呈现与表达,观察、思考不同媒介语言文字运用的现象,提高跨媒介辨析、分享与交流的能力。

"语言积累、梳理与探究"有2个单元:"词语积累与词语解释"和"逻辑的力量",一个安排在必修上册,一个安排在选择性必修上册。从小学开始学语文,到了高中,对语言学习的规律应当有一些梳理、探究,多少获得一些理论的自觉。逻辑这个单元的设置,是从语言运用角度学习逻辑的基本知识,落脚点主要在思维训练。

八、关于写作教学

现在很多学校几乎放弃了作文课,只有临考前的应试作文训练,写作教学溃不成军。为改变这一状况,加强写作教学,引导学生系统地练习写作,新教材设计了相对独立的写作教学序列,但在呈现方式上并不强调系统,而尽可能和任务群、"专题研习"结合。写作教学大多数单元都是融汇到学习或者研习的"任务"中,作为"任务"的一部分。另外也有少数单元的写作教学,和单元教学内容的结合度并不高。这主要是考虑写作教学有相对的独立性,有个隐在的系列。多数单元后面附加有一个用仿宋体排列的写作专题知识讲解,是写作的"方法性知识",配合写作课的,虽然写得比较简单,但老师可以借此发挥,把写作课安排好。

高一安排10个专题的写作,分别是:学写诗歌、写人要关注事例和细节、学写文学短评、议论要有针对性、如何做到情景交融、如何阐述自己的观点、如何清晰地说明事理、学写演讲词、叙事要引人入胜、如何论证。高二8个专题:材料的积累与运用、思路与逻辑、审题与立意、学写小小说、深化理性思考、学写综述、如何论证。指导思想是读写结合,在阅读单元中把写作内容、方法的训练与阅读整合,达成在真实情境中完成写作任务的目标。写作教学是思维与表达的综合训练,需要多模仿、练习和体会。欲速则不达,太功利教不好作文,还可能败坏了写作的胃口。高一高二的写作专题教学要想办法安排好,不要一上来就是应试技巧和套式作文,先打好基础,然后到高三再考虑如何面对高考。

九、强调读书为本

"统编本"高中语文教材,格外重视目前语文教学"读书少"这个问题,抓住培养读书兴趣这个"牛鼻子",重视读书方法的养成,扩大阅读面,提升阅读品位。教材重视经典文本的选编,统筹安排古今中外各类文章作品的比例,有的还有建议拓展阅读书目,这一切都是为了激发读书兴趣,养成读书习惯。教材所提倡的各种新的理念和教法,包括聚焦"学习任务群"、自主性学习、在"活动"中学习等,全都离不开读书这个"根本"。

使用新教材,千头万绪,只要抓住多读书、培养兴趣这个"牛鼻子",就好办,很多问题就会迎刃而解。

新教材投入使用后,可能有些家长对读书量的增加会有担心和抱怨,认为增加了学业负担。其实时间是挤出来的。我们提倡的是"少做题,多读书",把"刷题"的时间匀出来,读书的时间不就有了?再说,光靠"刷题",肯定应对不了未来的高考,还得多读书,回到语文教学的本质。

统编高中语文教材改革力度大,课堂教学的主体转换了,读书的要求高,教学的难度增加了,对老师是挑战。老师怎么办?只有多读书,增学养,当"读书种子",才能跟进,求得教学质量的不断提高。

十、关于古诗文背诵篇目

有老师反映教材要求背诵的古诗文篇目和课标不一致。教材必修和选择性必修5

册,指定背诵的古诗文加起来20多篇,而高中课标附录推荐背诵的篇目是72篇。两者相差很大,为什么?说明一下。高中课标古诗文背诵推荐了72篇,是有点多,社会上反应也比较激烈。我没有参加课标制定,但定稿出来后,我曾经提出过意见,认为72篇有点多,最好是"诵读推荐篇目",而不是"背诵推荐篇目",有些弹性。但是来不及了,没有采纳我的意见,果然,72篇问题就被媒体炒作。众多家长也认为背诵量大增,加重了学生负担。我还因此受到媒体的批判,72篇被当作攻击我的炮弹。后来,媒体炒作厉害,都说负担重了,考虑到社会接受,在高中语文教材编写的最后定稿阶段,我们又遵照教育部指示,删减了背诵的篇目,剩下20多篇。如课标要求背诵的《归园田居》《琵琶行》《永遇乐·京口北固亭怀古》《声声慢》《登泰山记》,教材均未做要求。《师说》课标是要求背诵全篇,教材仅要求背诵其中一部分。这就有了所谓教材与课标推荐背诵篇目不一致的问题。当然,因为高中还有选修课,目前还没有统一编写教材,课标推荐,而必修与选择性必修又没有选收的篇目,原则上可以在选修课中去安排。这样解释也是可以的。

本来,课标附录的背诵篇目也只是一个推荐的范围,并没有硬性要求教材全部落实。但广大师生对考试很敏感,教材和课标要求背诵不一致,大家就困惑和担心。这是可以理解的。为此,教育部专门发文件,按照进入新高考的三类情况,规定了3种古诗文背诵篇目。那么,老师们现在可以心里安定下来,就按照教育部文件的篇目来实施好了,其中很大部分是教材中有的,必须背诵,也有少量教材中未曾收入的,则可以作为"古诗词诵读"的内容去处理。希望这个问题不要再造成困扰。

十一、关于常规的考试与高考

使用新教材后,考试要不要随之做一些改革?回答是肯定的。大家都很看重考试,但是如何考,的确是个问题。课标对于学业水平考试与高考命题是有指导性意见的。大家也注意到,这两年的高考语文命题,强调以语文核心素养为考察目的,以情境任务作为试题的主要载体,突出综合考查,命题指向考阅读与鉴赏、表达与交流、梳理与探究几方面内容。但是课标对于常规考试,包括期中、期末考试没有提出专门的要求。

高考属于非常规的考试,要体现区分度和信度,要有难度系数,否则很难选拔。而期中、期末考试不是选拔性的,更多是为了检测与评价学生语文学习的现有水平,发现学习中存在的问题及其原因,所以其命题、阅卷应该和高考是有区别的。而现在的情况是,普遍都将期中、期末考试当作高考的预演,甚至题型、内容也都参照高考。这恐怕不合适。

我准备这份讲稿时,也征求了一些特级教师的意见,他们也认为还是要体现"教—学—考"一致性的原则,期中、期末考试不能轻易"套路"高考,考试的主要内容应出自新教材,起码有70%是和新教材的学习有关的。以前语文教材版本很多,高考命题是极力回避教材的内容的。现在语文教材统编了，高考命题也要考虑和教材的改革同步，涉及教材的内容可以少一点，但也应当有一定的比例。这个问题很关键，我这里只是提个醒，希望有关部门和有关专家能研究一下。

如何用好高中语文"选择性必修"教材[①]

教材以新时代高中学生的"理想信念""文化自信""责任担当"为内容主轴,紧扣培养关键能力、必备品格和正确的价值观。

高中语文统编教材的"选择性必修"即将投入使用,我讲一讲编写意图和体例,对教材的使用提一些建议。这套新教材"新"在哪里?2019年在六省市投入使用前的培训会上,我有个发言也做了介绍,是就整个高中语文统编教材的说明,而这里主要讲"选择性必修",分10个问题来讲。

一、"必修"与"选择性必修"的衔接与区别

新教材高一是"必修",高二是"选择性必修",其实都是必修。课标起初设定了三类课程,包括"必修""选修1"和"选修2",最终定稿才把"选修1"改为"选择性必修","选修2"改为"选修"。"选择性必修"这个词有点别扭。为什么这样叫呢?因为高一的"必修",是所有高中学生都必须学的;而"选择性必修",是给要参加高考的学生修习的。理论上高中学业水平考试之后,要分流,学生可以根据个人意愿选择是否还要升学,所以安排"选择性必修"。实际上,不准备参加高考的高中生是极少的。所以我们不用纠结为何要分"必修"和"选择性必修",高一和高二语

[①] 本文系2020年8月笔者在高中语文统编教材"选择性必修"使用培训会上的讲稿,同时发表于《语文学习》2020年第8期和《中学语文教学》2020年第8期,原题《"学习"与"研习"》。

文都是必修，或者说高一是"必修"，高二是"必选"好了。此外，课标规定了要开设"选修"，但是目前并没有编统一的选修教材，高中教材只编了高一和高二的。这是一个情况说明。

高一语文是8学分，教材有上下两册；高二是6学分，有上中下三册。为何高二学分少，教材反而比高一多一册呢？这也是为一线教学考虑，分三册，每册2学分。可以安排高二两个学期学完三册，也可以高二学两册，留一册到高三。高二的课文有些篇幅长一些，难度大一些，多用点时间也有必要。这些都是机动的。

高二语文和高一语文有什么不同？大同小异。所谓"大同"，都是必修，而且前后是贯通的，编写的指导思想、设计思路和栏目都大体相同。高二和高一的语文都不再按照知识体系来安排，不是学科知识逐点解释、学科技能逐项训练的简单线性排列，而采用学习任务群的教学方式，紧扣关键能力、必备品格和正确的价值观。希望能够改变教师大量讲解分析、学生反复操练的教学模式，让语文教学以任务来整合学习情境、学习内容、学习方法和学习资源，在语言、知识、技能和情感态度、文化修养等多方面起到综合的效应。从六省市使用高一语文新教材所反馈的情况看，这样改革的确有点难，但应当努力坚持朝这个方向去改。

高二和高一的同中之"异"，是单元的结构方式和教学方式略有变化。高一以"学习任务群"和人文主题来结构单元，高二以"专题研习"来结构单元。还有，就是有教学的梯度，高二显然比高一难一些，要求高一些。大家可能要问，梯度表现在哪里？根据是什么？高二和高一能区分得那么明显吗？这个问题很重要，也是新教材努力要做好的。教材的梯度设计主要参考了两个方面的要求：一是高二的学习任务群，二是课标规定的学业质量标准。课标的第五部分"学业质量"，有一个学业质量水平分级描述的表格，分5个水平等级，每个水平等级都有关于语言建构与运用、思维发展与提升、审美鉴赏与创造、文化传承与理解等方面的质量描述。水平一和水平二是高一的要求，学业水平考试主要以水平二为依据；水平三和水平四是高二选择性必修课的要求，高考招生录取的依据主要是水平四；而水平五是选修课程的要求，修习情况可供高考或用人单位参考。

课标的学业水平分级描述是有梯度的。比如，高一学完后，理解语言时，要求能区分主要信息和次要信息，理解并准确概括其内容、观点和倾向。高二的要求则是能准确清晰地阐明观点与材料之间的关系，能对文本内容形式提出质疑，并找出相关证据材料支持自己的观点。高三选修要求更高：理解语言时，能多角度获取信息，筛选信息，推断分析文本观点是否合理，等等。我这里只是举例，说得不全，关于学业水平质量的分级，还包括文学鉴赏、文化理解等几个维度，大家仔细研究，会看出5个等级是逐层递进的。教材编写所要考虑的语文核心素养，就大体参照了这些分级描述。其实高考命题也会参照这些质量描述。

我这里提醒大家备课时关注一下梯度问题,是必要的,让你的教学设计和教学行为也有个"度"。现在网上各种教案都有现成的,备课太容易了,拿来就用,捡到篮子里都是菜,这恐怕不行。语文教学长期以来被诟病,就是缺少标准,随意性很大。现在新教材力图体现学业水平不同层级的梯度,大家要体会这方面的用心。建议老师们备课和实施教学时,研究一下新课标中有关学业水平的分级描述,再仔细琢磨高一到高二的教学梯度,以更好地理解和用好新教材。

二、"专题研习"的单元结构特点

高二和高一教材是大同小异,这个"异"是大家关心的,我多说说。

首先,是"学习任务群"的提法和要求不同。高一有7个任务群,我们已经教过,也熟悉了。而高二是6个任务群,包括:语言积累、梳理与探究,中华传统文化经典研习,中国革命传统作品研习,中国现当代作家作品研习,外国作家作品研习,科学与文化论著研习。其中"语言积累、梳理与探究"任务群和高一是贯通的,高二专门为此设计了一个逻辑的单元。另外,高一有"整本书阅读"单元,高二没有安排。课标的要求是高二也要有"整本书阅读",最初的编写方案也是安排了的,除了《乡土中国》和《红楼梦》,还有《堂吉诃德》和《平凡的世界》两本书。但近来网上不断有人批评新教材加重了学生的学业负担,编写组承受的压力很大,后来高二就不再安排"整本书阅读",古诗词背诵的篇目也由原来40多篇减少到20篇。这是无奈之举。教材是公共知识产品,要改革,还要求得到社会上大多数人的认可,也还得求稳定,特别是语文教材,有些妥协和调整应当能得到理解。

回头再说高二与高一任务群的提法和要求的不同,高二突出了"专题研习"。这是新的教材形式,以前没有过的。比如高一的"文学阅读与写作",是按照不同主题分布到几个单元的,而高二的文学类阅读写作,就分为革命传统作品、现当代作家作品和外国作家作品3个任务群,是按照"专题研习"来设置单元的。高一的文言文和古诗词分布在文学阅读、思辨性阅读和实用类阅读等几个任务群中,是分散的,而高二则集中到"中华传统文化经典研习",安排在先秦诸子、史传史论、古典诗词、古代散文这4个单元。就是说,高二转向"专题研习"了,更加突出探究性学习,是带有一定研究意义的学习。"学习"与"研习"一字之差,梯度上去了,要求不同了。

高二的单元结构方式是研习活动,每个单元设置3个或者4个"研习专题",也就是学习任务。我这里用"研习专题"这个词,而不用"项目",我认为"专题"比较贴切。"项目"这个词社会上用得太多了、太滥了,对中学生来说,还是用"专题研习"比较好,范围小一些,活动可以集中一点。

高二教材以"专题研习"作为单元组构的方式,各单元也可能有不同文体的穿插,但和高一比起来，还是相对集中，是往研习的专题方面汇集。比如高二上册第二单元属于"中华传统文化经典研习"任务群，收了《论语》《礼记》《孟子》《老子》《庄子》《墨子》六家著作，都是节选，涉及面广，但仍然比较集中，都是中华传统文化经典的源头——先秦诸子。教学的主要目的就是让学生对传统文化之"根"有个粗略的印象和了解。学生从小学开始就接触过《论语》《孟子》《庄子》等课文，多是从文体、阅读方式等不同角度去学习的，比较分散，而高二把先秦诸子代表性的几家作品集中到一个单元，以"初步认识传统文化之根"去引导研习，这种教学就比以往上了一个台阶，专题性、探究性凸显出来了。

高二语文的"专题研习"单元一般由 4 部分组成：单元导语、课文、学习提示与单元研习任务。单元导语说明本单元所属的人文主题和研习专题，也就是教学的总目标。课文一般四五篇，也有六七篇的，兼顾不同的文体、风格等因素，一般分为 2—3 课，有的多一些，4 课或 5 课，都与研习的专题有关。课文还分为"教读"和"自读"，这和初中语文的设计是一样的。"教读"就是精读，老师也可以多讲一点。"自读"主要就是学生自己去读。高二每一课也有"学习提示"，单元后面还有"单元研习任务"。我专门就"学习提示"和"单元研习任务"多说几句。

三、要认真琢磨"学习提示"

"学习提示"的功能有三：激发学习兴趣；提示学习重点和难点，帮助读懂课文；提供阅读方法和学习策略。以前的教材也有导读之类设计，着重介绍某篇课文写了什么，是怎么写的，用了什么手法，等等。而"学习提示"重点放到要怎么去读，阅读时注意什么，以及怎样进入探究性学习。"学习提示"主要是给学生写的，但对老师来说也很重要，实际上也在提示教学的目标、要点与抓手。教师备课要认真琢磨"学习提示"，在布置"专题研习"任务时，必须参照"学习提示"，适当发挥，指导学生进入阅读与研习的状态。

我们可以举个例子来看高二的"学习提示"是怎么写的，我们如何用好"学习提示"。比如，上册第二单元《老子四章》和庄子《五石之瓠》是一课，其"学习提示"分 4 段：

> 孔子开创了儒家学派，老子则开创了道家学派。老子之后，道家代表人物又有庄子等人。《老子》《庄子》中的思想和表达常有突破俗见之处，可以说是见人所不见，知人所不知，想人所不能想，言人所不能言。学习本课，首先就要留意《老子》《庄子》的这些篇章有哪些突破常规的认识。

这是第一段，介绍有关老庄与道家的常识。关于老庄的学说可以说上很多，但教学中不必面面俱到，让学生学完这一课，对老庄有个初步的印象与常识性的了解也就可以了。高中生学习文化经典，主要是知识性的"面"上的了解，是常识性的认知，而课文所引发的少量"点"的研习，也是为了加深对传统文化经典的印象。这一课就把研习的"点"定在老庄如何"突破常规"的思维方式上。

接下来的两段,是问题的引发,以及阅读和研习的重点提示:

> 学者柳诒徵指出:"老子之书,专说对待之理。"(《中国文化史》)本课所选《老子》四章中的"有"和"无"、"知人"和"自知"、"胜人"和"自胜",就是"对待"关系。通常情况下,人们偏执于这种对待关系的一面,比如"有""知人""胜人"等。可《老子》却总是提醒世人重视那通常被忽视的一面,其论说有很强的思辨性,对现实人生有一定的启示。阅读时,可以把课文中类似的关系提取出来,看看《老子》重视的是什么,说得有没有道理。
>
> 庄子也善于从世人认为没有价值的事物中发现价值。在《五石之瓠》中,惠子仅从日常使用的层面上考虑大葫芦的功用,庄子则超越了世俗经验的束缚,指出了大葫芦的独特价值。这个寓意深刻的小故事,表现出庄子与众不同的思维方式,阅读时注意体会。

第二、三段交代阅读和研习的要点,突出的仍然是思辨性,是"突破常规"思维方式也要讲求的思辨。这也是引导学生研习的重点。通过这一课的学习,学生在了解老庄智慧的同时,进行了思维训练,又很自然地增进了对优秀传统文化的景仰和兴趣。

最后一段,要求比较老庄的语言韵味和论述风格:

> 从表达技巧上来说,《老子》善于汲取世俗经验展开哲理思辨,直接论说道理;《庄子》则长于借助寓言,曲达旨意,增强说理的趣味和效果。学习本课,要注意在比较中品味二者不同的语言韵味和论述风格。背诵《老子四章》。

这不应该理解为"最后一项"教学要求,实际上是提示这一课的研习必须以文言文的学习为基础,要重视提高文言文的阅读能力,特别是语感与表达技巧。这是语文的本义,语文核心素养的基础,后面我还会讲到语言文字训练如何做到"以一带三"。

我举这个"学习提示"的例子,是为了说明"学习提示"是如何编写的,它的体例与功能是什么,为何备课时必须特别重视。高中语文统编教材没有练习题,一线老师可能不习惯,但大家要理解这样处理的用心,还是想改变过多精讲与反复操练的偏至,转向自主性、探究性的学习。我们编教材时,也做了调查,征求一线老师的意见,考虑到了没有练习题可能造成的困难。最初讨论编写提纲时,每个单元只有"单元学习任务",意图是以"任务"来带动学生自主性的阅读和研习;还设想过如何设计每个单元的"大情境""大任务"。但我们也担心这样的设计可能会导致另外一种弊端,那就是学生对课文特别是难度较高的经典课文还没有认真读懂,就奔着"任务"去了,很可能就是从网上找些材料拼贴一下"交差";还担心如果把经典课文降格为完成某个任务的"材料"和"支架",有可能窄化了对经典课文丰富内涵的理解,造成阅读的表面化、肤浅化。所以后来在"学习提示"的编写上花了很多功夫。我们当老师的要意识到,学生高中毕业后,绝大多数不可能再像中学时期这样细读经典了,让他们通过语文课"过"一遍,其实就是为人生"打底子"。比如认真读过《老子四章》和《五石之瓠》,对传统文化中经常提到的"老庄"就有个感性的印象,这个印象有可能伴随他们一辈子。文化自信不是虚的,不是靠宣传就能获得的,也不是靠古装电视剧获得的,让众多国人在中小学时期多读些经典,才可能真正有自信。

教材的"学习提示"设计,还是力争凸显课文特别是经典的价值,把经典阅读作为任务活动的主要内容。"研习任务"的精要就是经典阅读,无论设计什么任务,安排什么活动,都要引导学生认真读懂读通课文。尤其是文言文、古诗词,以及某些比较难懂的经典文章,老师还是要先帮助学生读懂读通,才谈得上研习活动。还没有读懂,就研习什么传统文化,完成什么任务,那只能是游谈无根。"学习提示"虽然字数不多,但几乎每一句都是几易其稿,反复打磨,充分考虑的。老师们备课时应当仔细琢磨,在这个基础上去发挥。

四、如何安排"单元研习任务"

"单元研习任务"都安排在各个单元后面,一般是3至4道题,也就是几个相互关联的研习活动。"单元研习任务"希望从4个方面发挥作用:一是综合,能覆盖整个单元的学习,引导学生开展体验性和探究性的研习活动。二是开放,让单元学习内容延伸出去,既照顾学习知识"面"的广度,又有少量的"点"的研习的深度。三是选择,所设计的几个研习任务是有深浅层次搭配的,有些是一个题干下设若干道小题,学生可以从中选择,不要求全部完成。四是具有评价检测功能,包含了原来练习题所重视的测评的要素。

"单元研习任务"不是练习题,也不要转化为练习题让学生去做作业,它应该是在一定情境中通过综合的语言实践活动去完成的"任务",是一个言语实践的过程。"单元研习任务"主要是学生自主性、探究性的学习活动,是伙伴式学习活动。课标所要求的阅读与鉴赏、表达与交流、梳理与探究,都体现在不同的专题"活动"中,可能会各有所侧重。

"单元研习任务"很重视"活动",让学生去"做事",其实主要就是读书。设计这种目标明确的"活动",要根据"研习任务"的要求,以及自己所教班级的学情。因为是新事物,大家可以做多种尝试,逐步积累经验。我建议,一般情况下,每个单元教学都以"单元研习任务"来带动研习的"四环节"。当然,有些单元的课文难度较大,也可以每一课设计一项"任务",去组织相对独立而又和单元任务紧密相连的研习活动,同样可以实施"四环节"。这"四环节"是环环紧扣的,包括"初读""精读""讨论"和"结题",是层层递进的4个步骤。

一是"初读"。学生围绕单元"研习"专题,并参照"学习提示",在教师引导下自主阅读,包括读课文与相关的材料。"学习提示"中的那些阅读要点、难点、问题与方法,相当于"导读"。教师可以用一些时间布置"研习"的任务,引导学生提前阅读,为进入"研习"做准备。除非文言文或者比较难的课文,一般情况下,教师没有必要先逐篇详细讲解。若能设计一些研习情境,激发兴趣,再布置任务,当然更好。"初读"的大部分时间(课上和课后)应当交给学生自读。

二是"精读"。在"初读"基础上,学生选定各自的"研习"题目(可以从"单元研习任务"中选),在教师引导下,进入第二轮阅读——研习性阅读。教师可以根据学生选定的题目,提出一些参考书目(教师用书中就设计有一些参考资料),要求学生除了研读课文,还要延伸阅读参考书目与其他材料。不提倡还没有怎么读书,就放手让学生从网上收集材料。让学生在老师指导下自己去找参考书和相关材料,而不是轻而易举从网上下载,这个"过程"对于研习的思维训练很重要。有的单元会要求把以往已经学过的相关课文重新组合,从新的角度去研读。比如,从小学到高中学过很多革命传统的课文,高二"中国革命传统作品研究"单元,就要求把以前学过的相关课文也作为材料,汇总到本单元"研习"范围之内。在这一阶段,要求学生根据阅读和思考心得写出"研习"提纲。教师通过上课或者课外辅导方式,在整个"精读"过程中起到个性化的引导作用,对不同的学生或者不同的小组,有不同的更到位的指导。

三是"讨论"。采用班级交流活动的形式,展示各自的研习心得(提纲)。教师可选择代表性的心得提纲,就某些普遍性的问题加以点评;也可以就不同的"研习"专题分组讨论,使学生阅读思考的经验得到提升。

四是"结题"。学生根据老师指导以及班级讨论的意见,对"研习"提纲加以丰富,写成小论文。有些单元可以采用"研习任务"所指定的读写结合,进行写作训练。教师要对小论文进行批改或者讲评。

如果实施以上这种"研习"的方法,"四环节"都要突出读书,是任务和问题牵引下的读书探究活动,尽可能让学生的自主性学习和探究式学习落地。当然,也会有其他"专题研习"的方法。比如采取"任务驱动",分单元设计"大情境""大任务",是"任务"在先,让学生带着"任务"去阅读课文,寻找相关的资料,然后就"任务"中的某个题目做初步的探究,写成提纲或者小论文,采用适当形式交流。所谓"大情境""大任务"其实在"单元研习任务"中已经体现,只需具体转化,无须另搞一套。高二的"语言积累、梳理与探究"单元是"逻辑的力量",其中内容都是学过的,是从逻辑的角度去梳理,提升语言逻辑的意识,有情境,有任务,完全可以放手去做"大任务""大情境"的教学。

总之,应当根据各个"单元研习任务"的特点,以及课文的难易程度,结合学情和教师的自身条件,来决定到底采取怎样的办法去安排研习活动,不宜一个模式或教案,全都照此办理。

五、切忌形式主义、热热闹闹却没有"干货"

除了读书,讨论与交流也是"专题研习"很重要的一环。有些老师可能注意到欧美大学多采用的小班上课方法,布置某一个专题,以及基本的书单,让学生自己去读,形成心得提纲。然后在小组讨论,每个人讲自己心得,教师点评。这叫 Seminar,是理想的研习方式。但 Seminar 的小班研习方式比较"奢侈",我国大多数中学并不具备相应的"硬件"和"软件"。我们可以借鉴 Seminar 这种伙伴式合作学习的精神,那就是"专题研习"的讨论必须要"三有":有心得提纲,有发言讨论,有教师点评引导。

"专题研习"的题目不宜太过专业。高二教材中各个单元的"研习任务"还是充分考虑到高中生普遍的水平的,还可以选择。如果另外搞一些更加专业的任务和讨论,是没有必要的。有些中学搞"大学先修"课程,那可能只适合少数尖子生,难以推广。现在大学在淡化专业,大一大二多是通识课,大三才选专业,而有些中学就奔着大学专业去安排研习课。这不是拧着吗?高中的"专题研习"虽然带有探究性,但是毕竟不是真正的学术研究。这个度要把握好。

"专题研习"的教学和以往惯用的方法比,教师讲授的比重会少一些,但对教师的要求反而更高了。我们编教材时也有担心,怕一般学校老师难以操作。所以设计"单元研习任务"几道题,也都照顾到有深浅难易之分,给教师和学生选择的空间,不要求全做。三四个"研习任务"其实也可以分组来做,然后集中,让每位学生都能点面结合,各有获益。

还是要实事求是,不搞"一刀切"。不同单元难易程度不一样,教学设计和安排也应当有区别。如"中国革命传统作品研习"单元、"中国现当代作家作品研习"单元,都是现代文,阅读难度比较小,教师可以少讲一点,放手让学生去读书讨论。但是"科学与文化论著研习"单元,马克思、柏拉图的文章很难懂,恐怕教师就要安排多讲一点。特别是"中华传统文化经典研习"单元,文言文和古诗词为主,一开始就来个"任务驱动",学生还读不懂就开始讨论某些课题,恐怕也不行。哪些多讲一点,哪些少讲一点,哪些可以"任务驱动",哪些要先认真讲析课文再进行研习活动,教师要自己判断,根据实际情况来安排。

高二教材采取"专题研习"为主的教学形式,给教师和学生更多的选择空间,也为自主性、探究性学习提供了可能。改革肯定要往这个方向走。但无论是任务群学习,还是带着任务去研习,最终都是要导向多读书,多思考,多练笔,目标还是提升语文核心素养,不能把时间和精力浪费在那些脱离语文本质的"活动"上。切忌形式主义。热热闹闹、轰轰烈烈,却没有"干货",那不是我们所愿意看到的。

六、写作教学还是要有个系列

现在很多学校几乎放弃了作文课,只有临考前的应试作文训练,写作教学溃不成军。为改变这一状况,加强写作教学,引导学生系统地练习写作,新教材设计了相对独立的写作教学序列。但在呈现方式上并不强调系统,而尽可能和任务群的"专题研习"结合。高二的写作教学,大多数单元都是融汇到"研习任务"中,作为"研习任务"的一部分。另外也有少数单元的写作教学,和单元"研习任务"关系不大。比如"外国作家作品研习"单元安排了"申论",和单元教学内容的结合度并不高。多数单元后面附加有一个用仿宋体排列的写作专题知识讲解,是"方法性知识",配合写作课的,虽然写得比较简单,但老师可以借此发挥,把写作课安排好。

高一已经学过 12 个专题的写作,高二又设定了 9 个专题,分别是:材料的积累与运用、思路与逻辑、审题与立意、学写小小说、深化理性思考、学写申论、语言的锤炼、说真话抒真情、文章修改。指导思想是读写结合,在阅读单元中把写作内容、方法的训练与阅读整合,达成在真实情境中完成写作任务的目标。高二的写作设计偏重议论文和说明文,偏重思维训练(包括逻辑思辨力),适当考虑高考作文的要求。写作教学是思维与表达的综合训练,需要多模仿、练习和体会。欲速则不达,太功利教不好作文,还可能败坏了学生写作的胃口。高一高二的写作专题教学要想办法安排好,不要一上来就是应试技巧和套式作文,先打好基础,然后到高三再考虑如何面对高考。

七、牵住培养读书兴趣这个"牛鼻子"

高二语文还是强调多读书,这也是从小学到高中语文统编教材的特色之一。使用新教材,要在这方面用心。没有足够的阅读量,语文素养的提升就是空谈。2020 年高考全国卷就很注重考阅读面和阅读速度,考语言运用背后的思维能力,而且命题取材范围在拓宽。理解和使用高二教材,一定要对整个语文统编教材的特色与要求有基本的把握,那就是读书为本、读书为要。新教材专治不读书的病。使用新教材,千头万绪,要牵住教学的"牛鼻子"——培养读书兴趣,加强多种读书方法的训练,当然还有更高目标,就是让学生养成好读书的良性生活方式。在这个浮躁的时代,这个自媒体和手机娱乐狂欢的时代,读书兴趣与习惯培养虽然很难,但更加重要。语文课有这个责任。

高中语文统编教材特别重视让学生接触经典,有意让学生读"深"一些的书。要让高中生有这样的意识,读书不能就易避难,不要总是读自己喜欢的、浅易的、流行的读物,在低水平圈子里打转。年轻时有意识让自己读一些"深"一点的书,读一些可能超过自己能力的经典,是一种挑战。经典在语文学习中具有无可替代的地位与作用,不能只是当成"活动材料""探究资料"或者所谓教学"支架"。如果只是设定以某个项目活动来

"带"课文,可能会限制教师与学生的发挥。开展专题研习,也还是要教读书方法,比如如何读理论性较强的论文,如何读科技文,如何读诗歌、小说,等等,要想办法纳入研习任务中。

八、"语文核心素养"的"以一带三"

使用新教材,站位要高一点。要认真学习新课标。课标对各个任务群的教学功能、目标都有要求,有些属于比较"上位"的要求,备课时也应当关注,让教学设计的方向更加明确。比如,课标在论述"语文核心素养"时,提到要"通过语言运用,获得直觉思维、形象思维、逻辑思维、辩证思维和创造思维的发展",还提到要帮助学生形成"正确的审美意识、健康向上的审美情趣与鉴赏品位"。诸如直觉思维、形象思维、审美情趣等,是新提法,是我们以前教学中较少关注的,新教材也在努力体现,我们备课时就应该多用心。有些单元阅读文学作品较多,在设计学习活动和问题时,要多考虑诸如直觉思维、形象思维、审美情趣等的培养,尽可能往"语文核心素养"的目标靠拢。

还有就是对"语文核心素养"的理解。课标提出四个方面,包括:语言建构与运用、思维发展与提升、审美鉴赏与创造、文化传承与理解。教材编写是努力达到这个总体内容目标的,这是整个教材框架设计的基本依据。我们备课时也要认真贯彻关于"语文核心素养"的指导思想,那就是做好"以一带三":"语言建构与运用"带有语文课程的本质规定性,也是语文课程的基础,教材的使用要立足于语言文字的运用,让学生在学习语言过程中很自然地把其他三方面"带进来"。无论怎么改革,采用什么新的教学形式,都不能脱离语文的本质规定性,要以语言文字运用的学习为基础,"以一带三"。在高二设计有专门的逻辑单元,其实也是语言的积累、梳理与探究,把从小学到高中学过的某些语言和思维现象集中梳理,获得提升。这是新的教学内容,虽然难一些,但不要放弃。

九、把"方法性知识"嵌入"研习"活动中

其实大家认真研究新教材,会发现它与老教材还是有很多接续的,不是要颠覆以前的教材,从头来过。在许多方面,新教材吸收了老教材的经验,是"守正创新"。比如语文的知识与技能,过去的教材与教学是很重视的,如今新教材仍然有它的知识技能的学习体系,只不过是隐含在各个单元之中,不是显性呈现。比如高二必选上册第一单元要求了解古典诗歌的"发展脉络"和不同诗歌体式的节奏韵律,中册第一单元要求学会如何读经典翻译的"长句子",第二单元要求了解文言文中的"意动用法"和"使动用法",等等,都是必要的语文知识。事实上,知识的学习和积累还是很重要的,特别是"方法性知识",是语文教学的题中应有之义。比如如何读一本书,如何加强语言表达的逻辑性,如何筛选信息,等等,也都有"方法性知识",总要想办法"嵌入"研习活动中。以前语文教

学也有许多好的经验和做法,比如比较重视知识的积累和训练,应当把这些经验纳入这一场改革中。不要动辄把以前的语文教学说成是"以知识与技能为中心",那就是以偏概全了。

十、关于常规的考试与高考

使用新教材后,考试要不要随之做一些改革?回答是肯定的。大家都很看重考试,但是如何考,的确是个问题。课标对于学业水平考试与高考命题是有指导性意见的。大家也注意到,这两年的高考语文命题,强调以语文核心素养为考查目的,以情境任务作为试题的主要载体,突出综合考查,命题指向考阅读与鉴赏、表达与交流、梳理与探究几方面内容。但是课标对于常规考试,包括期中、期末考试没有提出专门的要求。高考属于非常规的考试,要体现区分度和信度,要有难度系数,否则很难选拔。而期中、期末考试不是选拔性的,更多是为了检测与评价学生语文学习的现有水平,发现学习中存在的问题及其原因,所以其命题、阅卷和高考应该是有区别的。

而现在的情况是,普遍都将期中、期末考试当作高考的预演,甚至题型、内容也都参照高考。这恐怕不合适。我准备这份讲稿时,也征求了一些特级教师的意见,他们也认为还是要体现"教—学—考"一致性的原则,期中、期末考试不能轻易"套路"高考,考试的主要内容应出自新教材,起码有70%是和新教材的学习有关的。以前语文教材版本很多,高考命题是极力回避教材的内容的。现在语文教材统编了,高考命题也要考虑和教材的改革同步,涉及教材的内容可以少一点,但也应当有一定的比例。

这个问题很关键,我这里只是提醒,希望有关部门和专家能认真研究。

有些学校老师抱怨新教材比较难,于是我行我素,以不变应万变,基本上还是用老一套办法来教。这恐怕不行。大家也都承认现有的语文教学的确存在许多问题,包括不读书,读书少,学生缺少学习的自主性和创造性,等等。这些都是要改的。新教材提出许多新的教学理念和方式,我们应当积极学习跟进,改善我们教学中存在的缺失。再说高考也在改革,和课程、教材的改革是同步的,我们的教学不改革也不行。

课程改革的主力军是教师,应该给教师更多的自主性,鼓励他们多读书,当"读书种子",提升业务水平,发挥创造性。一个教案再好,也不能全国照搬。我的讲话,还有其他培训老师的教学建议,都不是模板,只供老师们参考。千万不能搞运动式的课改,不能搞"一刀切",在改革方向的引导下,一些条件好的地区和学校可以先走一步,改革的步子大一点,也可以进行一些比较超前的探索,将所取得的先进成果作为引领,进行更大范围的推广。但大多数学校,还是要实事求是,稳步推进。最好的学校,老师们往往都能使用教材,超越教材,甚至自编教材。那么这套统编教材对他们来说就是使用的素材,他们自己会剪裁调整。而绝大多数普通学校,一般县城高级中学,应当是我们编写时主要考虑的水平线。这也是体现差异性和选择性。新教材既要坚持改革,坚持先进的理念,又努力做到脚踏实地,满足大面积使用的需要。

"有什么样的教材,就有什么样的国民。"语文教科书编写体现国家意志,积极发挥育人的独特优势,始终坚持将"立德树人"落到实处,继承和弘扬中华优秀传统文化、革命文化和社会主义先进文化,培养文化自信,推动文化的创新发展。教材以新时代高中学生的"理想信念""文化自信""责任担当"作为内容主轴,紧扣培养关键能力、必备品格和正确的价值观。这是教材编写的指导思想,也应当是语文教学的指导思想。有这个意识,有这份心,我们的教学就有了主心骨,就有了制高点。

新教材,新在哪里?[1]
——《人民日报》专访

> 教材编写是国家行为,编写的立意要高,要立德树人。

今年9月初新学期开始后,全国将有数百万小学生和初中生使用"部编本"语文教材。"部编本"是指由教育部直接组织编写的教材。为什么要编写"部编本"?教材内容有何变化?注重培养学生的哪些能力?记者采访了"部编本"语文教材的总主编、北京大学语文教育研究所所长温儒敏教授。

现有的"一纲多本"教材质量参差不齐,"部编本"想起到示范作用

记者:目前语文教材有多个出版社的不同版本,为何还要编写"部编本"?

温:"部编本"是由教育部直接组织编写的教材,除了语文,还有德育和历史。现有的语文教材编写出版还是"一纲多本",小学有12种版本,初中有8种版本。这些版本现在也都做了修订,和"部编本"一同投入使用。"部编本"取代了原来的人教版,覆盖面比较广,小学约占50%,初中约占60%。

实施"一纲多本",虽然调动了地方和出版社的积极性,教材的编写出版呈现活跃的局面,但也出现一些问题,

---

[1] 本文系《人民日报》专访,发表于2016年8月18日,记者葛亮亮。这里说的"新教材",指教育部组织编写的义务教育语文教科书。2017年中央指示三科教材(思品、历史和语文)全国统编,"部编本"又改称"统编本"。

教材的选择使用受到经济等因素左右,不能真正做到选优。

另外,教材主要由出版社组织编写,受到一些条件限制,影响到编写出版的质量。为此,中央决定组织编写德育、历史和语文三科教材。"部编本"教材力图在多种教材并存的情况下,起到示范作用,促进教材编写质量的提升。

记者:能说说编写队伍组成和编写的过程吗?

温:语文教材的总主编和主要编写人员是全国申报遴选、教育部聘任的,编写组主要由三部分人组成,一是学科专家,包括一些大学教授、作家和诗人,二是优秀的教研员和教师,三是人教社的编辑。前后参加编写组的有60多人,另外还有外围的各学科的咨询专家、学者,人数就更多了。

"部编本"语文教材的编写从2012年3月8日正式启动,到现在4年多了。以往教材编制都由出版社来实施,请个主编,搭起班子,最多也就用一二年。教材编写经过复杂的程序,包括确定大纲和体例框架、拟定样章、选文、进入具体编写等。起始年级初稿出来后,先后经过14轮评审,还请100名基层的特级教师提意见,最后才提交给教育部。

教材编写不只照顾人文性,还注重训练必需的语文能力、写作和口语

记者:"部编本"语文教材的编写理念是什么?

温:概括起来有4点。

一是体现社会主义核心价值观,做到"整体规划,有机渗透"。教材编写实质上是国家行为,所以教材编写立意要高,要立德树人。

二是接地气,满足一线需要,对教学弊病起纠偏作用。在确定编写方案之前,编写组对十多年来课程改革以及课程标准实施的得失状况,进行了细致的调查总结,对于教学中普遍存在的某些问题,也注意"纠偏"。比如,现在语文教学普遍是两多一少:精读精讲太多,反复操练太多,学生读书太少。新编语文教材注意到这个问题,采取了一些改进办法。

三是加强教材编写的科学性。编写组学习和继承了以往教材编写好的经验,并借鉴国外先进做法,实行"编研结合",还特别重视学界有关语文认知规律的研究成果,加以选择、吸收和转化,用来指导编写。比如,新编一年级教材的识字课文就采纳了北师大关于儿童字频研究的成果,把儿童读书最需要先认识的300个字安排在教材中,努力体现教材编写的科学性。整个编写过程都是一边研究,一边编书。

四是贴近当代学生生活,体现时代性。"部编本"语文教材在课文的选取、习题的设计、教学活动的安排等方面,努力切入当代中小学生的语文生活,适应社会转型和时代需求。比如,如何正确地认识和使用新媒体,如何过滤信息,都在教材中有体现。

记者:和其他版本语文教材比较,"部编本"的框架体例有何不同?

温:现有各种版本语文教材基本上都是主题单元结构,多照顾到人文性,而可能忽略

了语文教学的规律。选文也往往只顾一头,只考虑所选课文是否适合本单元主题,难以照顾到本单元应当学习哪些知识、训练哪些能力。语文教学也就失去了必要的梯度。"部编本"语文教材采用"双线组织单元结构",即按照"内容主题"组织单元,课文大致都能体现相关的主题,形成一条贯穿全套教材的、显性的线索;同时又有另一条线索,即将"语文素养"的各种基本"因素",包括基本的语文知识、必需的语文能力、适当的学习策略和学习习惯,以及写作、口语训练,等等,分成若干个知识或能力训练的"点",由浅入深,由易及难,分布并体现在各个单元的课文导引或习题设计之中。

传统文化篇目多了,很多经典课文回来了,尚未沉淀的"时文"少了

记者:语文教材的选文历来被社会关心,您能介绍一下选文标准吗?

温:"部编本"的课文选篇强调经典性、文质兼美、适宜教学,此外还适当兼顾时代性。课改之后流行的各种版本的语文教材,都把人文性放在最重要位置,另外,很重视引起学生的兴趣,甚至多选"时文"。这不能说不好,但不能偏了,新教材回到"守正"的立场,大家会发现,很多经典课文这次又回来了,尚未沉淀的"时文"相对少了。

有一个变化非常明显,就是传统文化的篇目增加了。小学一年级开始就有古诗文,整个小学6个年级12册共选优秀古诗文124篇,占所有选篇的30%,比原有人教版增加55篇,增幅达80%,平均每个年级20篇左右。初中古诗文选篇也是124篇,占所有选篇的51.7%,比原来的人教版也有提高,平均每个年级40篇左右。体裁更加多样,从《诗经》到清代的诗文,从古风、民歌、律诗、绝句到词曲,从诸子散文到历史散文,从两汉论文到唐宋古文、明清小品,均有收录。革命传统教育的篇目也占有较大的比重,小学选了40篇,初中29篇。鲁迅的作品选有《故乡》《阿长与山海经》等9篇。

记者:部编教材怎么处理语文教学中知识体系的问题?

温:这套教材注意重新确定语文教学的"知识体系",落实那些体现语文核心素养的知识点、能力点。

近几年的语文教学很活跃,学生学习的主体性得到尊重。但又出现另一趋向,就是知识体系被弱化。教材在知识体系的建构上,不敢理直气壮地讲语文知识,不敢放手设置基本能力的训练,知识点和能力训练点不突出,也不成系列。

"部编本"语文教材很重要的一点改进,就是让课程内容目标体现的线索清晰,各个学段、年级、单元的教学要点清晰。

这套新教材的编写一开始就注意这个问题,按照课标的学段目标要求来细化那些知识的掌握与能力的训练,落实到各个单元。有些必要的语法修辞知识,则配合课文教学,以补白形式出现。努力做到"一课一得"。现在不是强调"语文核心素养"吗?"部编本"语文教材就已经在努力建构适合中小学的语文核心素养体系。但这是"隐在"的,不是

"显在"的,在教材的呈现和教学中并不刻意强调体系,防止过度的操练。

记者:目前语文教学中的严峻问题是学生读书少,部编教材在鼓励读书方面有何举措?

温:举措就是把课外阅读纳入教材体制。比如,小学一年级就设置了"和大人一起读",意在和学前教育衔接,一开始就引导读书兴趣。小学中高年级几乎每一单元都有课外阅读的延伸。初中则加强了"名著选读",改变以往那种"赏析体"写法,注重"一书一法",每次"名著选读"课都引导学生重点学习某一种读书的方法。激发兴趣,传授方法,是"名著选读"设置的改革方向。如浏览、快读、读整本书、读不同文体,等等,都各有方法引导。多数课后思考题或拓展题,也都有课外阅读的提示引导。这就把语文教学从课堂延伸到课外,形成"教读—自读—课外阅读"三位一体的阅读教学体制。

这可能是一个突破,让语文课更重视学生自主的阅读实践,包括课外阅读,努力做到课标所要求的"多读书,读好书,好读书,读整本的书"。新教材虽然力图把"教读""自读"和课外阅读三者结合起来,但也还需要老师们去"加码"。建议老师们采取"1+X"的办法,即讲一篇课文,附加若干篇课外阅读的文章。

记者:写作教学比较难,历来语文教材的写作部分容易引起争议,"部编本"的写作教学安排有何新意?

温:我们力图突破既有的模式,在突出综合能力的前提下,注重基本写作方法的引导。写作方法和技能训练的设计编排照顾到教学顺序,让老师能够落实,克服随意性。但也注意到避免应试式的反复操练。写作课的系列努力做到中心突出,简明扼要,有可操作性。初一两个学期一共12次写作课,每个单元1次。分别是热爱生活热爱写作,学会记事,写人要抓住特点,思路要清晰,如何突出中心,发挥联想与想象,写出人物精神,学习抒情,抓住细节,怎样选材,文从字顺,语言简明。每次都突出一点,给予方法,又照顾全般。和以往教材比较,现在的编法是希望有一个系列,更能激发学生写作的兴趣,也比较有"抓手",比较方便教学实施。

在课程改革中"守正创新"①
——新华社《瞭望东方》周刊报道

如果说数学是理科的基础,那么语文就是基础的基础。

"语文教材是社会公共知识产品,众口难调,还要编出新意,确实非常难。'部编本'语文教材投入使用后,一线师生的反馈是非常正面的,让我们很受鼓舞。""部编本"中小学语文教材总主编、北大语文教育研究所所长温儒敏在接受《瞭望东方周刊》专访时如是说。

此前,语文教材"一纲多本",各版本教材占据各自的市场,改革意见众说纷纭。2017年教育部正式发文:9月起,全国中小学起始年级改为使用由教育部统一组织编写5年之久的新版语文教材,即"部编本"。

"部编本"的面世意味着"一纲多本"时代正式结束,人教版、沪教版、苏教版、鄂教版、北师大版等各类语文教材都将退出历史舞台。

"部编本"由教育部调集全国专家、作家、优秀教师和编辑共50余人组成编写组,加上各方面的审查专家,先后有一百多人参与编写和把关。

温儒敏表示,"部编本"吸收了各个版本的优点以"守正创新",也可以看作十多年来课程改革的结晶:以人为本、重视素质教育和自主性学习等新的教育观念,以及一线教学好的经验,都努力在"部编本"中沉淀下来了。

---

① 本文根据2017年11月新华社《瞭望东方》周刊对笔者的采访整理。

寻求社会最大的共识

《瞭望东方周刊》：如何评价十多年来的课程改革？

温儒敏：2000年前后，一批有理想有担当的人开始推动课程改革，编写了课程标准，也编写了相应的教材。十多年的课改是有成就的，起码一些新的教育观念普及了，比如素质教育观念，极少有人反对。

但能否落实则是另外一个问题。面对应试教育这个巨大的存在，面对国情，十多年课程改革的成就恐怕不能高估。只能说是在小步推进，未曾停留，现在还是在改革的路上跋涉。

中国的教育发展迅猛，但发展永远跟不上人们的需求，加上社会竞争加剧，存在普遍的焦虑，这些矛盾和焦虑必然投射到教育领域。现在老师压力很大，既要学生考得好，又要避免其思维僵化，两者之间需要平衡。

我们编教材也要有所平衡。一方面要落实新的教育理念，往素质教育方向靠拢，另一方面还要考虑现实中大多数学校的教学状态，他们能否用好教材。我们也有平衡中的焦虑，但要尽量有平衡的自觉。

《瞭望东方周刊》："部编本"语文教材是对过去语文教学模式的否定吗？

温儒敏："部编本"语文教材有许多创新，但不是对既有版本教材的颠覆；有许多新的教学设计，也不是对过去语文教学的否定。

我提出"守正创新"，过去好的教学传统和经验，以及既有教材成功的设计，都是要"守正"的，在这个基础上，去创新和拓展。新教材的课文变动不小，但许多传统篇目也得到保留，某些"老课文"，特别是某些曾经滋养几代人的革命传统课文，又回来了。

《瞭望东方周刊》："部编本"语文教材编写最大的难点在哪里？落地效果如何？

温儒敏：要寻求社会最大的共识，要尽量考虑到这是一个社会公共产品。一个教材出来后会有各种各样的挑剔和批评。作为教材主编，我很害怕大家把教材看得很"神圣"，要万无一失是不可能的。有些人动不动就把教材的某些缺点放大，甚至扣上政治帽子，什么"崇洋媚外"之类，一棍子打倒，如果引起媒体误读，那就更加不好了。

现在改用"部编本"的主要是一年级、二年级、七年级和八年级。教育部在新教材开始推行后，便在进行跟踪调查，听各方面的意见，总体来说是很好的。

教材的改革，是要逐步进行的，今后我们会继续跟踪，有错就改，有好的建议就吸收，持续不断地修订完善。

更加重视激发读书兴趣

《瞭望东方周刊》："部编本"的基本目标是什么？它与过去的人教版相比，最明显的区别在何处?

温儒敏:好的语文教材要紧跟时代,尽可能满足社会需求,又必须遵循语文学习的规律,克服随意性,要好用,满足一线教学的需要。

"部编本"除了强化核心价值观、强调立德树人和加大传统文化分量,还有一个重要变化在于读书的设计:更加重视激发读书兴趣,学习读书方法,养成读书习惯。这个意图比以往各种教材都更加突出。

新教材课文的数量比以往有所减少,但教学内容特别是读书内容增加了,有两点值得注意。

一是教多种读书方法。以往不怎么教的如泛读、浏览、跳读、猜读、群读、非连续文本阅读等,都进入了教材。我建议教学也不要再满足于精读精讲加反复操练。

二是课型区分明显。教读课是举例子给方法,自读课就让学生自主阅读,体验和试用教读课上学习的方法。这就克服了以往几乎所有课全都讲得差不多,都是细嚼慢咽、反复操练的缺点。这两种课加上课外阅读,三位一体,构成了语文阅读教学的基本结构。

也就是说,新教材比以往更加重视往课外阅读延伸,真正把课外阅读纳入教学体制了。我认为这就牵住了语文教学的"牛鼻子"——多读书,读好书,好读书,读整本的书。

《瞭望东方周刊》:为什么特别重视阅读面的拓展?

温儒敏:语文是中小学的主课,但长期以来缺少"主课"的待遇。小学还好一点,到了中学阶段,语文常给其他科目"让道",因为语文不好拿分。数学、物理突击一两个月,分数就可能增加,而复习语文几个月未见得就一定能提分。

语文是一个积累性的学科,更加讲素养、讲综合能力。语文素养的获得要靠长期大量的语文实践,主要是阅读和写作,很难靠"短平快"提升。有些学校与老师为了应对中考高考,出于功利目的,把语文"放逐"了,这是非常可惜、非常错误的。这需要克服急功近利的思想,从学生的长远发展这个"大利益"来考虑,重新认识语文的重要。

复旦大学原校长、数学家苏步青说过,如果说数学是理科的基础,那么语文就是基础的基础。无论是针对考试,还是长远发展,有什么理由不重视语文呢?

实际一点来说,若要高考取得好成绩,语文也不能被"边缘化"。现在高考语文命题有明显改进,那就是重视考阅读量、阅读面和阅读速度,甚至还考整本经典的阅读情况。

平时不读书、读书少、只会做题的学生,在以后的高考中肯定吃亏,语文会给他们"拉分",影响整个高考成绩。有什么办法可以提升语文考分?我看只有从小学开始,重视语文,细水长流,多读书、多练笔,而不能像现在这样靠"刷题"突击来学语文。

创造语文学习的良好氛围

《瞭望东方周刊》：新教材是否考虑到为学生减负？

温儒敏：新的语文教材并没有刻意减负。现在中小学生学业负担的确很重，但这个问题要具体分析，笼统提减负无济于事。

这个时代发展迅猛、竞争加剧，人们普遍压力大，社会很焦躁，这种压力和焦躁辐射到并转移给了孩子。这种大环境下，就算学校把学业负担减少了，家长还会再给孩子补课。

现在中小学生学业负担重，但这个"重"不全是学校老师给的，是整个社会的紧张辐射给的。这个问题不太容易解决，发过多少"红头文件"给学生减负，好像效果不大，这需要整个大环境的改善。

但也不能无所作为，学校和教师，以及家长，要注意少把焦虑转移给学生，要想办法激发学生学习的兴趣。有兴趣就有效率有效果，负担也就不会那么沉重。

比如读书，你强制要求，甚至安排许多规定动作，孩子不一定喜欢读，也不会抓紧读。如果让孩子读书多一些自己的选择，甚至容许读些闲书，不要都指向考试或者写作，他们的兴趣来了，读起来就会很快，效率也很高，就不是什么"负担"了。

新教材很注意激发读书写作的兴趣，内容和思考题设计都尽量考虑学生的认知特点，往兴趣上靠，我们希望教学也能这样做。

《瞭望东方周刊》："部编本"小学语文教材里增加了"和大人一起读"的栏目，为何考虑让家长正面参与到孩子的学习中来？

温儒敏：这是教材的亮点之一，实际上是在提倡亲子阅读。用意在于激发读书的兴趣，让孩子刚上学就喜欢语文，喜欢读书。

这也是幼小衔接的学习方式。幼儿园主要是无纸化教学，听故事多，到了小学就开始使用纸质的阅读材料了，让孩子先和大人一起读，慢慢过渡到自己读，这个过程需要大人的引导。

建议把这个栏目纳入教学计划，但不要处理成一般课堂上的课，这是课堂教学的延伸，延伸到课外，延伸到家庭。让家长少看电视、少打麻将、少上微信，多和孩子一起读书，这也等于创造了语文学习的良好氛围。

实际上家庭教育比学校教育更重要，把教育小孩的一切责任全部都放到学校教育，交给老师就不管了，是不对的。

为基础教育"敲边鼓"

《瞭望东方周刊》：对于鲁迅作品在课本中的增减民间争议一直很大，在"部编本"中鲁迅作品依然占较大比重,是现代作家中进入教材最多的一位,为什么?

温儒敏:鲁迅是近百年来中国最清醒的知识分子,是民族精神的一个坐标。鲁迅能清醒地认识我们中国的传统与文化,批判传统中的糟粕和国民性中落后的部分。当今我们建设当代文明,强调继承优秀的传统文化,这继承不是照搬,而要有批判性的眼光与必要的选择,这才是真正的文化自信。从这个意义上说,鲁迅精神是极其宝贵、不可或缺的。

也许有人不喜欢鲁迅,甚至认为他批评得太苛刻了。这不要紧,每个人可以有自己的喜好,但不能否认自信往往来源于真实的自省,我们需要这种真实的自省。中小学生要适当接触文化经典,让他们读点鲁迅,是必要的,即使不完全理解,也会先留下一点印象,打个底子。

《瞭望东方周刊》:教育要培养担当民族复兴大任的时代新人,要实现这个目标,在日常教育中要强调什么?

温儒敏:如果要做一个以后能做大事且对国家社会有贡献的人,一个幸福的人,一定要拓宽视野,适当地摆脱流俗。

《瞭望东方周刊》:你说自己是在为基础教育"敲边鼓",实际上你在中小学语文课教育改革方面做出了许多贡献,作为一个学者,为什么要参与这些事情?

温儒敏:我的专业是做现代文学史研究,大概十多年前,我从担任北大中文系主任开始,就想到要适当介入基础教育了。

2003年,我主持成立北大语文教育研究所,做了很多实事,包括:组织对全国中小学语文教育状况的9项田野调查,参与修订国家语文课程标准,参与高考语文改革的研究,连续多年通过"中小学教师国家级培训计划"共培训了20多万名中小学教师,组织编写中小学和大学的语文教材,培养语文教育研究生、博士生和博士后等。

但我还是把介入基础教育看作"敲边鼓"。我希望更多师范大学重视"师范"的本分,也希望更多学界同仁能为基础教育出点力。2012年,教育部聘我为中小学语文教材的总主编。这件事是"风口浪尖上的工作",太难了,有几次都想不做了,但想到这是功德之事,是"大学问",可以实践自己的学术理想,又能回馈社会,才坚持下来。

我深感在中国喊喊口号或者写些痛快文章容易,要推进改革就比想象的难得多,在教育领域哪怕是一寸的改革,往往都要付出巨大的代价。我们这些读书人受惠于社会,现在有些地位,有些发言权,更应当回馈社会。光是批评抱怨不行,还是要了解社会,多做建设性工作。

第 二 辑
教材编写叙录

往课外阅读及学生的语文生活延伸[①]

现在语文教学的痼疾在于精读有余,困于教材,而引导读书很少。光做题,不读书,语文素养就无从谈起。

前四个年级初稿看来,总体很满意。吸收了原人教版优点,又有明显超越。几个特色显现出来了:

一是比起以前各个版本(包括人教版),拼音往后推了一个多月,难度略有降低。符合课标要求,也适合一年级学生接受。对拼音功能定位准确。

二是大量增加亲子阅读(我爱阅读)材料。和幼儿园学习承接,满足听故事的心理,转向文字阅读,让学生喜欢。

三是更注重习惯和方法的提示。从第一册开始有,比如如何看图识字,如何猜字。口语交际比较充分。

四是增加了许多有趣又有语文味的课文。整个比较活泼、有趣。注重学生心理特点,激发学习兴趣。

五是单元导语简化为一句话,但是单元学习的重点更加明晰,这种设计非常好。初中也可以考虑这样来设计。

问题不少,包括文字的问题,有一部分我做了修改批注。还需要时间打磨。

五、六年级教材的编写应当保持现在这种创新的态势,一鼓作气,先把整个小学教材初稿都拿出来,然后再打磨。还要征求意见,试教。应注意和初中衔接,语文教育是一体的。看过稿子后,有些编写思路更明确了。我曾给

[①] 本文系笔者2013年11月9日在景明园小学语文高年级教材编写会议上的发言提纲。

先云和本华写信,对下一步的编写和整个稿子的修改,提出了一些看法。这些意见其实也是在编写过程中逐步明晰的。编写工作对我、对大家都是很难得的学习提高过程。我在信中提到:

我最近越来越感到,现在语文教学的痼疾在于精读有余,困于教材,而引导读书很少。光做题,不读书,语文素养就无从谈起。所以咱们这套教材除了力戒目前教材语文因素被掏空的弊病,还要在引导大量读书方面形成特色。除了坚持咱们原先决定的编写方案,我希望无论小学还是初中,都努力加强两个"延伸":往"多读书"(特别是阅读兴趣与方法)延伸,往课外阅读及学生的语文生活延伸。

一是名著导读(或者课外读书导航)可以每册增加 1 到 2 次(部),撰写的导读不只是介绍所选作品的作者、背景和内容提示,还应当加插和强化读书方法。比如如何克服读一本"难"书的畏惧心理,如何消除经典的隔膜,如何挑选适合自己的书,如何更快地读完一部书,如何读不同类型的书(如童话、寓言、长篇小说、戏剧、历史书、杂志、实用的书等等),其实都应当教给学生方法,而以往的教材以及课堂却是不教或少教的。

二是将精读和略读的区分度加大,略读不只是比精读简单,而是承担精读未能担负的那些功能,比如试验和练习浏览、检视、快读、猜读、等等,总之是精读的延展和补充。也要注意练习方法。略读课文可以长一些,字号略小些(这些可以试图突破原有死板规定),主要就是引发兴趣,放手让学生读,要和精读课文设计明显区别(并非减少几道题而已),这样,可以防止一线老师不区分精读略读的通病(原因也是以前教材的两种课文功能没有大的区别)。

三是原来知识点仍然保持,但往语言运用能力训练方面靠拢,不是由概念出发,而是偏于语用,倒过来处理。这也免得人家批评说是过分强调知识系统。系统还是要有,只是由明面改为潜在。

四是咱们开始时梳理的知识点能力点现在有所体现,但还不够,应当更细致、更有梯度,也更能往方法靠(学会学习)。每课一得主要是方法的"得"。应当在"教什么"方面更加具体。

五是综合性学习也尽量配合课外阅读和学生的语文生活。

六是选文还需要拓展与更新。

七是李吉林老师提的一些意见,可以适当考虑吸收,未能吸纳的要给她说明。比如在一年级开始,适当减少识字(特别是"四会")的数量,逐步要求写字姿势、习惯、规范(但注意不能拘束),一些亲子阅读材料说明用法、加注拼音,关于汉字源流的设计考虑更适合孩子,形象一点,不一定出现甲骨文等概念。

下面,我再结合小学高年级编写说说意见。

小学的低年级段已经在增加阅读材料方面形成特色,而且中年级段开始有"课外读书导航"。我觉得这是创新,非常好。到高年级段,可以考虑每学期再增加一次"课外读书导航"。不只是介绍名著,指导阅读,还要引发阅读兴趣,引导课外阅读。比如对书籍的认识(现在有关于书本的"身体",很好),还有如何挑选好书和适合阅读的书,为什么不能只读绘本和漫画(文字书应当唱主角),什么叫经典,对读书感到很难怎么办,如何读得快一点,等等,小学中高年级就要开始教,作为教学内容进入教材。现在三、四年级的"导航"有些还没有写出来,建议统一设计。我的意见就是要引发兴趣,培养习惯,教给方法。要和中学衔接。现在中学的名著选读编得太拘谨,难以调动学生兴趣。要放开思路,大胆突破。

关于精读和略读的区分度加大问题,不只是初中,小学也要注意。特别是到中年段之后,如何处理精读略读是个问题。这是语文教学普遍存在的误区之一。我们要通过教科书编写来改变这一状况。小学低年级段这个问题不突出,但也要防止把阅读材料当作精读的现象出现。可以在教学用书中明确区分说明。

现在小学高年级段应当增加"自读"的内容,当作"讲读"课的延伸和实践。这是教材的两种课型,整体结构的两部分,还有第三部分,就是课外阅读,虽然没有全部体现在课本中,但有延伸。咱们教材如果能整合三个部分,就是一种突破,不只是教材本身的特色,也是教学的改进和突破。所以大家做高年级教材编写,应当认真讨论和落实这个设想。

前面提到的第四点,关于知识点能力点如何体现,如何做到更细致、更有梯度,也更能往方法靠(学会学习),也请大家在高年级教材编写时多加考虑。有些可以在练习题中体现,把学习方法很自然地融汇进去。

举个例子,三年级上册第3课《剃头大师》的习题之一,原来是这样的:"默读课文,把不理解的词语画出来,联系上下文猜猜它们的意思,再查字典验证。"这道题设计是不错的,但还可以具体一些,让学生有可操作性。我把原题改成:"默读课文,试一试先把全篇课文读一遍,能大致读懂就别停下来,有不理解的词语也先画出来,然后联系上下文猜猜它们的意思,再查字典验证。"这样一改,对学生来说,就有方法了。

现在三四年级习题的题型太过单调,要想办法改一改,一是想办法融汇方法,二是变化一些角度。到五六年级,就要更加注意题型与方法的问题。

最后讲一下编写工作方法。现在的方法总的可行,但还可以提高效率,那就是加强条条的包干,把条条变成专题,分给大家去研究、落实。比如题型、梯度、读书,等等,都可以分别研究梳理。有些研究本身就是成果,最终形成研究论文。

要注意积累,记录,咱们的编写过程,就是非常重要的科研过程。

小学初中语文教材的七点创新[1]

> 语文教学从课堂延伸到课外,形成"教读—自读—课外阅读"三位一体的阅读教学体制。

小学初中语文统编教材起始年级(一、七年级)的初稿已经出来,也通过了相关的审查,正等待最后审批。其他年级的编写也在推进。我汇报一下进展情况,重点说说教材在哪些方面可能会有所创新,以及存在的困难等。我觉得可以从7个方面来看新教材的创新:

一、重新确定语文教学的"隐在体系",落实语文素养构成的知识点、能力点。自从课改强化人文性和实施主题单元建构之后,教学上主张语文知识的"随文学习",比以前活跃,但又出现另一趋向,就是教学梯度被打乱,必要的语文知识学习和能力训练得不到落实。有时课上得满天飞,可就是没有把得住的"干货"。所以这次编写一开始就注意这个问题,按照课标的学段目标要求来细化那些知识的掌握与能力的训练,落实到各个单元。有些必要的语法修辞知识,则配合课文教学,以补白形式出现。努力做到"一课一得"。这套教材在建构适合中小学的语文素养体系,但这是隐在的,不是显在的,在教材的呈现和教学中都不应当强调体系,防止过度的操练。目前学界在这个问题上仍然有争论,我们采取的办法是实事求是,稍有平衡,目标是加强科学性。我觉得这套教材比起原人教版,在科学性上是得到提升的。

---

[1] 2015年5月16日,编写组向教育部领导汇报小学初中教材编写进展情况。本文系笔者的汇报提纲。

二、课型的区分更加明晰。现在几乎所有教材都把课文分为精读和略读两类,但在教学中,普遍地全都处理成精读精讲,而且讲法差不多,都是那一套程式,只不过略读所用课时略少。我们认为两类课型必须区分,各自功能不一样。精读是举例子,给方法。略读就是让学生使用精读课给出的方法,更加自主地阅读,教师不必精讲。因此新编教材干脆就把"精读"改名为"教读","略读"改为"自读"。"自读"课文设置导读或者旁批,引发学生自主阅读兴趣。这样的功能区分,也是有意改进目前语文教学过分精读精讲的僵化状况。也算是新意吧。

三、特别强调课外阅读,把课外阅读纳入教学体制。一年级就设置了"和大人一起读",意在和学前教育衔接,一开始就引导读书兴趣。中高年级几乎每一单元都有课外阅读的延伸。"名著选读"也改变固有的"赏析体"写法,注重"一书一法",比如浏览、快读、读整本书、读不同文体,等等,都各有方法引导。多数课后思考题或拓展题,也都有课外阅读的提示引导。这就把语文教学从课堂延伸到课外,形成"教读—自读—课外阅读"三位一体的阅读教学体制。这种突出的强调,应当是个创新吧。

四、识字写字教学更加讲究科学性和教学效果。比如"多认少写"原则的落实,课文和习题等的设计注意严格落实王宁教授主持的 300 字基本字表,以及拼音教学内容的简化和推后,等等,这些都比以往教材有很大改进。

五、写作课的编写力图突破既有的模式,突出综合能力的前提下,又注重基本写作方法的引导,同时还非常注意与阅读教学紧密结合。写作教学内容编写的确很难,这方面几易其稿,也未能达到理想状态,但和以往教材比较,现在的编法更能激发学生写作的兴趣,也比较好教。

六、综合性学习是课改后出现的新的课型,但在一线教学中很难得到落实,容易流于形式。针对这种情况,新编教材每年级减少一次综合性学习,而在设计上又加强了和阅读、写作课的联系,使之更有效。口语教学则注意渗透到平时的阅读教学之中,一些习题也都体现口语教学的内容要求。

七、课文更新,注重经典性和适合语文教学。和原来人教版比,新的课文约占 40%。上级提出的核心价值观、传统文化等等,都认真落实了。

其他,如教科书编写语言、习题的题型变化、插图和装帧设计,都较以往有所创新。近两年新编的一、七年级已经在多个地区学校试教,反馈的情况是很好的,得到一线老师的充分肯定。

编审杂录四则

小学低年级认字,不是越多越好;识字写字教学要指向书面语;教材要多一些阳刚之气;注意两个"延伸"。

教材是公共知识产品,不同于私人著作,必然要受到各方面的关注和牵制。统编教材编写更是国家事权,上级部门会有许多指导与干预。小学和初中语文"统编本"就编了4年多,经过各方面30多轮评审,现在还要编高中语文,一开始就诸多掣肘。整个教材编写需要理解、妥协、平衡,尽可能寻求最大的共识,过程是多变的、艰难的。所幸编写组汇集了那么多优秀的专家和老师,大家协力同心,才终成正果。作为总主编,我要对教材的编写理念和框架有总体把握,对编写的每个环节也会提出相关的意见,这其中也有许多观点的碰撞、融合或者妥协。教材编写数易其稿,每一稿我都有修改,我在编写的各个环节的讨论中也发表过许多意见,这些修改或者意见,其中有一部分有记录,形成了文字。现从中摘录4则,不过是九牛一毛,亦可一窥教材编写的艰难也。

一、小学低年级认字,不是越多越好

(2013年11月初编写组会议上发言)

新教材低年级的识字量减少了。过去一二年级就要求会认1600—1800字,会写800—1000。现在减少了,规定识字1600,其中会写800。这都是依照课标来设计的。另外,新教材还遵照课标的要求,8个字,"识写分开,多认少写"。希望能按照这8个字要求来编,识字和写字的教学有所区分,"多认少写",不再要求"四会"。

识字和写字的教学有所区分,不是突发奇想的改革,这是符合语文学习规律的。传统语文教学的识字和写字也分开。蒙学的《三字经》《百家姓》《千字文》主要供小孩阅读背诵,有意无意就认识一些字了。有意思的是,"三百千"合起来总字数是2700多,剔除重复字得字种1462,数量跟现在要求1600差不多。古代蒙学的学写字也并不一定依照"三百千"来写,而是先写笔画少容易上手的字,如"上大人,丘(孔)乙己,化三千,七十士,尔小生,八九子,佳作仁,可知礼",等等。记得我小时候开始填红学写字,写的也是这些,而不是课文。可见把低年段的认字写字分开,是有必要的。

课标这样规定,除了减负,还为了让识字写字教学更科学。有一个重要的规律叫"汉字效用递减率",是周有光先生提出的。他做过统计分析,使用频率最高的1000个字,使用覆盖率达到90%;再增加1400字,合计字数2400,覆盖率是99%,这增加的1400字只扩大了9%的覆盖率;再往后呢,继续增加到3800个字,覆盖率也就99.9%。就是说,字频与覆盖率的递进关系是,在字频1000位的段落中,汉字效用的增长最为迅速,而当字频达到将近2000位时,汉字效用的增长就非常缓慢了。

所以,选择基础字要在字频1000位内的字中去选择,才更为有效。小学低年级认字,不是越多越好,应当是先学基本字,即使用频率最高的字。新教材一年级附录2个字表,一个是《识字表》,另一是《写字表》。这两个字表是有讲究的。它是根据"汉字效用递减率"的论断制定的。课标修订时还特别请北师大王宁先生的科研团队做一个课题,对儿童认字写字的字频专门进行调查分析,从儿童语文生活角度提出先学先写的300个字。这300个字选择的原则是"构形简单,重现率高,其中的大多数能成为其他字的结构成分"。现在这些基本字都很自然地进入低年级的教材,是大家要格外重视的。

二、识字写字教学要指向书面语

(2013年12月编写组会议上发言)

新教材要强化阅读,从一二年级开始,就要增加阅读材料,专门设置"和大人一起读",或者"我爱阅读"等栏目。这可能是生长点、创新点。以往低年段语文教学主要就是完成识字任务,比如有试验"集中识字"的,当然也有好处,识字写字有效率,但问题是目标感不强,对于"语文课主要学习书面语"这一点缺乏自觉。新教材目光要超越一点,从读书和书面语学习这个角度来设计识字写字教学。

课改之后,很重视情境教学,重视口语,重视课堂上的各种活动,但若把"语文课主要学习书面语"这一点忘记或者轻视了,可能就是很大的偏差。这不是我个人看法,其实义务教育语文课程标准也提出:第一学段的教学重点是识字写字。但同时又这样说明:"识字写字是阅读和写作的基础,是1—2年级的教学重点。"注意,这里把教学的目标指向明确了,学习识字写字本身不是目的,识字写字只是"阅读和写作的基础",是阅读和写作的基本条件,而目标是习得和发展书面语。

因此,编写低年段教材,虽然还是把识字写字教学放在重点位置,但也要有这样一种自觉——识字写字一开始就尽量和阅读结合,而在习得书面语过程中,也要持续巩固识字写字。大家看看课标,对低年段的阅读也是有要求的,如借图阅读,阅读儿歌、儿童诗和浅近的古诗,结合上下文和生活实际理解课文,在阅读中积累词语,等等,在新教材中都应当有所体现,甚至要大大加强。

有些专家质疑新教材设置"和大人一起读"等读书的栏目,认为有点早了,是超出课标的要求的,会增加学生和家长的负担。这种质疑是多余的。设计这个新栏目,不但不会增加负担,反而会调动学习语文特别是读书的兴趣。我们应当说服那些不赞成的专家,把这个栏目坚持下来。

三、教材要多一些阳刚之气

(2015 年 8 月 8 日给编写组的信)

七年级上册第二个古诗词诵读,整体是写秋思、离愁等情绪,调子偏于沉郁(虽然亦有张扬),对刚上初一的学生来说,难度也较大,最好能调整,把二三年级某些较浅显的调到这部分来。但这次恐怕来不及了,只能根据两次座谈会以及国务院教材会的精神,做些微调。先把李煜的《相见欢》换下来,现有的《秋词》《夜雨》《十一月四日》保留,增加一篇晚清谭嗣同的《潼关》。

这首诗以往很少选入课文,其实写得非常好,有气势,有词采,胸襟阔达,刚健遒劲,把北方的壮阔写活了,又融入了个人的生命体验,表现一种要冲决罗网,追求个性解放的精神,是感人的诗。古典诗词中阴柔之气太盛,阳刚之气不足,课文应当多选一些阳刚的作品。谭嗣同这首诗就是难得的阳刚之作。座谈会上有专家提议增加一些明清的诗歌,这也算是回应。

你们先看看。定下之后,我来写导读。

附: 潼关

终古高云簇此城,秋风吹散马蹄声。
河流大野犹嫌束,山入潼关解不平。

四、注意两个"延伸"

(2016 年 4 月 17 日给编写组的信)

新教材已经在引导读书方面形成了特色。希望还是按照咱们原先的方案来编,无论小学还是初中,都努力加强两个"延伸":往"多读书"(特别是阅读兴趣与方法)延伸,往课外阅读及学生的语文生活延伸。

现在小学的低年级段已经在增加阅读材料,中年级段开始有"课外读书导航"。这是创新,非常好。到高年级段,可以考虑每学期再增加一次"课外读书导航"。不只是介绍名著,指导阅读,还要引发阅读兴趣,培养读书习惯,教给读书方法。小学就有这方面的设计,到初中还要加强,小学初中在读书的设计上有衔接。

名著导读(或者课外读书导航)可以每册增加1到2次(部),撰写的导读不只是介绍所选作品的作者、背景和内容提示,还应当加插和强化读书方法。比如如何克服读一本"难"书的畏惧心理,如何消除经典的隔膜,如何挑选适合自己的书,如何更快地读完一部书,如何读不同类型的书(如童话、寓言、长篇小说、戏剧、历史书、杂志、实用的书等),其实都应当教给学生方法,而以往的教材以及课堂却是不教或少教的。

将精读和略读的区分度加大,略读不只是比精读简单,而是承担精读未能担负的那些功能,比如试验和练习浏览、检视、快读、猜读,等等。

关于精读和略读的区分度加大问题,不只是初中,小学也要注意。特别是到中年级段之后,如何处理精读略读是个问题。这是语文教学普遍存在的误区之一。我们要通过教科书编写来改变这一状况。小学低年级段这个问题不突出,但也要防止把阅读材料当作精读的现象出现。在教学用书中要明确区分说明。

在国务院教材工作会议上的汇报[①]

"守正创新",继承和吸收中外语文教科书编写的成功经验,努力体现科学性和时代性。

我汇报一下新编小学和初中语文教材的编写思路和进展情况,主要讲四点。

一、如何在语文学科中体现社会主义核心价值观。

从教材启动编写,我们就一直坚持把社会主义核心价值观作为指导思想,同时将其作为具体的编写内容加以落实。关键在于价值观如何结合语文学科的特点,化为语文的"血肉",而不是"穿靴戴帽"。新编语文教材努力做好价值观的"整体渗透"。这个"整体",是指全部,目的是让语文本身所具有的语言教育、情感教育、审美教育内容,和价值观教育融为一体,并自然地体现在课文选择、习题设计等方面。比如,毛主席《纪念白求恩》一文,这次设计做了很大改进。课前先布置预习,学生自己去读课文,收集有关资料,了解白求恩其人其事,并向学生说明,这是一篇在中国产生过极大影响的文章,很长一段时间内曾家喻户晓。要求学生上课之前先问问自己的祖辈、父辈,了解这篇文章对他们的影响。这就调动了学生学这篇文章的兴趣,而且把这篇革命的经典重新融入现实生活之中,让学生在了解白求恩的同时,也初步感受到毛主席的伟大。这样,思路就拓宽了。

[①] 2015年8月31日,国务院在中南海召开教材编写工作会议,笔者以总主编身份汇报语文教材编写情况。本文为汇报提纲。

社会主义核心价值观的教育，不只体现在革命传统课文(这方面保留和增加很多，约占全部课文的11%)的设计中，也渗透到其他类型的课文中。比如诸葛亮的《诫子书》，让学生反复诵读，体味文言文韵律美，同时要求讨论诸如"静以修身，俭以养德""非淡泊无以明志，非宁静无以致远"等名句。这样，语文学习就和修身明志结合起来了。再举一例，《动物趣谈》一课，是科普作品，讲一位动物行为学家如何聚精会神地观察动物行为，是很有理趣、很幽默的文章。教材把领略这篇作品的语言风格，学习如何观察事物作为教学重点，同时又引导学生去感受科学家专注忘我的工作精神，以及追求科学真理本身所具有的特别的乐趣。这就把语文素养和精神熏陶融合起来了。我在济南一所中学听过老师讲这篇课文，学生兴致非常高，效果很好。教材让核心价值观"整体渗透"，在提升语文素养的同时，情感、态度与价值观也很自然地得到提升。这是第一点。

二、努力做到接地气，满足一线教学的需要，又能对语文教学普遍存在的弊病起纠偏作用。

在确定编写方案之前，我们对十多年来课程改革以及课程标准实施的得失状况，进行了细致的调查总结，让课改好的经验，包括这些年提出的以人为本、自主性学习等新的教学理念，在语文教材中沉淀下来。比如综合性学习，以及某些习题的设计，都在做这种"沉淀"。同时，又实事求是，正视某些不符合教学规律的偏向。比如，现在语文教学普遍是两多一少：精读精讲太多，反复操练太多，学生读书太少。现在备课很容易，都在依赖网上获取课件，结果就是彼此"克隆"，大同小异，模式化。语文课上得很琐碎、技术化。老是这一套，学生很腻味，当然也就不喜欢语文。新编语文教材注意到这个问题，采取了一些改进办法，比如，在课型上做了更明确的区分，分为"教读"和"自读"两类课。"教读"课老师讲得多一点，精一点，主要就是举例子，给方法。"自读"课就是让学生使用"教读"课给的方法，更加自主地阅读，教师不必精讲。"自读"课文还专门设置了导读和旁批，引发学生涵泳体味。教材有意区分课型的功能，也是为了纠正目前语文教学过分精读精讲的僵化状况。

现在的语文教学最大的问题，还是读书太少。课内读得少，课外读得也少，主要是应对考试，"题海"战术。中学毕业了，没有完整地读过几本书，即使上了大学，也没有养成读书的习惯。这样的语文课是失败的。

针对这一状况，新编语文教材特别强调读书兴趣的培养，让学生学语文喜欢读书，养成一种良好的生活方式，为孩子们的一生打下坚实的底子。教材特别注重让语文课往课外阅读延伸，往学生的语文生活延伸。比如小学一年级，六七岁孩子还不认字，就先安排了"和大人一起读"栏目，读故事、童话、童谣等，以激发读书兴趣来开蒙。到了高年级和初中，几乎每一课都有往课外阅读延伸的设计，还安排了包括"名著导读""古典诗文诵读"等栏目。新编语文力图让"教读""自读"，加上"课外导读"，构成三位一体的教学体系,这一切都是指向"少做题,多读书,好读书,读好书,读整本的书"。最近我到安徽阜阳、河南郑州等地,和一线老师交流,介绍了新编教材这些编法,得到一致的肯定,他们都希望能在应对考试和提倡读书、实施素质教育之间找到平衡,认为只有多读书,才能"拯救"语文,也才谈得上语文素养、语文教育。

三、"守正创新",继承和吸收中外语文教科书编写的成功经验,努力体现科学性和时代性。

教材需要创新,但创新不是颠覆,要学习和继承以往教材编写好的经验。这次语文教材编写启动阶段,我们做了一项细致的工作,就是对现行各个版本语文教材的普查和专题研究。比如人教版现行的语文教材,哪些方面可以继承吸收,哪些方面应当视为教训,都做到心中有数。这是新教材编写的基础之一。此外,编写组部分成员还参与了一个国家社科基金重大项目,就是百年教科书编写的历史研究,对民国国文教科书的编写有认真的清理总结,有些好的经验吸收到新编的教材中。比如新编小学语文增加了很多童谣、儿歌,能激发孩子对汉语音韵节奏的感觉,提升学语文的兴趣,有些素材就是从民国国文课本中取来的。新编教材还特别注重"编研结合",对学界有关语文认知规律的研究成果加以选择、吸收和转化。比如,识字写字教学内容的安排,为了让孩子"多认少写",尽快学会读书写字,新编一年级教材的识字课文就采纳了北师大关于儿童字频研究的成果,把儿童读书最需要先认识的300个字安排在一年级教材中,努力体现教材编写的科学性。

教材在课文的选取、习题的设计、教学活动的安排等方面,努力切入当代中小学生的语文生活,适应社会转型和时代需求,体现时代性。比如,如何正确地认识和使用新媒体,如何过滤信息,都在教材中有所体现。

四、吸收专家意见,完善教材编写。

下面再简要说明对两次座谈会意见及100位特级教师审读意见的处理情况。针对这些意见,编写组进行了细致的梳理分析,分门别类进行了认真处理。这些意见中有不少意见是中肯的、富有建设性的,我们一一做了吸收。比如胡适《终身做科学实验的爱迪生》一篇,有专家认为"内容和文字都比较平淡",现在已经调整为萧红的《回忆鲁迅先生》。又如有专家认为,课文的预习、自读课中的"自读提示"和旁批有很多是结论性的解读,会限制学生的理解和教师的教学。虽然原来的内容很多都是提示性的,但考虑到专家们的意见,编写组再次考察所有内容,尽可能增加一些启发性的问题或者提示,避免结论式呈现,以促进学生的自主学习。有些意见或者因为对内容的理解有偏差,或者只是一家之言,带有较浓的个性色彩,编写组未予采纳。比如有专家认为"《台阶》一文是宣传'恶俗竞争心态'",这个结论需要斟酌。有些意见可能是因为没有看到全部教材,对编写意图不够清楚而形成的,我们也一一做了回复。比如有关口语交际的问题,我们在八、九年级已经做了专题安排。

　　语文是社会性很强的学科,社会关注度高,也饱受批评。接受新编语文教材这个任务,我们如履薄冰,最怕出现硬伤,也最怕违背课标精神,这方面我们下功夫也很多。欣慰的是,最近请100位一线的特级教师提意见,他们都还比较肯定,没有发现"硬伤"。但我们不敢懈怠,更要小心细致,确保质量。

　　经过三年半的努力,反复修改打磨,我认为小学和初中语文起始年级教材已经比较成熟,希望中央能批准投入使用,或者先在部分地区试用,让一线教学的实践来检验和充实这套教材,不断修订,逐步完善。

关于语文教材中的诗歌[①]

> 诗歌教学重在培养直觉思维能力和想象力。

语文教材中的诗歌包括古诗和现代诗,目前各种版本教材都比较重视选古诗,古诗占有比较高的比重,但现代诗选得很少。拿小学语文教材来说,中高年级每一册选收现代诗大致也就两三首,这个数量远低于古诗和现代文。

其实现代诗对于中小学语文教材来说,是不可或缺的重要部分,现在重视不够。

到底为何要学现代诗?这个问题似乎都能回答,无非是审美教育呀,诗教呀,等等,都对,但未免笼统,若要认真探究,可能不甚了了。

首先应当搞清楚现代诗在语文教学中的功能目标,和古诗是有相同,亦有不同的。对它们之间的不同,应当格外留意。

著名诗人废名说过这样的话,即旧体诗的形式是诗的,内容是散文的,而现代诗的内容是诗的,而形式是散文的。其意思是,旧体诗词形式是相对固定的,有格律音韵等方面的要求,但写法往往是情生文,文生情,类似散文的写法。而新诗的形式自由,不拘格律,可以用类似散文的语言写,但其内容必须是诗的。这说法也只是概而言之,但的确抓住了要害。和旧体诗相比,现代诗写作更需要情感的凝练和表达的自由。现代诗语言往往可以陌生化,以达到个性化的表达。这样说来,古今诗歌的区别不只在语

[①] 本文系2017年笔者修改初中语文教材的初稿时给编者的信,摘取其中部分内容。

言,更在内容的自由表达。在审美的"契约"方面,古今诗歌欣赏显然是不同的。但是语文课往往忽视这种区别,一讲到诗歌,无论古今,都用差不多的方法与套路,这就不对了。

　　现代的孩子需要学习古诗,感受古代文化韵味,以及汉语之美,也要学现代诗,这可能是更加接近当代人的文学形式,对于孩子来说,也更加适合模仿。现代诗和古代诗都是诗,有共通的东西,比如现在语文课常常讲到的思想、情感的表达呀,对比、象征、意境呀,等等,古今诗歌都会有的,但亦有不同,语文课就往往注意不到,或者忽略了。另外,诗歌语言的特征也不是用什么"生动""形象"等就可以说明的,古诗词和现代诗也有各自的"语法",是超越常规语言的"语法",而这一点也属于基本知识,可是以往的语文教材很少关照。

　　最近我看人教版及其他各种版本小学语文中所选的现代诗,感觉就是比较随意,或者只是考虑深浅程度是否适合,是否有讲头又有意思,以及词语是否优美,而不太考虑选这些现代诗,到底要达到什么教学目标,如何通过诗歌教学培养直觉思维能力和想象力,现代诗的教学和古诗教学应当有哪些区别,等等。

编教材要实事求是,照规律办事[①]
——在人教版高中语文修订会上的讲话

> 在应试教育仍存在的大环境下,我们能有多少解脱、多大改进?还是要面对现实,脚踏实地,稳步推进改革。

现在使用的高中语文教材,是2002年课标公布之后,紧锣密鼓编写的。还记得当时人教社思想大开放,邀请北大中文系参与和主持这套教材的编写,并请袁行霈先生出任主编,我和顾之川担任执行主编。北大来了16位教授,参与了编写的全过程。14年过去了,今天又要启动新的课标高中教材。我本来不想再参与其事,因为"部编本"教材拖拖拉拉仍未能脱手,这边又要增加新的任务,确实有点烦。但经不住人教社的热情邀约,再想到原先高中语文也是参与了的,总不好甩手不管。编写团队有北大的几位教授鼎力加盟,还有来自全国的几十位语文教育专家和一线老师,加上人教社的专家,阵容还是相当可观的。有14年前人教版教材垫底,有这么多年全国课程改革实践提供的经验,有我们这个实力雄厚的团队,我们有信心编好这套教材。

14年前,编写高中语文教材时,袁行霈教授和我都不约而同提出"守正创新"这个宗旨(袁先生的说法是"守正出新")。我想这套新教材的编写,仍然可以把"守正创

[①] 本文根据2016年6月4日笔者在人教版高中语文教材修订启动会上的讲话整理。当时按照教育部的要求,由人教社组织修订的班子,对原人教版高中语文进行修订,因拟定的修订幅度很大,几乎是重编。2017年8月,教育部决定各个版本(包括人教版)修订工作停止,组织新的"统编本"高中语文的编写队伍,聘任笔者担任总主编。这份发言也可以看到当时对新教材的设想。

新"作为指导思想。守正,就是保留与坚守原有人教版(也包括其他版本)教材好的传统、内容和风格,不搞颠覆性的改动,不要推倒重来。教育有滞后性,有时要等一等,改革也要考虑可行性与成本,不能朝令夕改,也不能为改革而改革。当然要创新,要符合新课标的基本要求,但这一切必须建立在"守正"的基础上,"守正"是创新的前提。

现在教育界有一种不好的风气,就是"多动症",不断改变所谓顶层设计,却很少考虑基层和一线实施的可行性。对此,我们也没有办法。我们能做的就是实事求是,稳步改进,也就是"守正创新"。14年前,2002年版课标刚出来,急着编教材,什么1.75与1.25呀,选修课的板块呀,当时我就感觉缺少可行性,但还是按照要求的框架来编了。好在我们的必修课编得还是比较实在,后来又做了几次修订,一线教学使用基本上还能满足需求。但现在有没有总结其得失?到底哪些可以和既有的教材及教学衔接?新课标好像并没有解决这个问题。现在课标尚未定稿,还在征求意见,我们也不必等待他们给出答案,按照其关于"语文核心素养"的精神来编就是了。教材编写自有其基本的规律,还有一线教学的需求和可行性也会左右教材编写,我们既要充分理解新课标,贯彻其好的理念,同时也还是要实事求是,照规律办事。

下面我再说说自己对新课标的理解。这可以引发我们讨论如何去落实,去"守正创新"。

一是如何理解现在提出的语文学科"核心素养"。

课标提出主要是4个:一是语言结构与运用,二是思维发展与品质,三是鉴赏与创造,四是文化理解与传承。应当说,比起以往一般讲语文素养,要具体一些。特别是把语文素养扩大到了"思维发展与品质""创造""文化理解与传承"这些方面,是有意义,也有针对性的,应当在编写中得以贯彻。但素养的4个方面,不是并列的,语言的结构与运用应当是基本的、贯穿全部的。其他几个方面,都应当结合语言运用来实行。教材编写时,要把重点和基点放置好,不要割裂开来,不要分几部分去编写。

二是如何理解核心素养和以往对语文教学一些解释的区别。

过去不是不谈素养,但比较侧重知识与能力,比如以前概括语文知识,包括"字、词、句、语、修、逻、文"七个方面,侧重知识维度,当然也有能力;后来,又提出过语文能力包括"听说读写",这都不是什么错,是更加实际的可操作的说法。不宜说核心素养就可以完全取代这些比较具体的说法。可以包容进去。我们编教材,进入具体操作层面,还是要考虑"字、词、句、语、修、逻、文",考虑"听说读写",不过可以在更高的认识上去统领和处理这些相对具体的知识与能力问题,兼顾文学审美、文化价值、思想价值。初中用特定的形式隐性恢复了语文知识系统,在高中是否可以继续,可以充分考虑。特别是逻辑知识,可以适当进入高中语文。

三是认为"语文核心素养"是以"学生"为中心的,是以"人的发展"为基本指向的。

其实2002年的高中课标也强调过"学生"为中心和"人的发展",我们不是从头来过,不是又一个转向,也不是颠覆过去。十多年课程改革,先进的观念要坚持,但要落实,脚踏实地。我们编新教材,也要注意这一点,不搞颠覆,不搞花架子。现在有些专家总是批评语文教学面向应试教育,以知识为中心。问题是,在应试教育仍然普遍存在的大环境下,我们能有多少解脱、多大改进?还是要面对现实,脚踏实地,稳步推进改革。

四是这次新课标好的设想要想办法贯彻。

比如"读整本书",就是亮点。但如何落实,还需要讨论。"读整本书"其实也并不是课标的发明,传统的语文教学,就是基本上"读整本书"的。后来出现新式学堂,学生要学的东西多了,语文转为学习文选为主、概论为主。又后来出现面向考试的精读精讲,学生读书越来越少,问题也越来越严重。我最近几次演讲都说到语文教学的"牛鼻子",就是激发读书兴趣。"读整本书"也是我们人教社老总编叶圣陶先生的思想。早在1942年,他在《论中学国文课程的改订》中就指出:"现在国文教材似乎该用整本的书,而不该用单篇短章……退一步说,也该把整本的书作主体,把单篇短章作辅佐。"1949年新中国成立之初,他为当时教科书编审委员会草拟了《中学语文科课程标准草稿》,又把上述观点修正和发展成为这样一条内容:"中学语文教材除单篇的文字而外,兼采书本的一章一节,高中阶段兼采现代语的整本的书。"

这次修订新课标重提"读整本的书",是针对当前语文教学的通病而提出的一项主张,是有学理根据的,要引导我们的语文教学回到"读书"这个正道上来。

"读整本的书"对于培养学生"语文核心素养"具有十分重要的意义。这个问题我稍微展开说得多一点,希望教材编写能在这方面下功夫。还有,就是在应试教育盛行的现实背景之下,如何保证语文课应有的地位和时间。有些不是我们教材可以做到的,但我们应当尽量创造条件去推动和落实。比如,要解决基本书目问题,要设置好精读与略读不同课型,实行三位一体的阅读教学框架,等等。

五是如何搭建新的语文教材框架。

人教社同志和一些专家有过讨论,初步拟定了语文教材的框架。我看过初步的,后来修改的没有看。这次会大家讨论一下,基本上确定下来。我的意思是,既要按照课标的任务群来设置,又不必完全照搬。是不是叫"任务群",也不一定。他们还没有最后定,还可能改。教科书一些基本的格式不要大动,特别是必修课。可以把任务群的精神体现到教材中,比如用一些栏目、单元或者板块。要充分考虑一线教学的可行性,否则你编得再"高大上",还是落不了地。2002年版的教材已经有这种教训,必须吸取。现在提出的设想不是定案,只是一种设想,目的是激发大家讨论,大家不必被其束缚,还可以充分发挥主动性去设置。教材编写的结构体例是大问题,变动要谨慎。我原来提出高一编得厚一点,大综合,把几种任务群综合进去;高二小综合,更加专题化;高三主要专题为主,也就是选修二。至于选修一和选修二如何编,也还要讨论,总结以往的经验教训。

教材编写现在最缺少的不是理念,而是落实的办法。要考虑和新课标靠拢,但又不是图解新课标,而应当遵循语文教育的规律和科学性,坚持既有教材好的经验和内容。不要处处考虑是否能通过,要考虑人教版的特色与风格,最后审查也会有一个彼此讨论碰撞和修改的过程。一开始就按图索骥,肯定编不好,这也是我最担心的。

记得2012年春天,"部编本"语文教材启动时,我有过一个讲话,也是我对教材编写的思考,昨天我翻出来看,感觉还可以再提供给这次编写作为参考。我一共讲了12个问题。请中语室把这篇文章复印给大家参考,不一定都对,有的在编写过程中也未能充分落实,但作为一种编写的意见,大家看一看,提出批评,或许也还可以促进问题的探讨。

"语用"和"方法性知识"

> 要特别关注"语用"和"方法性知识",不要蹈空。

2017年9月26日至28日,在景明园召开高中语文教材编写组全体会议,讨论编写体例。笔者在会前和会后有过两次讲话,涉及问题较多,这里只是节录其中一部分。

2017年9月26日上午讲话摘要

如果把任务驱动更加细化,往语文方面靠,在引导读书的基础上,解决一些有关语文素养的"关键能力",那就很好。是把"任务"放在课前,还是课后?这不是最重要的。其实初中的课文前面有导读,有时也有任务布置,我看可以继承初中导读的方式。

单元导语和课前导语(注:后改为学习提示)的设计要做到三点:有趣(能吸引学生去做,不流于形式),有效(能扣准本课的教学点,有利于达成本课教学目标),实在(不是空泛的查查背景材料之类,而是有引发性的问题。还不能太深。要防止课文还没有怎么读,就天马行空做活动)。

在讨论思考题(注:后改为单元学习任务)设计时,先要有一个"超越"的想法,"超越"现有各种版本的相关设计。可以把相关的习题都找来看看,把一些好的留下来,很多需要改造,重新设计。这方面不要驾轻就熟,轻车熟路,要有些新意。大家认真讨论这个体例问题,先取得共识,再来做。

要特别关注"语用",不要蹈空。设计的难度和深度,要比初中有一个跃进。一般来说,初中主要是读懂,掌握一些阅读技巧和方法,高中则应当更多考虑风格、文体,考虑作品背后的思维形式等问题。还要摸准学生接触课文可能普遍产生的阅读障碍等。

比如鲁迅,中学生是有阅读障碍的,这障碍首先来自语言。鲁迅的语言高度文学化,又高度思辨,往往是曲折的,富于张力。读鲁迅会让人"难受",那种张力造成的深刻的"难受",是对流俗化语言的逆反,这是文学语言的一种很高的境界。让学生接触鲁迅,他们先碰到这个问题,以前初中已经接触过,那么到了高中,就要更加理性地去对待这个问题。是否可以在这些方面设题,让学生去思考鲁迅语言"难懂"背后的魅力?如果有这样的问题切入,让学生注意鲁迅式特别的语感,以及那种复杂思维所导致的语言表述的曲折和张力,那么这个问题导引或者任务驱动,就可能比较成功。

又比如蔡元培《在北京大学开学典礼上的演讲》(注:初稿收进了这篇课文,后来删去了),演讲当然是口头表达,但这篇演讲又带有浓厚的书卷气,基本上是书面语。其实不是典型的演讲,现在的学生别说模仿,阅读都会有些困难。难就难在学生与民国时期的表达方式有点"隔"。那么这一课的教学就必须解决整个问题——让学生多少接触这种文白夹杂的特殊文风。可以从这方面考虑设定一道思考题,接触不同的语言风格,这也是"语用"。要让学生知道,在一定场合下,适当的书卷气会达到特别的表达效果,对语言的粗鄙化也可能有针砭。总之,在设计语言方面的习题时,要结合学生可能的普遍的阅读障碍、问题或者心理反应。设题不要太零碎,不要太技巧化,要照顾到高中和初中层次的不同,多往语用风格和效果等方面靠。不止是要求回答正确,而且要引导学生在阅读中去体味,感受,模仿。

过去一些教材的习题,编写语言太老套,我们要有意识改一改。要力求贴近学生生活,适合他们的认知水平(要求也可以略高一点);要减少教化,避免套话空话,做到生动活泼,能引发兴趣。不要动不动就让学生体会"深刻内容"和"丰富感情",也不要处处都是"人生启示"。现在许多教材的课文或者单元导语写得很辛苦,可是效果还不好,文艺腔,矫情,甚至有点"酸"。要注意文风,自然一点,朴实一点。

2017 年 9 月 28 日上午讲话摘要

单元导语,一般 300—500 字。功能是引发问题,激起兴趣,交代本单元教学的要点,即"关键能力"与价值导向。导语是写给学生读的,也是老师备课教学的抓手。要考虑学生学习这一单元要达到哪些"关键能力"。比如新闻,以往很多教学都往如何写新闻引导,其实"关键能力"不是学会写新闻,而是学会如何读新闻,利用新闻,处理信息。即使讨论新闻写作,也要扣住这个"关键能力"。

比如《别了,不列颠尼亚》这篇课文(注:收入选择性必修上册第一单元),导语和思考题就不能停留于分析课文的报道视觉、细节和现场感、历史感,等等,还要教会学生如何阅读这一类新闻"消息"。一般来说,新闻作品不是用来欣赏的,而是要从中得到自己需要的信息。这就有"方法性知识"。比如这篇关于香港回归的报道,也可以和其他不同的报道比较,让学生知道新闻报道要客观,但也会有报道的立场和重点,这就引导至如何读新闻,如何处理信息,而不只是如何写新闻。有些用于比较的材料,不一定出现在教材中,也可以放在教师用书里。

又比如演讲,主要是让学生通过演讲名篇的学习,领略说话,特别是在公众场合说话的艺术。同样是讲课文的结构、手法、语言,但"位置"要挪移一点,多往学生需要的"关键能力"方面考虑。

诗歌、小说、戏剧等单元也是这样,注重"关键能力",注重阅读欣赏的"方法性知识"。古诗词怎么读?现代诗怎么读?小说怎么读?要往方法上引导,这都是教学的重点。常看到许多老师的教学分析一首诗词,很注重作者的思想感情,用了什么手法,什么比喻、借代、用典,等等,这些方面花了很多功夫,可是诗词的语言到底和日常普通语言有何不同的整个重要问题不讲,某一类诗一般应当怎么去读也很少讲,这叫舍本逐末。我们写导语和设计思考题时,应当注意纠正整个偏向,要注重先弄清楚"关键能力"。学诗词主要不是为了会写诗词,而是为了会读诗词、欣赏诗词,为了培养审美的能力,包括直觉思维、形象思维能力。这一点一定要非常重视,对目前的教学中存在的偏误也有指导意义。

导语要写得简洁、清晰。不要有过多概念,但也不要总是从比较"低幼"的"情景"出发,而要从问题出发、兴趣出发,适当提高难度。

关于高中语文"双线组元"的意见①

> 当今很多地区学校所谓课改,主题活动很多,花样百出,天马行空,却往往没有"干货"。

现在列出的高中语文编写框架表是以人文主题来安排教学单元的,其意图是凸显人文素养和社会主义核心价值观,但有些贴标签,比较粗糙。我希望指导组、课标组能和编写组面对面再讨论。

我认为单纯以人文主题来组织教学单元不符合教学规律,是个笨办法,把口径限定了,口子小了,选文和教学设计都很受限制,语文素养训练的链条被打断,教学中不好操作。而且"立德树人"也就很难做到"润物无声",而可能是先入为主,说教在前。我不知道大家是否同意我这个判断。有些同志可能仍然会倾向于采用主题组元,这没有关系,学术问题,有不同意见很正常,还可以讨论。但请注意,主题组元在一线教学中的局限性是明显的。即使按照高中语文新课标关于语文核心素养四要素的论述(特别是关于语言运用是"载体"的说法)来评判,主题组元也不见得是符合课标精神的。

十多年前,旧的高中课标出台后,强调人文性与工具性结合,各个出版社编教材生怕通不过,就都尽量显示人文性。这是"主题组元"大行其是的背景。且看当今全国很多地区学校所谓课改,主题活动很多,花样百出,天马行

---

① 高中语文统编教材编写框架的形成花费了两三个月时间,前后讨论过五六稿,主要在如何组合单元上有争论。本文系笔者给编写组全体成员的一封信,写于2017年11月13日。

空,却往往没有"干货"。不读书,语文素养每况愈下,这是不争的事实。不能说这是教材"主题组元"的导向造成的,但恐怕也是有点干系。所以"部编本"小学和初中语文教材就没有再采取"主题组元",而是人文主题和语文核心素养的"双线组元"。事实证明,"双线组元"比单纯的人文主题组元好,也比较好操作,受一线欢迎。

但现在强调突出价值观和人文素养,每个单元都要有明显的价值观主题显示。我们只好"妥协"一下,往"主题组元"适当靠拢。这两天我正跟指导组和领导商量请示,说明高中语文统编教材肯定要突出价值观,但建议采取"双线组元",即组元的第一考虑是"学习任务群",每个单元承担一个或者两个任务群,同时,第二考虑"宽泛的人文性主题"。他们对此也并没有反对。

这样,我就想和大家商量,能否在原来第五稿框架基础上做些调整,还是以学习任务群作为单元设立的主要依据,落实课标要求的语文核心素养的若干知识点和教学内容,在此基础上,每个单元提炼出一个"宽泛的人文主题"。[①] 这个方案较多保留原第五稿的框架体例,但也做了一些调整,主题和编写意图更加明确了,有些课文也还可以调整。

目前大家看到的这个编写框架,是几位老师参与拟定的,我做了修改,主要是怎么提炼各个单元的人文主题。如果完全对应核心价值观那8个方面来设定主题,是很难也没有必要的,这毕竟是语文,而不是政治课。我主张还是宽泛一点,围绕高中生的人格培养和价值观形成列出几个主要的方面。现在改来改去,仍然捉襟见肘,顾此失彼,心里是不踏实的。

现把两个方案都发给大家,希望编写组每个人做些比较,看哪个更好些。意见请在一两天内回复,然后再做判断。

---

① 后来按照指导组的建议,要求"人文主题"的设计充分考虑新时代高中生人格和精神成长的需要,聚焦在三方面:"理想信念""文化自信"和"责任担当"。每个单元的"人文主题"都会突出其中某一方面。

高中语文教材编写大纲形成的某些困扰[①]

教材编写必然会受各种观念的制约,其中有矛盾、困扰、碰撞和妥协很正常。

我汇报3个问题。有一些是涉及编写过程中碰到的矛盾与困扰的,还有一些是存在的分歧,不掩盖,说出来,可能更加有利于下一步工作的推进。

一、关于单元设计的体例

语文教科书的编排体例,各种各样,各有优长,也会各有局限,从学理上看,很难说哪一种就是最好,就是可以解决所有问题的。我们只能选择某一种,取其所长,避其所短。考虑目前形势的需要,要求凸显价值观的主题,让立德树人更加鲜明,我能够理解,也在考虑如何处理得更加贴切。但我认为不宜采取单纯的以人文主题来组织单元,还是要兼顾一点,兼顾语文素养,采用"双线组元"为好。

为什么我不主张采用以单纯的人文主题来设置单元呢?起码有3条理由。第一,因为主题的设计定在先,先入为主,入口限定了,选文必须都围绕主题,比较难以顾及语文教学环节的需要,语文教学的要点和梯度容易被打乱。第二,10多年前,旧的高中课程标准颁布时,我曾参与主持人教版高中语文的编写,任执行主编,那时是强调人

[①] 本文根据2017年11月21日下午笔者在高中语文教材编写框架讨论会(远望楼会议)上的发言整理。教材编写必然会受各种观念的制约,其中有矛盾、困扰、碰撞和妥协很正常。把这份发言提纲留存下来,可能有助于教材的研究,使更多人了解编写过程的复杂与艰难。

文性和工具性的统一,其实重点是考虑突出人文性,工具性只是"偏旁",结果几乎所有版本的高中语文都采用主题单元。好处也是有的,教学内容更集中,人文教育加强了,但语文教学的规律性被弱化了。课改十多年,应试教育仍然严重存在,形式主义的教学活动也很普遍,语文素养得不到落实,语文课被边缘化,情况是很严重的。这不能说跟教材采用单纯的主题单元结构没有关系。我们要吸取过去的经验教训。第三,如何操作的问题。新的高中语文课程标准设定高一必修课只有一年,高二是选择性必修,两个年级的课型不一样。高一必修有16个单元,若单纯采用主题单元,怎么分配主题?是一一对应核心价值观24个字、12个方面,还是其他方案?一个单元5篇课文,可能从5个或者更多方面去实施价值观的教育,你设定一个主题,会不会反而束缚了价值观教育的多向性?弄不好就是贴标签,把语文课变成政治课,反而不能真正体现语文教育熏陶的作用。这些都是很具体的,所以我认为不能硬性规定就必须采用主题内容单元。

我认为还是采用"双线组元"为好。一条线是人文主题,宽泛一点,不搞一一对应,但要指向立德树人,多往"三观"和人格培养靠,更好地结合学生的成长来体现核心价值观。第二条线,就是学习任务群,教学的要点和知识点,多考虑如何去落实,让教师、学生明白单元教学目标除了价值观,还要解决哪些问题。两条线不是分开实施,而是同时进行,彼此交错融汇。

"部编本"初中语文教材采用的就是"双线组元",即宽泛的人文主题加上语文素养两条线来组织。虽然每个单元没有非常明确的主题标示,但整个设计让每个教学环节都关注到价值观教育,这是一种弥漫性的润物无声的教育,是真正发挥语文课熏陶特点的教育。在向中央汇报时,"整体渗透,润物无声"这个提法是得到肯定的。

再从课标的要求看,语文核心素养的4个方面,语用、思维、审美、文化,是彼此融合统一的,我的理解是"一带三",在学习语言文字运用的同时,把3个方面带进来。我很欣赏新课标这种阐释,认为这可能终结多年来有关语文课程定义的争论。那么采取"双线组元",显然比单纯的主题单元更能体现课标精神。

因为现在强调立德树人,贯彻"十九大"精神,有些标示性的东西必须突出出来,可以理解,我也赞成。那就是采用"双线组元",让各个单元的主题标示更加鲜明,价值观指向更加明确,但要"整体渗透,润物无声",而不是贴标签,不是为了显示自己跟上潮流,更不是回到"政治挂帅"。我们还是要实事求是,对人民的教育事业负责。

二、关于第三稿的说明

再汇报一下编写组3个多月的工作,特别是所谓顶层设计3个稿子的情况,因为其中的变动都和前面说的理念有关。另外也想澄清一些误会。

这次编写高中语文,编写组经过3个月的反复研究讨论,拟定了大纲(5次修改),写出了必修 4 册的初稿，采用的就是"双线组元"。我们并不是有些同志所批评的那样，"先选一些文章，按照诗歌、小说等文体顺序确定单元，再去考虑每个单元教什么，而且关注的不是能力和素养，而是文体知识。"事实并不是这样的。我们的做法是，首先考虑任务群的落实，把高一必修 4 册 16 个单元如何落实学习任务群设计好，然后按照任务群的教学需要，去选择课文。选择过程中肯定要考虑价值观的问题，但也考虑文体，认为几种文体选文要均衡，而且一个单元的文体尽可能集中一些，这比较好教。我们这并不是"文体为中心"，也不是只顾工具性，忽略人文性。

我们几次拟定的编写框架，都被完全否定了，我觉得否定的理由不见得充分，也希望能多面对面沟通。我和某些同志在语文教学的观念上可能存在分歧，一时难以解决，那就求同存异吧。还是要大局为重，对批评意见有则改之，无则加勉。

11 月 7 日编写组的会上，我就听了领导的指示，决定接受指导组和课标组意见，对原来设计方案做调整，突出每单元的主题内容，让立德树人的目标更加清晰，重新做顶层设计的第二稿。

那天会后便请了郑桂华、杨九俊和柯汉琳三位老师来做。我给他们的建议是 3 条：一、可以接受突出主题的建议，可以每单元鲜明标示出主题，单元导语和教学设计，包括思考题也要往主题靠一靠，突出价值观教育；二、采用"双线组元"，突出价值观教育的导向，同时明确这个单元要解决语文素养哪些教学要点；三、选文也可以适当调整，但不要大动。还有一条，不能贴标签，那是不可行的。

我认真看过第二稿，改动还是比较大的。起初觉得也就这样算了，先想办法通过。于是就动手修改，主要是改动每个单元的语文素养如何落实这一方面。但是越改，越觉得在实际操作中可能会出现很多问题。比如教学的知识点、能力训练点比较散乱，缺少系统性。另外，如何让价值观教育不那么"生硬"，而是润物无声，还要下很大的功夫。所以我越改越不放心。就把修改过的稿子发给 8 个分册主编，大家也提出很多意见。比如有些文体打乱之后教学上如何处理，等等。这种情况下，我才决定继续对二稿做修改，是为第三稿。

其实第三稿是第一、二稿融汇而成的，吸收了一、二稿的优点，又尽可能解决一、二稿的问题。第三稿仍然采取"双线组元"，即宽泛的人文主题和学习任务群结合起来考虑。每个单元都有一个主题，人文主题的标示更加鲜明；导语的第一段要体现价值观的指向。更加注意往三观和人格的养成靠，而不是和核心价值观一一对应。课文选择是全部或者部分指向主题的，也在考虑如何处理。课文的阅读提示、思考题与教学活动，都要有围绕主题的设计，保证有这方面的内容。但有些课文不能直接导向单元主题，也不妨碍从中引申主题之外的其他价值观教育。就是说，有一个主题，但不完全死扣主题，只要能从不同方面体现价值观教育、有这方面的关注就可以。还特别提出，为了通观整个必修教材价值观落实的状况，教科书送审时，还会梳理出一个"图谱"说明。就是说，第三稿在体现主题内容和价值观教育方面，比第一、二稿都要具体，有落实的措施。

另外，在语文素养的落实方面，第三稿比第二稿更加细致稳妥。我修改时主要依照高中语文课标的"课程目标""必修课的学习要求"和"学业质量标准"来设计，努力实施自主学习、合作学习和探究性学习。每一单元都会结合教学需要设计思考题，交错安排阅读与鉴赏、表达与交流、梳理与探究三种学习活动。语文素养的落实，充分考虑综合性，考虑关键能力的培养，避免琐碎的机械的训练。限于篇幅，框架表中未能详细表述。

对上面的说明做个小结：一、第三稿采用"双线组元"，不是没有主题内容，单元主题是有标示的，而且为发挥语文课特点，用更加多元、切实的办法去实现主题，落实价值观教育，采用多种办法。二、第三稿吸收了第二稿的许多优点，甚至主题设置都有很多相同的。不同的只是课文的调整，第二稿有一半的单元把文体打散了，第三稿又往回收了一点，让一些文体相对集中，比较好教。我们认为阅读教学离不开文体，特别是高中，必须有文体的教学。三、第三稿出来后，也征求过编写组几位分册主编的意见，又再次修改过。

现在我表示个态度。大家可以比较两个稿子，也可以批评第三稿，对它补充、修改、调整，但请先理解我和编写组坚持"双线组元"的用心，也请不要再次颠覆。我可以接受各种修改的意见，应当是在第三稿基础上的修改。你们若要否定，除非能拿出有足够说服力的意见。

我做事比较认真，但绝对不是一个很固执的人，不是听不得意见的人。无论所谓二稿、三稿，都始终在听取编写组内的意见，是大家的智慧结晶，不是我一人独断。现在我几乎在任何问题上都拍不了板，即使是技术性的问题，何来独断？

你们是领导，是指导专家，高屋建瓴，按照课标要求来指导编写，在原则上、框架上会多一点考虑。而我们是干具体工作的，要更多考虑如何让课标精神落地，还要让教材好用实用。彼此考虑问题的角度是有些不同的，那么多从对方角度想一想就更好。只要教材是符合课标基本精神的，是在推进改革的，政治上是没有问题的，是遵循了教学规律的，那就不要轻易否定，不要在一些观念和教学行为的争论上纠缠。

编写组现在特别需要支持，需要良好的学术氛围。原来5个不同版本的主编副主编汇聚到编写组，彼此和谐合作，这不容易呀，都是以国家任务为重。我非常感谢他们。

三、关于落实课标精神的一些分歧

我还要回过头来谈谈我对课标的学习和认识。因为在如何落实课标精神方面，我的观点显然和某些同志有较大分歧。把分歧梳理清楚，才有可能让教材编写往下走。

我对课标是支持的，因为素质教育的大方向，我很赞同。尤其是关于语文核心素养的阐述，前面提到了，我认为比以前所有的阐述都要清楚，把以往多年来的相关争论"终结"了。这是很高的评价。

课标的学业质量标准也做得很好，是个突破。对于学习任务群，我也是支持的。

课标对于一线教学观念的改进，肯定会有一个冲击，一个推进。我是支持课标的。所以教材编写中我们也是努力在落实课标的精神。

但是我也有担心，课标可能难以落实。为什么？关于课标的功能不太清楚，有些越俎代庖、超出课标功能那一部分，很难大面积落实。课标功能是什么，就是标准，可以是中等偏上的标准。对于好的学校来说，课标可能低了，它可以往高一点去教；而对于差的学校，它们跳一跳也够得着。课标就是标准，至于如何去实现这个标准，办法是多种多样的，不同学情、不同个性的老师完全可以选用他的办法，课标没有必要规定某一种办法，让全国都来实施。

比如项目化学习，情景化学习，编教材还要"以语文实践活动为主线"，等等。这些我认为都只是一种实施的方法，可以建议，但不宜规定死了，非得如此。情景化教学并不是新的方法，江苏的李吉林老师早在30多年前就开始试验推广情景化教学，我还给她的书写过评论，支持她的方法。我认为在小学、初中有些情景化教学是必要的，但高中就不一定要用，更不宜当作高中教材编写的主要结构方式。为什么？想一想高中生的思维特点，想一想高中生学习语文的时间与压力，就知道了。我不必展开来讲。不是某一种方法好还是不好的问题，而是适合不适合的问题。

语文学习是综合性学习，最主要的是读书。目前一线教学存在普遍的弊病，就是花样太多，读书太少。很多中学高一就开始瞄准高考，高二应对各种考试，高三就是复习刷题应考，读书更少，甚至根本不读书了。大多数学校高二之后基本上不再学语文，要给其他学科让路，因为语文"不拿分"。语文已经被边缘化了，这是事实。在这种状态下，你的所谓情景化学习、项目化学习如何能落实？编到教材中去就会这样来教吗？所以根本问题在于提升教师的专业素质，能够在应试教育大环境中做些平衡，尽可能让学生多读书。教材主要在多读书方面形成特色。

再说，要实施素质教育、价值观教育，同时也提高语文素养，特别是关键能力，大目标是一致的，但教学行为方式应当是多样的，"条条大路通罗马"。为什么要规定就是情景化学习、项目活动或者"以语文实践活动为主线"呢？我知道课标提出这些方式都是很好的，但有必要规定那么死吗？课标组的同志语文素养毫无疑问是非常高的，请问是通过所谓情景化学习、项目化活动获取的吗？我不否认这些学习方式是好的、先进的，但我认为课标就是课标，主要是标准，对教学方式方法也可以提点建议，但不可独酌一味，更不可唯我独尊，不宜下个文件，让全国都按照你们提的那一套来实施。

10多年前，旧的高中课标也做过很多美好的设计，包括选修与必修，规定必修1.75

学年,选修 1.25 学年。那时我还担任人教版高中语文的执行主编,编了 15 种选修课。实际落实的情况怎样? 95% 的学校都是在必修之外再选二三种选修,当作附加的必修。哪里有什么学生自由选择的选修课? 原来课标理想的设计并没有落实。为什么? 脱离实际嘛。对这种情况,我们有没有认真反思总结? 我们编教材要考虑这种实际,考虑大面积使用可能的困难。如果我们搞了一套很理想的设计,多数学校一线老师根本实行不了,他们甚至会阳奉阴违,和你们玩"躲猫猫",过几年就不了了之。

但愿我的担心是多余的。但是现在课标组对教材编写提出的要求很高,也很严格。我一开始虽然有些不同意见,但也还是尽量落实课标精神。所谓大纲的一到五稿,顶层设计的二稿、三稿,我都是一遍遍修改的。我们 3 个月的工作,有些同志几句话就否定了,是一种很粗糙的否定。但我们也还是要尽可能落实课标的精神。无论如何,都不可能在高中那么有限的课时中搞那么多所谓情景化学习和项目化学习,我也不会同意教材编写"以语文实践活动为主线"。这才是我们之间分歧的本质。至于是否主题单元,是否凸显价值观教育,其实我们都尽量去实现了,这些不会成为分歧的焦点。

课标比较学术化、理想化,但编教材需要务实,10 多年来编过多种教材,实践让我知道一点水的深浅。因为是统编教材,程序上必须有指导组的指导把关,还有教材委的审查,这都是必要的。我完全理解配合。只要是不合适的,特别是涉及政治方面的,涉及课改方向的,我们一定服从、改正。但是在如何去实现好的教学效果、采用哪一种体例结构等等学术性问题上,我建议不要过多干涉。我尊重你们,但也请容许我发表自己的观点。又要人干活,又把他的手脚捆上,对他还不怎么放心,这活怎么能干好?

3 个多月来,我们起草了编写大纲 5 个稿子、顶层设计 3 个稿子,还有必修 4 册的初稿,都在努力落实课标的精神。我几乎每一稿都参与修改,马不停蹄,连节假日都不得休息。我已经尽力,但有些无可奈何。小学和初中语文已经编了 5 年,30 多轮评审,很熬人的,但也没有这 3 个月这么艰难。我说的是实话。本来也可以闷在心里不说,少管一点,凑凑乎乎也就把教材编好了。但本着对党的事业负责,对人民教育的事业负责的态度,我还是不掩盖矛盾,说了这些不太中听的话,请原谅。

网络戾气有碍于学术讨论[①]

我深感教材编写太难了,责任重大,应当有比较和谐的学术研究的气氛。

长期以来,语文教材总是不断引起议论和争论,这也正常,因为教材是公共文化产品,关系到下一代的培养,大家很关心。特别是语文,有很强的社会性,谁都"插得上嘴",所以对语文的议论也格外多。本来,对于教材有批评、监督,是非常必要的。现在的各种版本的语文教材编得也不是那么好,有改进提高的必要,必须接受社会的质询。但最近网上接连发生几拨对语文教材的集中抨击,"上纲上线",乱扣帽子,我看就有点不正常。

2016年4月20日,一篇文章《和平演变要从你的孩子搞起?》在网络上迅速传播,此文指人教版(2003—2006年版)小学语文存在严重"西化"问题。6月1日,有人在网上发长文,抨击人教版小学语文"西化",结论也是指教材暗藏"和平演变"祸心。我对这些抨击非常惊讶,就找教材来看,认为的确存在某些问题,比如有些翻译作品的内容和文字有瑕疵,个别篇章可能不太适合,但通观全部,并没有发现网上抨击文章所说的政治导向的错误。外国作品选文约占全书五分之一,作为小学课本,也是合适的,并不多,也没有发现观点的误导或硬伤。整个教材基本上还是坚持了正确的政治导向,体现了社会主义核心价值观。网上抨击的文章貌似掌握很多材料,可是我一条一条查证,

---

[①] 本文系2016年6月24日笔者所写关于教材编写汇报提纲的一部分。

发现他们所采取的是断章取义、歪曲事实和"上纲上线"的办法，和"文革"时期的"大批判"极相似，其结论是站不住的，做法则已远超出学术讨论或给教材提意见的范围了。

我又看了另一篇网文，是抨击北京版语文采用《圣经》故事的，也在网上广为流传。事实是，该教材是在一个关于神话传说的单元里收了《创世记》的部分内容，同时收在这个单元的还有中国的传统神话女娲造人、盘古开天地等故事，其教学目的是引导孩子多少了解一点关于人类神话传说的常识。如果像抨击者所言这就等于宗教宣传，那也是夸大了，是又一种典型的"上纲上线"。

对于外国文学进教材到底应当占多大比重，某些作品是否适合作为课文，《圣经》故事可不可以进教材这些问题，社会上可能有不同看法，教材编者的确应当慎重考虑，要有认真的调查和研究再做决定。但这样一些本来属于学术的问题和不同看法，一到了网上，就被夸大，改变了性质，转变成一种意识形态之争甚至政治打压。这种网络戾气很不利于教材编写，也不利于社会科学研究的良性发展。

通常平均一两个月，就总有一轮对教材的议论，而最近则是集中发作，值得注意。问题是，现在这种痉挛性的网络炒作对于教材编写极少建设性帮助，反而有很强的破坏力。本来有些是教材编写技术性的问题，偏包装上"政治正确"的外衣，唯我独革，非此即彼，制造对立；有些意见本来见仁见智，可以通过正常的学术讨论去解决，现在却都捅到网上，马上引来一片杀伐征讨之声，哪里还容得切磋探究？我觉得这种空气不正常，很不好，已经在伤害教材编写。主流媒体对于那些极端的炒作应当有所回应，对于被网上无端抹黑的教材应当给以必要的澄清。当前网上出现对于教材的集中抨击，不光会伤害到目前普遍使用的教材，影响教学，任其下去，还可能否定这些年来教育领域和思想工作领域的成绩，波及整个教育界和思想界。但愿我这只是"过虑"吧。我们曾经吃够什么事都动辄"上纲上线"的苦头，不希望历史重演。

我本人的专业是做文学史研究，不是专门从事基础教育的，为了回馈国家社会的培养，这些年用一些时间参与基础教育特别是语文教育的研究，受聘为教育部组织的那套新教材的总主编。几年来，可以说是兢兢业业，如履薄冰。我深感教材编写太难了，责任重大，应当有比较和谐的学术研究的气氛。语文教材的编写必须坚持正确的政治导向，特别是在民族、宗教、疆土边界等方面绝不能出问题，但这种政治正确应当成为教材编写的灵魂，核心价值观应当是整体性的体现，是渗透全般的，而不是做给人看的摆拍。教材应当重视优秀传统文化的传承，但也要有开阔的心胸，接纳人类一切优秀的文化，这和警惕西方政治思潮应区分开来，而轻易指斥"西化"还可能羁绊改革开放的步伐。

在高中语文封闭统稿会上的发言[①]

必须高度重视一线老师试教的反应,这会直接牵涉到教材是否好用,能否大面积使用。

教材已经经过多轮评审,并在几个省市部分学校征求过一线老师的意见,现在到了攻坚阶段。这次封闭统稿,要遵照课标精神,具体参照教育部领导和专家委员会的意见,还有一线试教中提出的建议。到了这个时候了,任务紧迫,框架、体例和课文不要做大的改动了,主要是修补、补充、完善。我说几点具体的要求和建议。

一、关于整体架构

试教中许多老师认为教材现有框架设计不完善,内容比较散漫无序,整体性、逻辑性、前后梯度不清晰。"语言积累、梳理与探究""当代文化参与""跨媒介阅读与交流""整本书阅读与研讨"等学习任务群相对应的单元,教师们普遍感觉陌生,把握起来有难度,在有限时间内难以展开有效教学。

编写组分析,老师们感到"陌生",把握有难度,是源于教材变动较大,和以前的教材大不一样。这是必然的反应。新教材按照新课标编写,体例框架是全新的,对教师的要求很高,老师们感到难,不好掌握,也是必然的。从"陌生"到熟悉,会有一个过程。

之所以感到框架和内容"散漫无序",也可能跟任务群

[①] 本文系2019年1月3日笔者在高中统编语文封闭统稿会上的发言提纲。

的设计有关。因为各个学习任务群相对独立,各单元也就独立平列,显得"逻辑性"和"梯度"不清晰。

编写组认为,现在教材框架是按照课标要求设计的,是创新的,不宜再做大的调整,只能从局部做些微调,努力做好3点:

一是逻辑性问题。以后在教师用书中说明新教材的内隐逻辑,讲清楚新课标的要求,让老师明白各个单元要求落实的语文核心素养,彼此是有关联的。修改时,要对教材的结构体系,以及各部分的功能做进一步的梳理,理清单元间的逻辑,并编制好架构图表,供老师参考。

二是"梯度"问题。现在这种体例,在一个学年内体现前后的明显"梯度",非常难。但修改时会尽可能考虑在"学习提示"和"单元学习任务"的设计上"由浅入深"。如果把高一的必修和高二的选择性必修放在一起看,那是有明显的"梯度"的。

三是所谓"混乱"问题。单元组合以人文主题来聚焦,又要同时考虑任务群、文体、选文标准几个维度,考虑难易度、教学的适应度,以及各类文章的配比,等等,多方兼顾,难免彼此掣肘,的确有些"混乱"。但这是基本结构所决定的,现在很难再做大的调整,只能在修改时尽量考虑"融合","单元导语"和"学习提示"等对教学的提示要更明确具体,有可操作性。

二、关于课文

试教中普遍反映教材容量过大,一个单元9课时,五六篇课文,有些课文难度还很大,肯定完成不了。

编写组分析这种意见,认为新教材增设了几个"综合活动"的单元,"挤压"了课文为主的单元,虽然课文总量没有增加,但每个课文为主单元的课文数量就多了。所以老师们感觉教材容量太大,完成不了,这也是必然的。我们必须重视一线老师这种普遍的意见,准备采取如下修改措施:

1. 有些单元"重头"的课文很集中,量大,可以删减其中一篇(比如上册第6单元的《寂寞》)。有些太难的课文也可以移到选择性必修,如《谏太宗十思疏》。

2. 增加指定"自读"的课文。如把《就任北京大学校长之演说》改为自读。其他单元也要分出自读课。

3. 虽然新教材强调以"任务"驱动教学,但学生在教师指导下读懂读通课文,是基础。为保证做好这一点,可以在教师用书中强化对于"教读"课与"自读"课教学的区分。

三、关于单元学习目标

试教意见普遍认为,单元学习目标设置不够明确,特别是大部分单元以人文主题统领,多种文体混编,让许多教师对于单元的核心学习要求产生困惑,对于单元和相关任务群之间的关系也不好把握。

根据一线老师这些意见,应当做好3点:

1. 现有的单元导语写法,由于需要考虑学习任务群的整体要求,可能存在目标指向不清晰、要求过多等问题,应重新考察各单元在必修教材中各自不同的功能和地位,把学习任务群的要求具体化,更加集中明确单元的教学目标,用简洁语言表述。

2. 单元导语的第三段,要更加具体,结合单元课文的特点,对教学要点、重点做清晰、明确的说明。

3. 在单元导语、学习提示和单元学习任务的设计中,强化学习目标的有效落实,尽可能让彼此间有看得见的逻辑线索,让教师在教学中有"抓手"。教师用书尤其要做好这一点。

大家在统稿时可以对单元导语做些修改补充,我最后来加工,保底。

四、关于"学习提示"

试教的大部分老师对此表示欢迎,但值得注意的是,几乎所有的老师又都有疑问:课文习题取消之后,根据什么来确定课文教学的重点、要点?有的老师说,没有习题"很不习惯",教学上可能模糊。有老师说,"学习提示"可以弥补原来习题的部分功能,但要具体一些,目前的写法仍然太过简要。还有老师说,教材不安排习题是不行的,习题的检测功能也是"学习任务"代替不了的,现在的教材有些功能不全。有老师说,他们肯定要自己来补充设计习题,但中等以下的学校可能没有这方面能力。

我认为,必须高度重视老师们这个普遍的反应,这会直接牵涉到教材是否好用,能否大面积使用。以往教材大致是采取"预习""阅读提示"加上"习题"这三部分,来解决读懂、读通,以及交代教学要点、难点的问题。现在取消了习题,但这些功能还是不可或缺的。"学习提示"起到一定的弥补功能的作用,除了帮助学生读懂读通课文,也应当对学习要点、难点和学习方法有所提示。这次封闭统稿,建议把"学习提示"的修改充实作为重点。具体措施有4点:

1. 在原有基础上,增加学习的要点和难点提示,注重"方法性知识",并给出学习方法的建议。

2. 吸收以往习题的优点,注意增加学习检测的功能。

3. 适当增加学习情境,激发兴趣。

4. 现有"学习提示"由两个段落、五六句话构成,表述方式连贯而统一,但比较拘谨。可以打破现有方式,采用问题式、启发式的设计,也可以排列若干提示,不求连贯的表达。

五、关于"单元学习任务"

试教反馈意见认为,"单元学习任务"的设计有新意,能激发学生的自主探究,有利于提升学生的综合素养。但存在3个问题:一是现有的"单元学习任务"与课文学习联系不紧密,和课标要求的相应水平缺少对应,有的"任务"整合度不高;二是目前的"单元学习任务"设计偏于"活动",对课后的检测不足,不利于学生基础知识和基本能力的巩固;三是"单元学习任务"的"活动"量太大,安排过密,操作难度大,按照规定的课时量不可能完成。尤其是西部地区和乡村学校,实施起来缺乏必需的条件,更是束手无策。

有的老师说现在这种"学习任务"设计,无论老师、学生都必须在课下做大量基础工作,对师生的要求一下子提得很高,压力很大。几乎所有试教老师都希望"学习任务"能减量,降低难度。

我认为,"单元学习任务"的设计体现新课标的精神,必须坚持改革。但要做些调整,主要是减量。准备从4方面做修改充实:

1. 梳理全部"单元学习任务",增加"任务"与课文学习的联系,多考虑与课标所要求的相应水平挂钩(可参考课标的"学业水平描述"那个表),多考虑如何落实关键能力和基础的知识,尤其是"方法性知识"。

2. 尽可能增加一些学习情境,以激发学习兴趣;充分考虑可操作性,避免设计架空式的任务;充分顾及中学语文教学的实际,以一般高中学生的接受能力为基本参照,谨慎选取理论性较强的文学和语言学术语,避免学习任务"把高中课本往大学文学系引导的趋势"。

3. 降低活动的难度(如在题干中增加操作或者案例提示),减少活动或活动环节,将活动任务区分为必做和选做,以适应多层次、不同水平的教学要求。

4. 在教参中,对活动的形式、相关的概念等做出充分说明,并提供可资借鉴的案例。

六、关于"参考资料"

目前提供的资料较多、较重,许多是整本的学术著作,难度太大。我担心这只是"好看",不实用,还不如不设。如果还是要维持,修改的措施是:

1. 加强"参考资料"的针对性和实用性,每一本书、每一篇文章的列出,要真正有利于课文的学习和学习任务的完成。

2. 减少现有"参考资料"的量,一般一个单元提供二三种即可。不宜开列整本学术著作,实在需要,可以提供其中一些章节,也可以摘取某些观点。

七、写作教学的安排

写作综合训练，很难编。现在的教材设计是有一个写作系列，目的在于让老师有个作文课的计划，更加重视写作，这是有现实考虑的。

但现在的教材框架是以"学习任务群"来统领单元教学，这就有怎么把写作系列安排进去，而又相对独立的问题。实际上各个"单元学习任务"的"活动"中，也已经安排有一些写作。专委会不赞同写作系列的相对独立，要求完全融汇到"单元学习任务"之中。我们讨论过这种安排，但感到有些为难。因为既要有相对的系列，就很难完全融到"学习任务"中去，写作系列中有些专题是和单元任务群对不上的。经过认真研究，权衡再三，编写组认为还是应当保留相对独立的写作系列，但改进现有的编排方式，办法是：

1. 把写作系列的相关专题"浓缩"为"任务"，作为"单元学习任务"的最后一项，尽可能与单元学习人物配合。实在配合不上也不要紧，列作一项"任务"就是了。

2. 把原写作专题的相关说明，用"补白"的形式加框配合呈现。

八、编写语言的打磨

这是我最不满意的，也多次谈到，希望改变过于严整、不够灵动的状况。现在有个词叫"教科书式"，带点讽刺意味，是说虽然正确，却死板无味。我们要在做到准确、清晰、平实的基础上，努力写得活泼一点，更加切近学生的认知心理特点。

我与人教社的三度合作[①]

人事倥偬，指顾之间，与人教社合作编书已经17年。

1952年我上小学，读的语文课本就是人民教育出版社的。当时年纪小，不太注意谁编的教材，后来才意识到，自己的童年生活与精神成长竟然和一个出版机构有如此紧密的联系。我们这一代，以及我们的儿孙两代，都是读着人教版教材长大的，如今人教社70大寿了，饮流怀源，受施勿忘，请接受我诚挚的感恩与祝贺。

五六十年代读人教版的学生，万万想不到，几十年后居然能参与这个出版社教材的编写，这工作一做就是17年。

2003年1月，人教社中学语文编辑室的顾之川和顾振彪先生来找我，说打算编一套新课标高中语文教材，希望我促成此事。虽然编教材在大学不算学术"业绩"，却是淑世之举，我二话不说，就答应下来。又提出请袁行霈先生领衔主编，顾之川和我来做具体工作，当"执行主编"。我出面请了北大中文、哲学、新闻等院系十多位教授参加编写团队，他们中有陆俭明、何九盈、苏培成、曹文轩、陈平原、刘勇强、何怀宏、常森、沈阳、姜涛、张辉、陈昌凤等；还请了清华大学中文系系主任徐葆耕和首师大文学院院长吴思敬加盟。一批优秀的语文教师，包括程翔、翟小宁、管然荣、邓彤、郑晓龙等，也鼎力相助。中语室更是热情高涨，全力以赴，顾之川、顾振彪、张厚感、熊江平、朱于国、刘

[①] 本文系笔者为祝贺人民教育出版社成立70周年而作，发表于2020年7月15日《中华读书报》。

真福、李世中、王本华、贺敏、王涧、赵晓非,等等,都曾参与编写,担任责编,或者审稿。以前编教材主要靠出版社的内部运作,邀集社外这么多专家教授联袂勤力,大概是头一回。

记得在启动会上,我提出要"守正创新",按照课标的精神来编写,内容与方法上推进改革,但不是颠覆,过去教材编写好的经验也应当吸收进来。要总结课改实践的得失,还要充分考虑大面积使用的可行性。从2003年启动,到2006年完成,编写团队先做大量的调查,认真学习新课标,研究中外母语教材的经验,然后拟定框架体例,选择课文,设计教学,每一步都充分发挥大家的才智,团结协作是非常好的。这也因为有中语室在其中起纽带和核心作用。不到3年,人教版的"普通高中课程标准实验语文教科书"就通过审查投入使用,其中必修5册,选修15种,既有"基本口粮",又有自主学习选择的空间。我本人是很看重这套教材的,认为它的课文选得好,经典性、可读性都兼顾到了,读写教学的设计有许多创新,又稳妥实用。选修教材是个尝试,也深入浅出,各有特色。在几个版本激烈竞争的情况下,这套教材脱颖而出,获得广大师生的肯定,全国的使用率最高。

10多年过去,我还常想起和人教社同仁一起编新课标高中语文的情形。在景明园、西郊宾馆和金台饭店等处,封闭式工作,有时一住就七八天,虽然辛苦,却又充实并快乐。

后来又有第二次合作,编小学和初中语文统编教材,是教育部布置的任务。记得是2012年2月26日,在人教社会议室,教育部基础二司转达了部领导的意见,聘任我担任义务教育语文统编教材的总主编。为何会选上我?可能因为此前我主持过义务教育语文课程标准的修订,也因为人教社申报义务教育语文统编教材的方案时,推举我担任主编。后来教育部从全国遴选,就确定了让我来担纲。编写团队是由人教社主导的,邀请了社内外许多专家和一线教师,小学与初中两个组加起来有40多人。曹文轩、李吉林、崔峦、顾之川、张笑庸等分别担任小学与初中的主编,陈先云、王本华任"执行主编"。人教社参与编写团队的主要有:徐轶、朱于国、郑宇、何源、刘真福、李世中、王涧、胡晓、张立霞、熊宁宁、常志丹、韩涵、陈尔杰、陈恒舒等。列出这么长的一个名单,是想说明人教社小学语文和中学语文两个编辑室在这套教材编写中起到的中坚作用。从小学到初中,9个年级18册教材,工作量巨大,虽然框架体例和课文都是整个编写组设计和论定的,但很多具体的文字操作,包括导语、习题、注释等,都得依仗小语室的同仁。他们默默耕耘,贡献最大。

因为是"统编本",全国就这一套,审查非常严格,前后有20多轮审查。最后一关是中央的审查,2次进中南海直接听取领导的指示。刘延东副总理把我们送出会议室时,握着我的手说:"语文编得不错。"这回真体会到教材编写作为"国家事权"的分量了。2016年秋季,小学和初中统编语文教材投入使用,社会反响很大,央视《新闻联播》也做了报道。回头看,这套教材强调"立德树人"和"读书为要",小学学拼音之前先安排几课识字,设计了"和大人一起读""快乐读书吧"等延伸阅读的栏目,初中实行"教读""自读"与"课外阅读"三位一体,等等,都是特色。有报道说这套新教材"专治"不读书,说到点子上了。这几年的试用反馈的意见也是充分肯定的。

编完小学和初中语文后,接着要编高中,2017年6月启动。这是我与人教社的第三次合作。那时我济南、北京两地跑,又刚动过一次手术,有点疲惫;再说高中语文新课标颁布前我看过送审稿,感觉改革的力度很大,教材很难编,自感力不胜任,就向教育部表示不打算再接高中的编写任务了。但教育部副部长郑富之同志(当时任教材局局长)两次纡尊登门,来家里说服我继续担任总主编,说这事中央定了,换人不太好办。人教社韦志榕总编辑也来看我。他们的诚恳让我感动,就还是勉为其难,接着做下去吧。

高中语文的编写果然和前两次不一样。以前都是由人教社主导,小语和中语两个编辑室人员从编写、编辑到出书一条龙做下来。而高中的编写是教材局直接领导的,大事小事都过问得很细。教育部组织了编写组,有各方面的专家、语文特级教师,还有以前几个不同版本的主编,包括刘勇强、过常宝、陈章灿、杨九俊、柯汉琳、王荣生、王立军、郑桂华,等等,有20多人,阵容豪华。大概考虑这是"统编本"吧,一开始有意识要"淡化"原人教版的"色彩",中语室的编辑基本上只管编辑,不参加编写。我向领导提出,教材编写的专业性很强,若只靠我们这些外请的专家,人教社不全程介入,显然是不行的。编写的事务的确非常繁杂,后来领导也只好同意中语室的编辑参与编写。王本华、朱于国、李世中、尤炜、王涧、胡晓、韩涵、陈恒舒、陈尔杰、曹旸、覃文珍等,都是既参与编写,又负责编辑,还有各种繁杂的编务,包括安排会议、试教、培训、教师用书,以及应对网络舆情、做总结、写报告等,教材局一个电话,中语室就得行动。

高中语文的编写可谓举步维艰。因为社会关注度高,网上不时拿教材来炒作,压力很大。要严格落实新课标的规定,比如以"学习任务群"组织单元,实施以活动为主线的"自主性学习",以及特别强调立德树人,政治上把关,等等,要求非常高。而我们学习领会也需要有一个过程,如何体现改革,如何把课标的精神转化为教材,如何满足大面积使用的需要,要不要安排习题,"学习任务"如何避免"蹈空",等等,都是很具体的,真是费尽脑汁。教育部要求实施"编审结合",课标组和指导组除了审查教材,几乎全程指导并参与部分编写。因为"角色"不同,观点有异,有时会有一些争议,甚至还比较激烈。但教材毕竟是公共知识产品,最终都要求同存异,达成共识。"绳墨以外,美材既斫"的遗憾也是难免的。

高中语文统编教材真是好事多磨。熔裁洗漉,权衡益损,光是框架体例就改动五六遍,有的单元稿子重写二三十遍。编写组人员分布全国各地,聚会不容易,不能一有问题就召集讨论,很多时候只能把领导或者专家的意见转给我,我和中语室再研究处理。好在我们彼此的合作很默契。最后定稿,时间非常紧,要消化或回应各方面提出的数百条意见,甚至还要调整单元,也是以中语室为主,加上编写组部分成员,教材局的领导和人教社总编辑郭戈同志亲自督战,夜以继日,突击完成。经过反复打磨,层层把关,前后花了近 3 年时间,到 2019 年底,全部书稿才得以杀青。

　　人事倥偬,指顾之间,与人教社合作编书已经 17 年。感谢人教社给我机会,让我学到很多书本上和学校里学不到的东西,体会到为社会做实事并不容易。编教材更是如履薄冰,责任重大,而人教社的同仁年年月月都在做这难事,这支任劳任怨的专业团队真令人赞佩。

"有什么样的教材,就有什么样的国民"[①]
——《环球人物》杂志报道

> 我从老师们渴望的眼神中得到了启示,找到了这些年所做工作的方向和意义。

"我脾气有时候也挺倔的"

73岁的温儒敏坐在《环球人物》记者面前,说话慢悠悠的,聊起最近一件让他略微头疼的事——有人反映说,统编教材中的一位外国作家"不爱国",选入课文不合适。温儒敏觉得这种判断过于简单,可又不得不花时间认真解释:"事实上,这篇课文不存在那些问题,经过几十轮评审,课文的政治立场和思想艺术都得到认可,不能因为没有说服力的理由就随意撤换。"

这天中午,温儒敏忙着打电话请几位专家对这篇课文作者做出评价,写个说明。说到这儿,温儒敏笑着捋了捋白发,叹了口气。采访中途,有两通电话打了进来,其中一位是儿童文学家曹文轩,他也参与了教材编写。两人就此事快速讨论了一番。

这种忙碌的常态始于2012年,温儒敏被教育部选聘为中小学语文统编教材总主编。他曾在书中写道:"有什么样的教材,就有什么样的国民。"原来潜心文学研究的北大中文系教授开始和琐碎繁杂的事务打交道,有时还要站在舆论场的风口浪尖。

[①] 本文系《环球人物》杂志2019年9月16日第18期报道,记者崔隽、王璋璋。

我们的采访刚好赶上了9月开学季。在这个新学年,统编语文教材已经覆盖了全国小学和初中全年级课堂,并在上海、北京、天津、山东、辽宁、海南6个省市的高中试点推行。温儒敏说,忙完这件大事,他想回到自己的书斋,静下心来,再写点想写的文章,再做些想做的学问。

"如果只是美文汇集,那编写教材太容易了"

翻看温儒敏的微博会发现,人们对教材的焦虑像是一团拨不开的迷雾,需要不厌其烦地澄清和辟谣。他几次想退博图个清静,但又始终没能下决心,因为更多时候还是想寻求沟通和理解。"教材是公共知识产品,特别是语文教材,社会性、实践性很强,大家都很关心,议论纷纷很正常。欢迎提意见,但反对拿教材炒作。"

2016年,"部编本"中小学语文教材历时5年编写完成,随后温儒敏又担任了高中语文教材总主编。在人们的想象中,统编教材是由出版社一个小小的编辑部完成,实际上编写组核心成员多达四五十人,参与过编写工作的多达百人。

和以前相比,现在编教材更加注重科学性。"我们小时候认字都是随意的,'上大人''化三千',随便选容易的字让你写。现在哪个年级、哪个学段应该掌握多少东西,阅读达到什么水平,需要科学设置一个坡度。比如说一年级要认哪些字,都要经过字频、字理、字结构研究,最后挑出300个字来学。"温儒敏说。

选入教材的课文也发生了变化。小学课文几乎换了三分之二。初中古诗文的体裁更加多样,从古风、民歌到律诗、绝句、词曲,从两汉论文到唐宋古文、明清小品,均有收录。高中教材还史无前例开设了《乡土中国》《红楼梦》整本书阅读单元。

"课文很重要,要选中国传统文化和世界文化中最有代表性的经典。"不过,温儒敏希望大家明白,选文只是语文教材编写内容的一部分,"哪些文章上来,哪些文章下去,牵动着很多人的感情和神经。可如果只是美文汇集,那编写教材太容易了"。

与之相反,"不容易"体现在教材的每个细微角落。为了帮学生扫除阅读鲁迅的心理障碍,温儒敏为《藤野先生》的阅读提示做了修改:"鲁迅的作品语言,初读时可能会感到有些拗口,其实很简洁、幽默,富于感情色彩。阅读时宜放慢速度,细细品味。"类似的导语和习题,编写组会翻来覆去讨论,有的章节写了30多稿。

温儒敏还记得自己小时候的语文课本。1952年,他正在读小学,学的是《上学校》《升国旗》《小燕子》,这些充满生活气息,"也有《毛主席》《分田地》《努力生产》。后来语文更注重配合时代潮流,比如六年级课本中有《北大荒是好地方》《我们是接班人》等"。

改革开放后,部分传统名篇"小步慢跑"地回到语文课本,当时舒婷直抒胸臆,谈论什么是现代爱情的《致橡树》也被收入高中语文。2000年后,"一纲多本"成为常态——刘翔奥运夺冠被写入上海市小学语文教材;关于航天英雄杨利伟的通讯被节选收入辽宁省语文教材；广东教材特设"走近经济"单元，收录了经济学家茅于轼的《市场经济中新的道德和法治》。可以说，语文教材经历了多个版本的更迭，为时代变迁留下了独特的文本注脚。

回忆当年的语文课堂，温儒敏印象最深的是小说课。课上老师带着大家读小说，课后他"连滚带爬"地读《西游记》，读到妖怪就多看两眼，不喜欢的就翻过去，就这样读完了《隋唐演义》《薛仁贵征东》等一批章回小说。中学时，温儒敏已经是学校里的文学青年，摸一摸老师书柜上《安娜·卡列尼娜》《草叶集》这些名著的书脊，就觉得挺美，既羡慕又向往。当时杨沫的《青春之歌》刚出版，书被一张张撕开贴到布告栏里，他和同学就挤在栏前一边读，一边热火朝天地讨论。

温儒敏希望当下的学生也能找到这种"自由阅读"的状态，拥有个性化的语文生活，而语文教材就是关键的"读书种子"。除了给学生列出《平凡的世界》《海底两万里》《哈利·波特与魔法石》等推荐书目，"部编版"语文教材对读书方法也给了更加清晰的指导，精读、快读、猜读、跳读，"阅读速度快一点，阅读量大一些，懂得不同类型书的读法，又懂得信息的选择与过滤，才能适应这个时代的变化。"温儒敏说，"说一千道一万，语文就是教人读书的。"

关注语文教育，是北大的传统

1978年春天，温儒敏参加了研究生考试。虽然当时他已在广东韶关基层做了8年秘书，但是做学问、搞研究仍是他心之向往。最终他被北大中文系录取，师从中国现代文学的泰斗王瑶。

"那是一个学科自觉，富于理想、自信和激情的时期。时代突变带来'精神松绑'的快感，知识分子的使命感以及对久违了的学术的向往与尊崇，都在现代文学学科重建上得到了痛快淋漓的表现。"温儒敏说。

当时不用攒学分，不用考虑在核心期刊发论文，他泡在图书馆整日看书。每月导师王瑶会组织小班讲习，由一位同学主讲某个课题，大家讨论，老师评讲。钱理群讲过周作人和路翎，而温儒敏讲过郁达夫和老舍。

1981年，温儒敏留校任教。此后他和钱理群、吴福辉等合写了《中国现代文学三十年》。"当时我们是初出茅庐的'青椒'，敢于'问鼎'文学史，受了思想解放潮流的推动。"就是这部影响广泛的著作，将温儒敏的名字与中国现代文学史研究连接在了一起。

1999年，温儒敏担任北大中文系主任，这也是他转向语文教育研究的开始。"对语文教育的关注，其实是'五四'的传统，也是北大的传统。"温儒敏说。从鲁迅到胡适，从蔡元培到梁漱溟，从叶圣陶到朱自清，他们或亲自去中小学宣讲授课，或编写国文教材，或参与中学语文教学的讨论，在语文教育中都有过不可替代的贡献。

温儒敏就任系主任后召开的第一个学术会议,就是有关语文教育的。当时,他邀请了北京市的语文特级教师,和北大教授一起讨论如何改进语文教学。有人不理解,说这是"不务正业",语文还是交给师范大学做更好。但温儒敏认为,中文系对社会的语文生活应该承担一份责任。

"我们就是'敲边鼓'的。如同观看比赛,看运动员竞跑,旁边来些鼓噪,可助一臂之力。"敲着敲着,温儒敏手里的鼓槌也越来越难放下了。

2001年,第八轮基础教育新课程改革启动。不久,人民教育出版社要编写新课程《高中语文》教材,找到了温儒敏。他不仅答应下来,还邀请北大中文系教授袁行霈担任主编,同时动员曹文轩、何怀宏、陈平原、陆俭明、何九盈、周先慎等16位北大教授投入编写。这套教材编写历时3年,成为新课程《高中语文》6套教材中影响最大的一套。

同一时期,温儒敏还主持成立了北大语文教育研究所,林焘、袁行霈、徐中玉、陆俭明、王宁、巢宗祺、蒋绍愚、钱理群等一批学者加入。温儒敏想通过这个研究所打破大学与中学、教育界的隔绝状态,推进一线教师和语文专业学者的合作。多年来,这个连一间办公室都没有的"虚体机构",却做了不少实事。

2015年,温儒敏去珠海为小学语文教学观摩会讲课,体育馆里6000多位小学教师坐得满满当当。"我一上台就被那个气场震撼了,讲了一个小时,满场掌声雷动,希望我再讲一会儿。我知道不是我讲课多吸引人,而是一线教师实在太渴望学习、渴望提高专业素养了。我从老师们渴望的眼神中得到了启示,找到了这些年所做工作的方向和意义。"温儒敏说。

"搭上应试教育的船,做一点素质教育的事"

1964年,温儒敏参加高考,考上了人大语文系。那一年,全国有45万人参加高考,高校招生14.7万人,录取比例不到三分之一。尽管录取率低,但高考压力并不大。年轻人普遍是"一颗红心,两手准备"——考上了就去读书,考不上也无所谓,当兵、工作、种田都是好出路。

"现在每年高校录取六七百万人,有些省市录取率高达90%。真是天壤之别!"让温儒敏感叹的不仅是数字的变化。和录取率一同直线上升的是压力指数,还有各种新现象和新话题——生活在顺义"曼哈屯"的"爬藤"爹妈、驻扎在毛坦厂的陪读爹妈……教育正在成为当代人的共同焦虑。

《环球人物》:看您的微博,不久前您也在关注热播剧《小欢喜》,您看剧时有哪些思考?

温儒敏:《小欢喜》表现出普通人面对高考的焦虑和无奈,写得非常真实。现在人人对教育有不满和抱怨,可是人人又参与制造"不满"的旋涡。好在《小欢喜》的几位家长最后都意识到了这点。

整个社会对于教育有严重的焦虑，这是一种时代病。只要有社会竞争就会有应试教育，我们只能和应试教育共存，但要不断争取素质教育的发展空间。大家认识到这点，尽可能减少焦虑，社会空气就会好一点。

所谓"搭上应试教育的船，做一点素质教育的事"，就是在两者之间努力做平衡。比如考试更重视考能力、考综合素质、考创造性思维，这就可能撬动课程与教学的改革，减少应试教育的负面影响。有水平的老师，既让学生考得好，又不把学生的脑子搞死、兴趣搞无。

《环球人物》：鲁迅作品在教材里的增删总会引起社会关注，让人"又爱又恨"的鲁迅对学生的意义是什么？

温儒敏：学生对鲁迅"又爱又恨"，是一种对经典的真实反应。有一种说法，鲁迅的文章只适合中年人读，但我认为，年龄不同，心得不同。鲁迅是带着生命体验来写，会燃烧你、调动你、感动你，从中你可以理解中国文化，了解中国人。中学语文选收鲁迅，主要想让学生接触一下经典，感受鲁迅思想的独特性，日后人生经历多些，就可以更深入理解鲁迅的精神世界。

此前有谣言说鲁迅"大撤退"，其实鲁迅"没有走"，只是分为必修和选修。鲁迅仍然是作品收入教材数量最多的作家。

《环球人物》：作为课程改革的亲历者和参与者，您怎么评价当前课改的进展和成就？

温儒敏：70年来，随着社会变迁和时代需求变化，我们已经进行过8次课改。2001年，《基础教育课程改革纲要（试行）》颁布，这是新中国成立以来规模最大、持续时间最长、变革最深刻、社会影响最大的一次课改。课改提出的一些先进教育理念，越来越得到认可，如"以人为本"，重视学生整体素质和身心健康发展，等等。教师"满堂灌"的讲解少了，注重学生感受体验、自主学习的多了。

但我们也看到，课改的某些"亮点"没有得到体现，比如高中课改设计了必修课与选修课，我们编了15种选修教材，可是真正按照要求开设选修课的学校恐怕不多。课改与高考"两张皮"，仍然是待解的难题。

《环球人物》：您写过多篇文章谈论大学本义，在您看来，大学应该培养怎样的青年？

温儒敏：我们年轻时，那个时代的青年确实会考虑国家和社会——要为改变命运而学习，想为国家做点事，要报答社会。现在如果一个年轻人在宿舍谈理想、谈建设，人家会觉得你有点"二"。其实他应该是最正常的年轻人。我常想，"五四"那种理想、朝气与活力，能否再给我们一些召唤呢？

第 三 辑
新高考 新课改 新教法

高考改革背景下的语文教学[①]

> 高考语文的试卷命制开始关注一线语文教学中普遍存在的弊病与偏向,它在试图纠正这些偏向,努力朝正确的方向转移。

近年来,高考和招生制度改革正在逐步推进,其中包括设置与完善高中学业水平考试,规范高中学生综合素质评价,以及深化高考考试内容改革,这都将对中小学各科的教学产生直接的影响。而其中影响最大的,是高考考试内容特别是命题的改革。本文结合这些年高考语文命题改革的趋向,以及其对语文教学所产生的实际影响,探讨高考语文改革与教学的互动关系。

目前的语文教学基本上未能摆脱应试教育的束缚。虽然实施课程改革已经多年,以人为本、素质教育等一些新的教学理念已经普及,各种教学改革措施层出不穷,但就多数学校而言,还是分数第一,高考录取率第一,而语文教学被应试所捆绑,教学效果普遍低下仍然是不争的事实。由于中国的国情,被应试教育捆绑的现象,很难在短期内有大的改变。这是严酷的现实。政策的制定也不能不正视这一现实。在多数学校,特别是高中,流传这样一句话:"考什么,就学什么。"那么,不考的就不学,把学习局限在很小的范围之内,哪里谈得上整体素质的提升?高考的"指挥棒"作用的确不可小觑。

[①] 本文根据笔者 2016 年和 2017 年在北京大学"中小学教师国家级培训计划"和几次教师培训会上的讲话稿整理。

尽管多年来高考语文命题对一线教学的影响巨大,但试卷命制并不关注其"指挥棒"的负面效应,因为命题和教学基本上是"两张皮",从上到下也是两个部门分别主管。高考语文试卷的命制,可能只注重考试的选拔功能,对可能产生的负面影响,它是不会承担责任的。

现在终于看到一些改变:高考语文的试卷命制开始关注一线语文教学中普遍存在的弊病与偏向,它在试图纠正这些偏向,努力朝正确的方向转移。而一线语文教学中常常碰到的某些"瓶颈"式的问题,也开始"折射"到高考语文试卷的命制之中,希望能通过考试的影响,使之逐步得以解决。

一、命题将更加注重运用教育测量理论和命题技术,题量会增大

教育部正在组织相关部门重点研究基础教育语文学科质量检测体系,包括检测工具、模板、手段的制作,虽然主要是面向学业水平考试的,但其某些原理、方法也可供高考语文参照。以往每年高考结束后也都有人对考试情况进行测量研究,问题是往往不够重视,未能很好地以这些研究用来指导命题。估计未来几年高考语文的命题将从过多依赖经验,转向适当运用先进的测量理论和命题技术。比如,如何提高语文高考的信度和效度,命题如何设定适当的区分度和难度系数,怎样的题更能考察学生的素质和能力,各种题型如何搭配,等等,都将会有更科学、更有可操作性的设定。

这几年有些省市语文高考试卷的设计水平不一,难易程度相差较大,可能有的是由于行政干预,或者为了照顾地方特色,其实离科学性仍然较远。举例说,去年有个别语文试卷的题量猛增,特别是阅读题,有15%—20%的考生是做不完的。对此有些争议。一时可能不能完全做到,但肯定是改革方向,会逐年增加题量。其实选拔考试总要拉开距离,一部分考生做不完,这很正常,但估计到底多少考生可能做不完?设计考题时,就应当使用测量理论和技术去预测,要先有合理的设定。

改革的措施之一,是增大阅读题量,考阅读速度。因为阅读能力之中很重要的一个能力是读得快。从这几年全国卷和一些省市卷改革情况看,题量在逐年增加。今年全国卷光是卷面文字量就9640,接近10000字(北京卷8644字,广东卷前年和今年都近9000字)。我估计全国卷的题量一定还会增加。注意,这也是很大的改变与挑战。

二、命题所依赖的材料范围将大大拓展

现在全国卷和各省区市卷的命题有很多是依赖题库的,而多年建立的题库覆盖的范围偏窄,都有点陈陈相因,彼此克隆,不足以支持高考语文的改革。因此一些省市可能会致力于题库的建设和扩容,广泛征集考题。相关的另外一个问题,就是现在高考语文命题依赖的材料主要是文学方面的,也就是"文学化"太过了。这当然也受制于整个语文

教学的状况:我们的中学语文教科书太偏重文学,视野不够宽,而且文学的教学也并非就是往审美和情感教育方面靠,而是局限于琐碎的分析,这肯定不利于培养现代人才。

我看到去年某市的语文卷,六七道大题全都是文学类的,很少涉及其他领域。这恐怕就不太合适。其实这几年全国卷和有些省市的试卷已经注意到这一偏向,逐渐拓宽命题的材料来源。比如2015年全国卷的现代文阅读材料,是关于宋代货币制度的,关系到商品流通和信用等金融方面的知识,文中有很多概念,恐怕是多数考生从来也未曾接触过的。比如,这样的文字估计很多学生平时都未曾接触过:

> 信用形式有借贷、质、押、典、赊买赊卖等多种形式。借贷分为政府借贷和私人借贷。政府贷借主要表现为赈贷的形式,在紧急情况下通过贷给百姓粮食或种子的方式,帮助他们度过困境。私人借贷多为高利贷,它可以解决社会分化和"钱荒"带来的平民百姓资金严重不足的问题,满足特殊支付和燃眉之急的需要。质、押是借贷担保的形式,由质库、解库、普惠库、长生库等机构经营。质属动产担保,它的设立必须转移动产的占有;押属不动产担保,通常将抵押物的旧契交付抵押权人即可。债务人违约时,债权人可用变卖价款优先受偿。典当作为不动产转移的一种形式,也是在宋代形成和发展起来的。

而2015年北京卷,现代文阅读是关于汉字照排技术,还涉及古代的印刷术,以及中外科技史,共有三份材料。这显然也是平时语文教学接触不到的。高考语文命题材料的范围大大拓展,除了文学,还有哲学、历史、科技、社会、经济、时政等。估计这也会是今后改革的一个方面。这将改变我们语文教学太过倚重文学,而且文学的测试面也过窄的局限。

我们高考复习准备如何面对这一改变?平时就要多读书,多关注社会,不能为了考试只读那么一个小的范围。光是读《意林》《读者》,思路狭窄,眼界窄小,已经不可能适应未来的高考。我去年到山东滨州,为他们高考复习如何打开眼界、思路出主意,要学生浏览《新华文摘》。这也是无奈之举。

三、更加注重检索能力和逻辑思辨能力的考查

阅读能力是语文最基本的能力,现代文阅读在实际生活中运用最多,所以历来在高考中占的比重很大。这些年高考语文命题改革,现代文阅读更加注重考检索能力和逻辑思辨能力。这是一大变化。

先说检索。我们习惯的语文教学,非常看重把握课文的思想内容和写作手法的分析,里边也有检索,只是不那么自觉,往往还停留于语言表达的层面,未能上升为一种思维的能力。为什么要重视检索能力训练?高考为何重视考检索?现在是信息社会,信息爆炸,人们每天需要排除许多信息干扰,才能保持正常心态和正常生活。这个排除和选

择,其实也就是检索。从网上获取必要的信息,首先就要输入关键词,然后从大量资料中逐层梳理、挑选,也是检索。检索能力已经成为阅读能力中非常重要的基本能力。所以这些年高考语文在强化检索能力的考察,这是符合时代发展需要的。

检索怎么考?和以往的阅读考试有何不同?以往考现代文阅读,大都是给一篇文章,然后出若干个问题,要求一一给出答案,就考是否理解准确。现在的命题则更加注重检索的考察、信息处理的考察,而不只是看对所给出几个问题的回答怎么样。举例来说,2015年新课标全国2卷第15题,这道题不是纯粹的阅读题,而是表达题,考语言文字运用,但显然又和阅读题的要求结合。

> 填入下面一段文字横线处的语句,最恰当的一句是:
>
> 辣,我们都不陌生,很多人无辣不欢甚至吃辣上瘾。这是因为辣椒素等辣味物质刺激舌头、口腔的神经末梢时,会在大脑中形成类似灼烧的感觉,机体就反射性地出现心跳加速、唾液及汗液分泌增多等现象,____,内啡肽又促进多巴胺的分泌,多巴胺能在短时间内令人高度兴奋,带来"辣椒素快感",慢慢地我们吃辣就上瘾了。
>
> A. 大脑在这些兴奋性的刺激下把内啡肽释放出来
> B. 内啡肽因这些兴奋性的刺激而被大脑释放出来
> C. 这些兴奋性的刺激使大脑释放出内啡肽
> D. 这些兴奋性的刺激使大脑把内啡肽释放出来
>
> 参考答案:C

这段话接近说明性的科技文。吃辣椒大家熟悉,但解释辣的原因就不见得有相关的知识准备。文中有好几个专用的名词术语,如内啡肽、多巴胺,考生会比较陌生。对于阅读量小、知识面窄的学生,科技文可能更加陌生,那些概念甚至形成干扰。

高考又是选拔性的考试,它的每一道题目都需要让一部分考生失误。办法之一就是信息干扰。平时学习和复习都要注重训练排除信息干扰,迅速提炼出答案信息。这就是检索、加工。如何对付这一类题目?平时要多读,扩大知识面,养成能够适应这一类文字的能力。阅读这一类文章,需要抓住一些关键词,迅速理清大意。如第一句说"吃辣上瘾";第二句解释上瘾的原因;横线前面的语句说明"辣椒素等辣味物质刺激"出现的现象,后面的语句是"内啡肽又促进多巴胺的分泌",这里关键性的答案信息是"内啡肽"。在阅读过程中,如何抓关键词?如何理清思路?其中很重要的手段便是检索。

像这样一类考题,考检索和信息处理能力的,在高考语文试卷中越来越受到重视。这一类命题,并不是我们熟悉的那种现代文阅读,它所考查的主要是检索能力。但是我们习惯的语文教学,对这种检索能力的培养,是否重视呢?如何去训练呢?需要认真来考虑和应对。其实,检索和信息处理能力,不只是现代文阅读,其他文类阅读也是必备的。

与此相关的是第二个变化,越来越重视考逻辑思辨能力。

阅读能力包括逻辑思辨与分析,这是语文教学的弱项。前年高考刚结束我在《人民日报》等媒体曾呼吁,语文高考特别是作文命题,要适当往理性靠拢。我们终于看到了这方面的一些改进。比如去年全国卷的阅读题,就采用了"非连续文本",给一组材料,观点并不连贯,甚至彼此相左,让考生去辨识、归纳和发挥。这有点类似于考公务员的"申论",看重的是思辨能力。其实美国的 SAT 考试也是这个思路。去年广东卷提供的阅读材料之一是贺麟的《读书方法与思想方法》,哲学文章,读起来有些难度,难在思辨。这是可以考思维能力的(可惜给的选择题太浅)。可见命题者开始重视朝理性考察这个方向努力。

高考语文命题还有一个趋向,就是增加"非连续文本"材料。所谓"非连续文本",是与通常我们多见的相对完整的文本不同的,可能就是一组材料,彼此观点还可能向左,然后要求考生阅读之后进行比较、辨识、分析、筛选,形成自己的观点。作文或者阅读题都可能出这样的题。如去年全国卷就提供了一篇关于抗战时期爱国资本家卢作孚的贡献的文章,然后再提供一组相关链接材料,这些材料是比较零碎的,最后要求根据这些材料分析,去回答一些基本问题。类似的阅读题,就适合于考察思辨和归纳能力。

比如今年北京市高考语文阅读题,就提供 3 篇不同的文章,却又有些关联。第一篇是从《汉字信息处理》中选取的,内容关于中国印刷业面临"巨大的危机和挑战"。第二篇是关于汉字照排系统的研制,里边涉及诸如字模存贮、文字变倍、激光扫描等许多技术性的概念。第三篇是从《王选与中国文化》一书中节选的,关于外来的现代科学怎么与中国传统文化融合的问题。三篇文章有一定的内在联系,但角度和论述重点不同。考题要求读完 3 篇文章,回答 8 个问题。这除了需要前面说的检索能力,还需要辩证的思维。类似的题目对于我们平时的语文教学也具有挑战意味。因为我们的教学都是一篇一篇地读,一篇一篇地分析,比较少综合比较,也不太注重辩证思维的训练。

现在的学生普遍依赖网络,思维碎片化、绝对化,普遍缺乏逻辑思维训练,缺少理性分析能力,这和语文教学的偏颇相关,而高考语文对此也责无旁贷,一定会想办法去引导改善。

这几年现代文阅读纯粹鉴赏性的材料越来越少,论述性的材料增多了。2015 年新课标全国 2 卷的阅读题就出了一篇关于接受美学的学术性论文,即使大学中文系学生阅读,也是有些难度的,里边概念很多,需要一一理清,还需要有较强的逻辑思维能力。碰到这样的题,不能完全按照以往语文课常用的一句一句精读的办法,而要注重概念术语的把握,以及几个段落之间的逻辑关系。

要注意培养学生综合能力,这几年北京等地试卷有改进,就是给一摞材料,或者一篇含义比较丰富的文章,然后设定若干问题,不都是那种分析性的很细致的题,而是综合的题,偏重的是阅读延伸和发散性思维,甚至超越文章与材料本身。这就很活了,有时一道小题几乎就是一篇小作文。我们平时上语文课,应当跟进。

这几年高考语文命题多用传记体、科技类、历史类的材料,文学类材料反而少了。现在看重的是理性思维能力,检索和信息处理能力,而不是艺术感悟鉴赏能力。这是一个趋势,应当引起一线教学的重视。

当然,这也可能带来某些负面影响,使语文教学放逐文学教育。

2015年新课标全国2卷,文学类阅读材料是刘震云的小说《塾师老汪》,实用类阅读材料是《将军赋采薇》,讲抗战时期国民党军队将领戴安澜赴缅甸作战的事迹,选自《国民党抗战殉国将领》一书,是纪实类文章。绝大多数考生都选择了《将军赋采薇》。不过这种大幅度倾斜已经引起注意,估计明年考题会有所调整。平时学习和复习也不能放弃文学性文章的阅读。

四、有意识考查读书的情况,包括课外阅读、经典阅读、阅读面与阅读品味

现在的语文课只注重精读精讲,注重做题,读书很少,学过语文却不怎么喜欢读书,这样的语文课是失败的,语文素养更无从谈起。课标提倡"多读书,读好书,好读书,读整本的书",是有针对性的。课改之后探索开设选修课,本意就是拓展阅读面,可是受制于高考,很难实施。近年来也有个别省市高考语文开始重视考察读书的情况,甚至围绕课外阅读情况的考察来设计试题。另外,这两年很多试卷都有背诵填补经典名句名段的试题。我认为都是应当鼓励的。读书状况其实最能体现语文素养,高考语文理所当然要重视。

我们看到已经有这方面更"大胆"的尝试,如去年四川卷就有这样的题:

> 请从曹雪芹、贝多芬以及文学形象大卫·科波菲尔中任选一人,续写下面的话。……"即使在最恶劣的境遇中,人仍然拥有一种不可剥夺的精神力量,这就是苦难带给人生的意义。"

今年北京市高考题之"微写作",10分,题目是这样的:

> 语文老师请同学们推荐名著中的章节或片段供课上研读。范围:《三国演义》《巴黎圣母院》《四世同堂》和《平凡的世界》。你选择哪部著作中的哪个章节或片段?请用一句话表述推荐内容,并简要陈述理由。

其实上面2道题,共同点就是考读书情况,考阅读面与表达能力,非常好。类似的考察读书情况的命题,在今后的高考语文试卷中肯定会增多。

有些学校开始重视课外阅读的考察。比如有的考卷列出某部名著开头很有名的一句话,和其他几句类似的话并列,让学生去选择,看到底那句话是名著的开篇。这也是一种办法。

顺便讲一下,语文课要区分精读略读,并往课外阅读延伸的问题。现在的语文教材普遍把课文分为精读与略读两种,可是在教学中,许多老师几乎全都讲成精读,略读无非是课时略少一点,讲法和精读是一样的。为什么会这样?可能有心理原因,怕讲得不够精,影响学生考试成绩。这是一个误区。其实精读和略读是两种课型,功能不一样。精读讲得细一点,是提供例子,举一反三,要给方法;略读就主要让学生自己读,是实践精读课所提供的方法,发挥自主阅读的能量,激发扩大阅读的兴趣。如果全都讲成精读,那么学生自主阅读的空间反而小了,举一反三就难以做到。其实以"精读"和"略读"来区分课型,不够贴切,因为"精读""略读"都是阅读方法,在精读课中也会学到略读,比如浏览、快读等,同样,略读课中有时也需要来一点精读。所以,我们编制新教材时,注意到这个问题,也吸收了杨茂枝等一些专家的意见,有意加大精读与略读的区分度,让两种课型发挥各自不同的功能。在新的教材中,我们已经把"精读"改成"教读","略读"改成"自读"。"教读"课安排有预习,思考题也比较多,照顾到方法的提示与练习;"自读"课有导读,还有旁批提示,引导学生顺利阅读,理解课文,激发思考。

这里我特别要说说:新教材还有一个比较大的突破,就是格外注重往课外阅读延伸,有的在课文后面提出课外阅读的书目,有的在"名著导读"中建议课外读些什么书,怎么去读,等等。这样,新的语文教材就建构了由"教读""自读""课外阅读"组成的"三位一体"的教学结构。这可能是一个突破,让我们的语文课更重视学生自主的阅读实践,包括课外阅读,努力做到课标所要求的"多读书,读好书,好读书,读整本的书"。语文课怎样才算成功?一定要延伸到课外阅读,让学生养成读书的生活方式。如果只是精读精讲,反复操练,没有激发阅读兴趣,也没有较多的阅读量和阅读面,学生的语文素养包括写作能力是不可能提升的。扩大阅读量,这是改革的方向。预计以后高考中考的命题也会更多考虑如何评价学生的阅读量和阅读面。

五、文言文命题的改革

2015 年全国卷文言文的考题是《北史·来护儿传》的一段,长度和难度适中,共 19 分,翻译 10 分。其实可以增加分量,比如 12 分。

预计今后断句题和翻译题会增多,虚词等的知识性的考查相应减少。现在的文言文命题也是套路化,大都以"读通"为标准,这对教学的直接影响就是把文言文当成"死语言"来教。文言文命题应当多一些与现代生活的关联,多一些文化意味。近年有些省市的文言文命题较有创意。如 2012 年浙江题:

厩焚。子退朝,曰:"伤人乎?"不问马。

厩焚。子退朝,曰:"伤人乎?""不。"问马。

让学生谈两种标点方式反映出的孔子对人、对马的态度,并要求谈对后一种句读的看法。这样的考题,就不满足于"读通",而有文化思考。这就是一种改进。

老师们教学中一般都是非常看重文言虚词,下功夫也多,但古文阅读如何准确把握实词,特别是动词,也很重要。命题专家往往就在这个节骨眼上下功夫。实词如何把握?一般老师是让学生背,大致100多个词。实际上,这很费功夫,降低学生学习的兴趣。实词在具体的语境中往往是有变化的,它的实际的意思必须从上下文去理解。比如,袁中道《龚春所公传》中"性舒缓,善诙谐,虽至绝粮断炊,犹晏然笑语。其发奇中,令人绝倒","绝倒"这个实词,字典上查不到,或者查到的意思是笑得前仰后合,但体会整个文意,应当理解为极为赞佩。所以还得多读,在把握基本内容上下功夫,而不是死记硬背。

虚词倒是要注意把握基本用法。考来考去,也就不到10个虚词。比如"以""而""之"等,在把握基本用法基础上,也要注意联系文章前后内容的顺承,去了解其实际用法。随文释义,是主要的原则,考的是理解运用,而不只是记忆。所以复习时还是不能满足于做题,要多读。

看这几年全国卷和一些地方卷的改革趋向,文言文的断句题与翻译题占分增加了。如2015年全国卷文言文阅读材料是《宋史·孙傅传》的一段,一共19分,划出部分句子要求断句占3分,翻译占10分,其他判断意思的正误占6分。还是断句与翻译题占大头,已经没有专门的虚词实词解释。这是值得注意的变化。断句最能体现古文阅读基本功,也是文言文考试题中最难、却又占分较多的。文言文翻译断句往往难度系数都很高。每年高考断句题往往失分最多,得满分也最难。语文要想得高分,主要不是难度系数低、多数人都能回答的那些题,而是多数人答不好、你可能答好的题。断句有没有方法?自然也有。比如,抓住虚词,例如"乎"等。但这个情况有时不可靠,可靠的是抓住那些比较活跃的动词。句子是由主谓宾结构的,抓住动词谓语,或者谓语加上宾语,句子就完整了。但怎么去抓?有什么办法去复习准备?只有多读。

关于古诗词的阅读分析,以往的题型比较单一,也就是问表现什么思想感情,用的什么手法,和现代诗文的阅读没有很大区别。2015年新课标全国卷出的是唐代边塞诗人岑参的一首诗《发临洮将赴北庭留别》("闻说轮台路,连年见雪飞。春风曾不到,汉使亦应稀。白草通疏勒,青山过武威。勤王敢道远,私向梦中归"),要求和学过的《白雪歌送武判官归京》("忽如一夜春风来,千树万树梨花开")相比较,说明两诗描写塞外景物的角度有何不同,尾联表达什么感情,有何作用。这样命题等于送分。可能也是考虑全国课标卷,相对浅一些。但这样的命题,老一套,是需要改革的。我估计有水平的命题专家已经对这种状况不满,他们可能会扣住古诗文的特殊审美风格等方面来设计考题。比如,这两首诗的风格到底是典雅、秀美还是清新,就需要阅读体味,从总体感觉和审美类型上做出判断。复习时不能停留于拿思想情感或手法的那几个箩筐去装了。另外,有些老师以为古诗词的题只要抓住几样手法的好处,比如用典有三个好处,对比有几个好处等,永远都是那么几条,无往不胜。现在的情况可能不同了,"套用"很难再轻易得到满分,因为出题者和阅卷者都反感套用。要想高出一筹,就得对文章有整体的把握理解。这靠什么?还是靠大量阅读积累,形成语感。

有些老师可能会问,因为现在强调重视"传统",文言文的"地位"会不会在高考语文改革中飙升?不见得会这样。我觉得现在高考语文的文言文所占分值(除去作文)普遍已经达到40%甚至更多,这个比重不宜再增。道理很明白,现代社会还是用现代语言思考和交流,再说,文言文因为好"拿分",现在中学语文教学的精力一大半都给了文言文了,如果高考的文言文再增分值,就会加剧语文教学厚古薄今的失衡态势。我想高考语文命题是会考虑这一状况的。

六、题型和各类题搭配的改革

现在每年高考全国有十多套试卷,大致就是一种模式,即语文知识运用、古诗文阅读、现代文阅读和作文等几个板块,大约20道左右的题量。因为题型模式单一而且固定,就导致不断强化应试式教学,熟悉答题套路就能得高分,结果难以考出实际水平。改革之后试卷模式应当更多样化,不再年年套路相近。只要符合课标要求,完全可以放手去开发新题型。加强综合也是一种改进,以往同一试卷中几个板块彼此分散隔离,甚至同一个试题中几个小题也缺少联系,以后不妨改为从一个(组)材料中同时引发五六个题,将阅读、写作结合起来,在同一个语境中去解决词语、名句填写、文学常识、内容理解辨析等问题。这也能更好地考查综合能力。

前面我们举了2015年新课标全国2卷关于吃辣椒那道题,属于表达题,考语言文字运用,但同时又是阅读题,考阅读检索能力,靠脑子是否灵活和严密。

改革后的命题应紧密联系学生的日常语文生活,体现语言文字的实际应用,考查学生利用语文解决实际问题的能力。目前课改在强调研究性学习和综合性学习,高考命题也应当向这方面有所靠拢。

再具体一点说,语文基础题还会继续存在,有可能会加强。因为这些年语文教学的知识基础有弱化的表现,小学初中语文知识教学没有系统,随文学习变成随意学习,比如语法修辞知识的掌握,比以往要差一些。考试应当有所纠偏。估计字词语音、词汇搭配、病句修改等类型题目仍然会保留,或者深度加强。除了历来常见的字、词、音、病句挑错等考题之外,有可能增加对语感或者语用是否"得体"的考查。比如,前几年全国卷语言运用方面有一道题5分,是一段通知,说刊物如何开展读者调查。但语言写得很啰唆,主要是"的"字和"地"字的运用,要求删去累赘的词,保留必要的词。比如,"为了感谢广大读者朋友们",其中"们"字要删去;"为了更好地满足大家阅读的要求",这个"的"不能删。类似的题是考语感的,光靠做几套题不行,得多读书。

语感要靠长期阅读训练,考试时仅凭语感去判断只是第一步,接着就要动用语法修辞等基础性知识。比如这样一句,关于词语搭配:"《巴黎圣母院》(不愧/无愧)为运用美丑对照艺术手法的典范。"是"不愧",还是"无愧",第一要靠语感,第二还要靠语法去判断。光靠语法,做这些题目可能时间来不及;但没有语法判断,又不能决定。复习时应当把方法交代清楚,有可操作性。文学作品的赏析题将更加注重考察感悟力,而不只是辨识"情景交融""对比手法"之类。

现在的高考语文阅读部分只注重考阅读理解,题目往往切割得很琐碎,反而忽视了整体把握能力;还有,就是很少关注阅读速度,并不利于考出真正的阅读水平来。高考语文阅读部分应当有新思路,适当增加对整体感受力、理解力的考查,而不只是出技术性的细部分析的小题,最好还能考一考阅读速度。增大阅读材料的长度,可能是办法之一。此外,阅读题中"非连续性文本"肯定会成为"新宠",而且分值不低。

七、高考作文的改革

语文高考作文将更加得到重视,但作文的分值不会大增。因为作文评判有一定的主观性和模糊性,如何尽量限制和克服这一点,也是改革的内容之一。作文评卷的特点决定了不可能做到像数学那样精确,如果作文的分值太大,就增加了不公平的可能性。看来高考作文还是会维持60分的分值。

如满分增加到180分,也有可能采用另外两种办法:

一是设计一道60分的大作文,另加一道15至20分的小作文,或者叫"微写作"。大小作文各有分工。大作文注重综合能力考察,小作文则指向应用或某一方面写作能力,一二百字,比如写一封信、一篇倡议书、一则说明或评点,甚至仿写一段论辩词,等等,可以很灵活,也不必全都设计成应用文。

二是把写作测试某些要素分布到其他题目中。前面提到的去年四川卷的那道"续写"的考题,其实也是小作文。

这几年全国卷的作文题,全都符合价值观的要求,也注意到让考生有话可说,联系社会生活,总的不错。但有的比较拘谨,分寸感不强,容易引起非议。比如今年的课标卷2题,父亲开车打电话,女儿报警,不太符合情理,引发思路的开阔度也不够。另外一些题注意贴近社会现实,但指向性不明确,或者太过明确,容易催生套式作文。比如孩子回乡劳动挑担子出洋相,脱去鞋袜就好了,即作为勇敢、甩掉包袱的表现,教化意味太浓,也难以引发思辨。今年山羊过桥的题目较有思辨性,是好题。我是比较欣赏这几年上海的作文题的。

现在学生的问题是思路狭窄,又因为读书少,视野不宽。如何补救?高一开始注重读书,还要多关心时政。我曾主张学生浏览《新华文摘》,而不是《意林》。

高考作文无论大小,都会有"限定动作",与平时写文章毕竟不同,但又会引导开放思路,发挥个性。两者之间恰当的平衡,体现命题水平,也是一种改革。

还有一种现象也值得探讨,现今的高考语文几乎都是做完全部考题之后,再做作文,往往剩余时间不多,作文只能草草收场,本来最适合考查综合素质的,却变成最难考出水平的。这也是高考作文的一弊。于是有专家主张高考语文分为两段时间,一段是考作文之外其他试题,按规定时间交卷后,开始考作文,这样就保证作文有充裕时间。这种建议有合理性,就看如何操作。这都需要在改革中去探索。

高考评分,其中有基础等级,分为语言和内容两部分,各占 20 分;另有发展等级,包括 4 条,思想与主旨、创新、文采、材料,都是要求新意的,4 条中只要有一条很突出,有新意,就能把分数提上去。比如基础分得了 38 分,提高分得了 18 分,一下子就达到 56 分,算是高分了。要得高分,一定要在提高分的 4 条上下功夫,就要特别注意设计构思,尽量防止人云亦云,防止套作或者被当作套作。

我在不同场合多次批评过的高考作文评分"趋中率"畸高,导致选拔功能大为弱化,并影响到作文教学的"痼疾",也期望能在这次改革中得到医治。

如今中学作文教学可以毫不夸张地说是全线崩溃,全都是瞄准考试的套式训练,几乎人人喊打,又人人参与。预计未来高考作文的命题不会有很多变化,但阅卷评分会更加严格,有区分度。对于套式作文,将加以限制围剿。其实今年就有这样的例子。江苏徐州有个考试辅导机构据说押对了高考作文题,他们辅导的学生早就胸有成竹,准备好一些套式。结果,阅卷时发现有两篇材料被搬用最多。一篇是关于种水仙花的,讲的是要等花慢慢开放,生活也需要静待花开。另一篇是关于妈妈煮粥,一碗清粥用小火慢慢炖,引发生活的智慧。这两篇材料虽然都切合题意,但不少考生整段照抄,得分很低。

未来高考作文的命题者以及阅卷者不会再对套式作文、文艺腔等"残酷的现实"充耳不闻。无论如何,一种改革的共识正在形成,那就是让高考作文回归理性,强化思辨,摒弃宿构、套作、模式化与文艺腔。

当然不能不考虑应对高考,但高考都在改革,高考作文也在改革,我们的作文教学不能不改了。怎样改?我看可以从这里入手,就是要摆脱那种"宿构作文"的教学思路。有些太功利的事情是不能去做的,比如押题。即使教师心里有猜想考试题目的愿望,也不能让学生往这方面准备。何况现在高考和中考作文命题的类型在改变,押题越来越难,即使押对了(这种概率太小),也无济于事。

重要的是回到朴素立场来看待写作教学的功能。教学生学习写作为了什么？不是为了培养文人，不是为了文学创作，是为了基本的文字表达能力，背后，是为了培育思维能力。我在一些场合做过演讲，题目是"阅读养性，写作练脑"。原来写作还有这个功能，应当让学生明白。重视写作学习，不只是对付高考，其实也是一种思维训练，甚至是培养一种生活方式。学习写作既是升学的需要，更是终生需要的一种能力和修养，是有趣的、值得投入的事情。

怎么练脑？一个办法是多写短文，让学生先梳理思路，然后鼓励用自己的语言和方式来表达。不急于想着像不像作文，是否有文采。我现在在大学教本科生甚至博士生，都不断要求他们写300字文。这肯定是个好办法。而且这种训练是能适应今后高考作文改革趋向的。

大家关注一下公务员考试，也是要考写作的，他们叫"申论"，其实就是一种考察思辨能力、表达能力的写作。以后高考作文可能也会出类似"申论"的题目，注重考思辨能力和表达能力。

写作课应当有大致的计划，比如可以按照文体和基本的写作技能（也包括应对高考）来安排，也可以高一放开写，充分抒发个性，让写作练脑，成为有趣好玩的事情；高二收拢一点，按照文体、一般写作技能或者主题来分专题训练，应当特别注重议论文学习，如前面说的，往理性思辨靠拢；高三主要是应考，可以有些技巧，包括如何避免常见的写作弊病。

切忌从高一开始就瞄准高考，只教如何熟悉套路，积累素材。那样会把心态心术口味都给败坏了，贻害无穷。我们当然要考虑高考的应对，但需要有点平衡，不要一头扎进应试。可以给学生说清楚，高考作文无非是敲门砖，与平时学的写作应当是有些区别的。到了高三，学一点应考的技巧路数，包括高考作文如何审题，论说，容易发生什么错误，等等，都是应该的，但不能把这些当作写作学习的全部。尽量不要因为应试而破坏了学生学习的情绪。

作文课和阅读课一样，需要气氛，需要熏陶，需要不断激发学生表达言说的欲望。无论什么教学法，重要的是让学生对写作有兴趣，应当想办法营造一种氛围，引起学生动笔的兴趣，有了兴趣就好办。如果把作文课上成应试技巧课，完全纳入高考或中考准备，那是很难引起兴趣的。如果教师自己都很功利，对写作没兴趣也没感觉，那也不能指望学生对作文有兴趣。比如写作的技能、知识、套路，也就是一些"规矩"，是可以"教"的，但写作水平的整体提升又不能只靠这些。

如果说有作文教学的正路，那就是三句话：读写结合，广泛阅读，适当练写。提升写作能力，最重要的是扩大阅读面，加上适当的思维训练和文字训练。多读比多写能更有效地提高写作能力。

教师一定要给学生改作文，及时提出有针对性和指导性的意见。写作教学的确很多困难，但这毕竟是语文教学的重要方面，不是无所作为的，只要加大投入，细水长流，就一定会有成效。

高考复习当然要有方法。但不能只靠大量做题，做不过来，还加重负担，影响心态。倒是建议多看题，对着答案读。能做对的赶紧过去，答错的就记住。若反复出现类似错漏，就是主攻方向。

对于一般水平的学生，可以让他们大量阅读真题，然后集中做三五套真题，实战训练。这是取得较高分数的办法，是保底略高的。但对于水平较高的学生，除了这样的训练，还应当想办法拓展视野。

高考语文试卷命题改革的几点建议[①]

高考是选拔性考试,有人上,有人下,应当拉大分数的距离,难度系数也要相对提高。

高考改革最终出路是什么?是"招考分离",用多元录取的改革取代现有"独木桥式"的高考录取办法,倒逼基础教育乃至整个教育制度的改革,解决多年来始终缠绕不清的诸多教育难题。

这个思路在学术界其实已经大致形成共识。2010年国务院颁布《国家中长期教育改革和发展规划纲要(2010—2020年)》,其中就有一个改革的路线图:"探索招生与考试相对分离的办法,政府宏观管理,专业机构组织实施,学校依法自主招生,学生多次选择,逐步形成分类考试、综合评价、多元录取的考试招生制度。"

但是这个改革设计一拖再拖,拖到2014年9月,风向又变了。国务院颁布《关于深化考试招生制度改革的实施意见》(以下简称《实施意见》),和2010年的路线图比较,打了很大的折扣,基本上不再提"招考分离",而只是对高考科目做些调整。改革的重点从"招考分离"转向了教育公平,把"促进公平公正作为改革的基本价值取向"。比如提到"增加农村学生上重点高校人数",强调将继续实施国家农村贫困地区定向招生专项计划,等等。

随后,做些权宜的改革,先让浙江和上海试验,今年又把几个省市列入试验范围,即所谓"3+3"的改革。只是一

[①] 本文系2017年11月25日笔者在北京大学举办的"恢复高考40周年纪念及研讨会"上的发言提纲。

些政策性调整,几乎很少制度性的触动。高考招生改革方面曾经响起隆隆的雷声,后来好像只下了几滴雨。

为什么会有这样的"回撤"? 我理解是,在《实施意见》通过审查的最后一刻,强调从当前大局出发,要强化和突出教育公平,而原先设计的以"招考分离"为主轴的改革内容,和这一指示可能一时难以弥合,只好将其淡化。

强调教育公平有没有道理? 当然有道理,主要是现实考虑。这些年改革碰到前所未有的阻力,社会矛盾突出,"维稳"成了重中之重。从大局出发,肯定要首先考虑这种情势,尽可能消弭尖锐的社会矛盾。中央看重教育公平,首先考虑保障公平,是从大局考虑,也符合当前大多数学生和家长特别是教育相对落后地区的诉求。

我现在只好这样理解:改革成本太大,有时也必须有点妥协,即所谓博弈。这可能是"治标",但也只好先"治标",以换取"治本"的条件了。我们常感叹中国的制度改革滞后,往往都是广泛征求意见,最终还是主管部门说了算,从上到下的决策难免慢几拍,这大概也是国情吧。

现在实施的局部改革,措施是比较粗的,可行性仍然值得担忧。需要一边改,一边调整、完善。我这里从补台的角度,提出几点意见,供参考。

一、以"招考分离"为主轴的改革设计,和目前解决教育公平并不完全是矛盾的。决策部门应当从长计议,做好短期政策调整和长期制度性改革两者的平衡互补。还是要有相对明确的改革时间表。原定到 2020 年基本建立中国特色的招生考试制度,现在要延迟到什么时候? 那么这些年除了兼顾教育公平,还能做什么? 在制度建设上还能走多远? 总要有个通盘考虑。当下可以侧重实施教育公平的相关措施,但同时要继续稳步推进"招考分离"为主轴的制度性改革。关键在哪里? 在大胆放权。要真心实意支持先行试验,也可以指定某些代表性大学做招生改革试验。就如同搞经济特区,给足政策,容许和鼓励大胆试验,而不只是依照《实施意见》亦步亦趋做图解。

二、这两三年试验区的改革设计,还比较含糊,需要尽快明晰定夺,否则会给一线教学造成混乱。比如,高中学业水平考试如何计入高考总分? 学业水平考试,属于达标性等级考试,和作为竞争性选拔性考试的语、数、外统一高考,其考试性质和评分办法都不一样。即使在学考"必考题"基础上增加"加试题",也不会改变其达标性等级考试的性质。这种等级考试的评分怎么列入高考总分? 浙江提出把自选 3 科的等级考试成绩再加细化,按百分制计分,最低 40 分,从 41 至 100 分分成 21 个等级赋分,每个等级差 3 分。这设计可谓用心良苦,但具体到考生个体,每等 3 分的分差,其影响也远大于高考三科的分差,还是意味着不合理。况且 7 门自选科目的难易程度也不一样,怎么去平衡? 这些都是模糊点,需要认真研究看怎么解决。

三、原先提出高考只考语文、数学,语文分值增加,外语不列入高考,作为社会化等级考试,是有现实考虑的。谁都不能否认,母语比外语更具有基础性,也更重要。事实上因为语文教育内容包含面更广,更需要长期积累,也就难以速成,在高考中不好"拿分",结果在应试教育大环境中导致语文教学日益被边缘化。这是非常严峻的现实。所以增加语文分值,也是必要的举措。但这个措施在征求意见阶段就遭遇某些人的激烈反弹,结果《实施意见》只好按兵不动,息事宁人,按老办法行事。我觉得如果真有改革的愿望,还可以试验一下原来提出的语文、数学和外语高考的处理原则,即语文增加分值,外语减少分值。需要说明的是,外语很重要,不用强调都会重视。外语实施社会化等级考试,一年考2次,高考列入总分,能说不重视? 比以前更重视了。而语文需要长期积累,在高考时不好"拿分",现在很多中学其实都是要语文给其他科"让路"的。如果按照目前试验省区的办法去做,我估计肯定会进一步"挤压"语文,语文的被边缘化会进一步加剧。

教育问题是社会问题,牵涉面很广,动辄得咎。但不动不改就没有出路。光是抱怨不能解决问题,逢官必反也无济于事。在充满戾气的环境中做事的确很难,需要定力。但总还希望会有一部分有责任心的明白人去认真调查研究,排除干扰,梳理问题,在艰难反复的博弈中,尽可能帮助和促成改革的推进。

下面,着重讲讲高考语文试卷命题改革的7点建议。

有些建议这几年我一直在提,这几年命题也在改革。这是令人感到欣慰的。今后往哪些方面改?

一、命题应当更加注重运用教育测量理论和命题技术。命题将从过多依赖经验,转向适当运用先进的测量理论和命题技术。比如,如何提高语文高考的信度和效度,命题如何设定适当的区分度和难度系数,怎样的题更能考察学生的素质和能力,各种题型如何搭配,等等,都应当有更科学、更具可操作性的设定。

二、题量要增大。从这几年全国卷和一些省市卷改革情况看,题量在逐年增加。选拔性考试,有人上,有人下,应当拉大分数的距离,难度系数也要相对提高。美国考试学研究的学者认为,试卷长度也是难度。多长为宜? 能让75%的考生做完就比较合适。就是说,正常的试卷有25%的考生做不完,是合理的。而我国的高考命题特别是语文的阅读题,绝大多数考生都能做完,分数差距也就很小。于是这几年我主张尽量扩大阅读题的题量,有15%左右的考生做不完,也不要紧。题量肯定要增加,难度系数要适当提高。

三、命题所依赖的材料范围要拓展。比如2015年全国卷的现代文阅读材料,是关于宋代货币制度的。另一份卷子是考一篇关于接受美学的论文节选。2016年全国卷,甲卷是一篇文学的研究性论文,讨论小说与传统故事的关系、虚构等问题;乙卷是一篇关于殷墟甲骨文研究的史学论文;丙卷是关于历史中的文学与文学中的历史的讨论文章。而2015年北京卷,现代文阅读是关于汉字照排技术,还涉及古代的印刷术,以及中外科技史,共有三份材料。这些论文,显然也是平时语文教学接触不到的。

一般中学生并不熟悉这种学术论文的表述方式。但高考语文试卷就用了这些素材,命题材料的范围大大拓展,除了文学,还有哲学、历史、科技、社会、经济、时政等。命题材料的拓展,其范围远远超越平时上课和复习的涉及面,这将有助于推动教学往拓展阅读的方向去改进。让课堂教学多往课外阅读延伸,多鼓励广泛读书,多关注社会,不能处处扣着考试只读那么一个小的范围。

四、要更加注重考检索阅读能力。我们习惯的语文教学,是非常看重把握课文的思想内容和写作手法的分析,里边也有检索,只是不那么自觉,往往还停留于语言表达的层面,未能上升为一种思维的能力。为什么要重视检索能力训练?信息社会,信息爆炸,人们每天需要排除许多信息干扰,才能保持正常心态和正常生活。这个排除和选择,其实也就是检索。这些年高考语文在强化检索能力的考察,这是符合时代发展需要的。

五、要重视考逻辑思辨能力。阅读能力包括逻辑思辨与分析,这是语文教学的弱项。我曾呼吁,语文高考要适当往理性靠拢。我们终于看到了这方面的一些改进。比如采用了"非连续文本"和群文阅读,给一组材料,观点并不连贯,甚至彼此相左,让考生去辨识、归纳和发挥。这有点类似于考公务员的"申论",看重的是思辨能力。其实美国的SAT考试也是这个思路。以往大都是考单篇文的阅读,现在可能考群文阅读。

六、要考查读书的情况,包括课外阅读、经典阅读、阅读面与阅读品味。

这两年很多试卷都出了背诵填补经典名句名段的试题,我认为都是应当鼓励的。2015年北京市高考题之"微写作",10分。题目是从《三国演义》《巴黎圣母院》《四世同堂》和《平凡的世界》中选某一部某个章节或片段,提供课堂讨论,用一句话表述推荐内容,并简要陈述理由。

这样的题很活,但完成这样的题,必须读过原著。这有现实针对性。现在的语文课只注重精读精讲,注重做题,读书很少,学生学过语文却不怎么喜欢读书,这样的语文课是失败的,语文素养更无从谈起。读书状况其实最能体现语文素养,高考语文理所当然要重视。

七、高考作文要围剿"套作"。一种改革的共识正在形成,那就是让高考作文回归理性,强化思辨,摒弃宿构、套作、模式化与文艺腔,围剿套题。如今中学作文教学可以毫不夸张地说是全线崩溃,全都是瞄准考试的套式训练,几乎人人喊打,又人人参与。预计未来高考作文的命题不会有很多变化,但阅卷评分会更加严格,有区分度。对于套式作文,将加以限制围剿。

我在不同场合多次批评过的高考作文评分"趋中率"畸高,导致选拔功能大为弱化,并影响到作文教学的"痼疾",也期望能在这次改革中得到医治。

高中作文教学为何"全线崩溃"?
——《光明日报》专访

> 因为作文教学不到位,学生普遍的写作水平下降。显著的表现就是"套式化"和"文艺腔",缺乏创意。

近日,一场以"唤醒语文的耳朵""破门越界——打开语文新空间"为主题的高峰论坛在北京大学举行。与会专家针对"新媒体时代的青春写作""中学语文教学改革""今天如何写作文"等热点问题发表了各自观点。北京大学语文教育研究所所长温儒敏教授的发言引起了大家的关注,他认为,培养语文素养和"拿高分"并不冲突。学生有他们自己的"语文生活"和"语文圈子",这个圈子通常由"课外书""网络"等与学习无关的事情组成,但往往这些才是让语文能力成长、滋生创意的重要土壤。会后,记者就语文写作问题采访了温教授。

作文教学如何摆脱重重"套路"

记者:当下的中学作文教学中,往往教学生模拟抄写,用记套路、背范文的方法来对付高考。请问对此现象,您是怎么看的?

温儒敏:毫不夸张地讲,现在很多学校的高中作文教学是"全线崩溃",语文课特别是写作课的学习几乎完全指向高考。尽管这些年的高考语文试卷体制也有许多改进,越来越重视考试能力,但毕竟是考试,竞争激烈,在一线教

---

① 本文系专访,发表于2016年12月5日《光明日报》,记者朱蒂尼。

学中,往往考什么就学什么,教学内容沦为应试技巧,谁背得多、套路运用得熟,就容易得高分。教师功利地教,学生就只能功利地学。我特别要指出,这跟高考作文评分的"趋中率"畸高也大有关系。作文评分一般分4等,据某省高考语文阅卷的调查,近四五年来,二等作文普遍占75%—80%,一等只占8%—10%,满分作文凤毛麟角。其他省区市情况也大致如此。这就给一线教学以错误的信号:语文特别是作文的学习,再用功也很难考高分,不怎么学也不至于落入三四等。这种畸形的考分等级分布,在其他学科很少见,对考生也很不公平,对中学语文教学更是造成了非常消极的影响。有些中学干脆让"不拿分"的语文给其他学科"让路",语文学科正在日趋边缘化。为什么语文教学特别是作文教学质量总是难以提高?这恐怕也是主要原因之一。

记者:据了解现在的中学语文教学越来越不重视文学和审美的教育,作文课也几乎全是写议论文,很少写记叙文、抒情文。为什么会有这种偏向?

温儒敏:你说的情况是存在的。我曾在一个会上发言说,语文考纲调整,将有积极的导向性,发挥高考"指挥棒"正面的"指挥"作用,有针对性地解决语文教学实践中普遍存在的某些问题。这其中就包括教学中轻视文学审美教育的偏颇。比如,以往试卷现代文阅读部分有"文学类文本阅读"和"实用类文本阅读"两个模块,要求考生二选一。由于"文学类文本"阅读能力更需要长期的熏陶与积累,很难"速成",因此,历年高考选"文学类文本"的考生很少,许多学校也都不重视"文学类文本"的教学,甚至基本放弃这方面的学习。而从人才培养的语文综合素质要求看,不光要有语言运用能力,以及与此相关的信息筛选的能力、分析问题解决问题的能力,也要有审美鉴赏的能力。无论从考试的角度还是从学生整体素质培养的角度,都必须重视文学和审美教育。

作文写出"创意"有多难

记者:就青少年写作的内容和形式来看,您觉得最缺少的是什么?还有,您怎么看待"创意写作"?

温儒敏:因为作文教学不到位,学生普遍的写作水平下降。显著的表现就是"套式化"和"文艺腔",缺乏创意。前不久我参加了2017年第四届"北大培文杯"创意写作大赛的启动仪式及高峰论坛,看到了曹文轩主编的优秀作品集《倾听未来的声音》第3季,发现其中有很多极具创意的作品。许多青少年并非不会写、没创意,而是我们的语文教学限制和妨碍了他们的创意,而且他们也缺少放飞自己的创意和灵感的机会。现在有了"北大培文杯"这个创意写作比赛,起码可以提供一个平台,另外也可以刺激和活化那种僵硬的写作教学。创意写作只是写作的一种形式,不可能完全取代作文教学,高考作文会受到考试的限制,和平时的写作还是有些区别的,但创意写作的一些理念可以渗透到当下的作文教学中去,让学生放开来写,摆脱"套式作文"的束缚,告别空洞无物的"文艺腔",写出富于青春气息的真情实感的文章。我希望创意写作大赛能真正打开"语文新空间",唤醒青少年写作的兴趣与创意,唤醒语文的耳朵。

记者:您认为学生作文要写出创意,老师们应该如何指导?

温儒敏:"读书养性,写作练脑",写作训练背后其实是思维训练,写作能力好,必定要脑筋清楚,思维活跃。那么想让作文有创意,除了解开束缚,关键还要多读书,多观察,多思考。我最近写了篇文章,提到培养读书的兴趣是语文教学的"牛鼻子",其实也是作文教学的"牛鼻子"。一定要引导学生多多读书,适当练写,把读和写结合起来。现在的学生读书太少,语文课无论怎么折腾也都是难以奏效的。更令人担忧的是,如今读书风气冷淡,很多语文老师也不怎么读书了。再加上网络多媒体很方便,备课无非是东拼西凑,那就更不用读书了。这个问题非常严重。所以我建议语文教学不要滥用多媒体,语文老师还是要静下心来多读书,当"读书种子"。没有这一条,语文课作文课的水平提升就只是空话。

在高考考试大纲公布宣讲会的发言[①]

> 如果高考能适当增加考阅读速度和阅读量,就能促进多读书,改进语文教学。

2017年的语文考纲做了一些调整,这些调整是切实可行的、科学的,将有利于提升高考语文试卷命制的质量,更好地满足高校人才选拔的要求;同时也有导向性,将发挥高考"指挥棒"正面的"指挥"作用,有针对性地解决语文教学实践中普遍存在的某些问题。比如,以往试卷现代文阅读部分有"文学类文本阅读"和"实用类文本阅读"两个模块,要求考生二选一。由于"文学类文本"阅读能力更需要长期的熏陶与积累,很难"速成",因此历年高考选"文学类文本"的考生很少,许多学校也都不重视"文学类文本"的教学,甚至基本放弃这方面的学习。而从人才培养的语文综合素质要求看,不光要有语言运用能力,以及与此相关的信息筛选的能力、分析问题解决问题能力,也要有审美鉴赏的能力。所以文学审美教育是语文不可或缺的内容。这次考纲修订把两类文本的二选一,改为都是必考,我看意义重大,不但能对考生素质做更全面的考察,也将对一线教学中存在的轻视文学审美教育的倾向起到纠偏作用。

再如,在"古诗文阅读"部分增加"了解并掌握常见的古代文化常识"的考查内容,我看也是必要的,这将促进语文教学更加注重优秀传统文化的学习。但古代文化常识

---

① 本文根据2016年10月14日笔者在全国高考大纲宣讲会上的发言整理。

的考察如何结合作品的阅读去命题,而不是简单的考名词概念的记忆,也是一个难点。

另外,我是赞成要加大考阅读速度和阅读量的。为何语文教学效果不好?原因之一就是拘泥于精讲讲读和反复操练,结果会考试了,却未见得培养起读书兴趣和习惯。

读书太少始终是语文教学的一大弊病。如果高考能适当增加考阅读速度和阅读量,我看就能促进多读书,改进语文教学。何况阅读速度和阅读量也是衡量语文能力的重要指标。

高考作文不宜导向写"小社论"[①]

高考作文要有正确的思想导向,但通过作文来考"三观",恐怕很难。能考的,主要是思维和表达的能力。

每年高考作文试题都是举国关注,往往成为社会议论的热点。所以领导很重视,层层把关。可以想象,高考作文命题者压力很大,是挺难的。这几年高考作文题命题有一个突出变化,就是立德树人,作文题要求引导学生关注社会,树立正确的"三观"。我看今年的几套作文题,特别是全国卷和京津的题,都在往这方面努力,做得也不错。去年有些作文题虽然紧扣时政,聚焦大事,政治性很强,但多属于"宏大叙事",让十七八岁的孩子来议论,容易空乏,人云亦云,堆砌一些流行的说法和事例,结果很多都写成"小社论",彼此雷同。阅卷评分难拉开区分度,60 分的作文大部分都能得个 40 多分,作文也就可能失去选拔的功能。

今年的题同样是扣紧立德树人,但比较注意贴近学生的生活实际和认知特点,让学生有所选择,"有话可说"。这是进步。还有一点改进,就是通过所给的材料或者引导语,尽可能营造某种"情境",引导学生进入状态,发挥想象。这都是好的。但也有些不足。不妨一一点评。

全国 1 卷列出现实中一些对于劳动不理解不重视的言论,要求写一篇"热爱劳动"的演讲稿。今年中央提出要

[①] 本文系 2019 年高考过后笔者应一家大报邀请而写,未能全文发表。后发在笔者的新浪博客上(2019 年 6 月 9 日)。

增设劳动课,社会上也在宣传"大国工匠",劳动的话题很热。这道题估计很多老师都"押"中了。但越是很多人有准备,要写好,要出彩,就更难了。估计不少考生会针对所列举的几种轻视劳动的错误观点一一批驳,然后讲一通劳动如何重要。这就容易流于一般。最好能扣住"从我做起",以及如何"从我做起"去展开论说,可以结合一些亲身经历的事情来写,在叙写中讲明道理。还有,写的必须是演讲稿,要考虑拟想听众接受的情况,语词运用、口气和一般议论文是不一样的。如果写成一般议论文,会扣分。

全国2卷材料中举出"五四"集会、开国大典游行、恢复高考后新生开学典礼、纪念"五四"100周年大会、2049年国庆等多个"场景",要求选择其一,想象自己是"当事人",写演讲稿、信或观后感。这道题选择性比较强,但无论选择写什么,中心都必须扣紧"爱国"。估计很多同学都会选择"五四"100周年纪念大会来写。因为写这个题的人多,容易"撞衫";或者只是罗列一些豪言壮语,也难免空洞。最好能从"观后"某一点感受出发,联系"五四"精神失落的某些现象,并结合自己的理解和体会来写,比较集中,也能显示出自己的思考特点。也会有同学选择其他几种历史场景来写,那就必须贴近背景,有历史感,契合身份。比如写"五四"集会上的演讲稿,总得联系当时具体的历史境遇和氛围,要调动学历史课或者读小说积累的感觉,难度是比较大的。估计选择这几个题的同学少一些,但反而容易出彩。

全国3卷是一幅漫画《毕业前最后一节课》,要求依照其寓意和内容来写作。其中老师说"你们再看看书,我再看看你们",相信很多同学都会感动,都有话可说。这样的命题一般不会"跑题"。如果能抓住自己学习生活中师生关系的一两个感人的细节来展开,叙事与议论又结合紧密,那就好了。

北京卷是二选一。其一是以"文明的韧劲"为题写议论文。题目很大,容易蹈空。最忌讳面面俱到,说一些人所共知的道理,还不如抓住某一点,比如中国历史变迁中的文化现象、精神品格等,加以分析评判。可以从正面褒扬,也可以评价分析,重要的是问题集中,有自己的思考。对中学生来说,这个题难度比较大。估计会有考生从中国文化"韧劲"谈到当前中美贸易战,也是不错的发挥。

第二道题是要求赋予2019年某种色彩,写一篇记叙文。我首先肯定这道题要求写记叙文,很好。多年来高考作文命题已经久不见记叙文。现如今很多高中基本上都在训练"小社论",很少写记叙文。其实记叙文对于语言训练是很重要的,议论文代替不了。希望以后高考还是要给记叙文一席之地。就北京这个作文题而言,我觉得出得并不是很好。2019年才过去一半,怎么就要求"赋予"这一年某种色彩?再说,材料中列举"五四"100年和建国70年两件事,绝大多数学生都可能会赋予这一年红色,那就容易陷于套式作文。

天津卷引用方志敏、陶行知、黄大年每人一句有关爱国的话,要求结合自己的思考与感悟撰文。这个命题的规定性是明确的，难点在于要择其一点，结合感悟来展开。题目比较平，虽然规定不得套作，但估计套作还是不少的。

上海卷这几年的作文题都很好，我很欣赏。好在不追风，别出机杼，格外注重考思维能力和品质。今年的题又是带哲理性的，根本不可能套作。材料指听了不同风格的异域音调后，对"中国味"更有感受了。其实是可以多方面展开来写的，比如如何对待文化多样性，如何认识事物，民族性与国际化的关系，等等，都可以展现思考力。这样的题，虽然不是紧贴时政热点，其实也是朝向立德树人的。

江苏卷列出这样一段话："物各有性，水至淡，盐得味……五味调和，共存共生，百味纷呈。"要求自拟题写作。这道题和上海的题类似，都往理性靠拢，注重考思维能力。江苏以前的考题比较注重传统和文艺，今年亦然。但今年这道题出得比往年好。

浙江卷用作家写作心里有读者，还是不为读者所左右为话题，要求考生论述自己的"生活"如同"作品"，应当如何对待"读者"。题目很有意思，但估计很多同学都会主张不要太考虑别人的眼色，自己好好生活就是。其实兼顾一点，也未尝不是一个好的构思。缺点是这样命题可以展开的幅度不大，评分的区分度也可能拉不开。

高考作文要有正确的思想导向，但通过作文来考一个学生的"思想品质"如何，"三观"怎样，恐怕很难。能考的，主要是思维和表达的能力。通俗点说，是看其脑子清楚不清楚。所以作文题只要符合立德树人的大方向，应当多在如何考察思维能力、品质，以及语言运用能力等方面下功夫。还有，就是要倡导实事求是、平易近人的文风。

语文课重点学的是书面语[①]

语文教学主要学书面语,这是书面语的功能和社会需求所决定的。

这好像是无须论证的,但事实上,在一线教学中可能不同程度又被忽略,所以需要再辨明一下。

这些年来课程改革,增加了大量口语练习,这当然有必要,但是口语练习和书面语练习有什么关系?恐怕需要好好探讨。

人们容易产生一种误解,就是如同胡适"五四"时期所说的,话怎么说,就怎么写。事实上,这又是不可行的。社会语言交流,总有不同层次的区分,所谓庄重的书面语、比较灵活随意的口语,还有俗话俚语、隐语,现在还有网络用语,等等,都是现代汉语,但又各有不同,功能不同,适合使用的场合也不同。民国时期语文曾经叫过"国语",后来又叫"国文"。为何改叫"国文"?就是强调学书面语。这是对路的。书面语应当是现代汉语各个层级语言中最高端的、公认度也最高的语言,自然有它的特别的功能,是其他层级语言所不能取代的。比如公文、学术论文、正式的合同条文,等等,都要使用书面语。

语文教学主要学书面语,这是书面语的功能和社会需求所决定的,应当没有争议,只是我们当老师的,要有这方面的自觉。

课改以来,把口语学习带入语文课程,是有其必要的。

[①] 本文根据2018年4月20日笔者在北京市语文教学大会上的讲话节录整理。

尤其是小学低年级阶段,口语和书面语的学习应当结合得更加紧密。但到了初中、高中,口语学习就要有量的控制,不宜过多。其实,口语学习的机会还是很多的,比如课堂讨论、演讲,有一部分就属于口语学习。

对于书面语学习和口语学习的不同方式,我们还缺乏研究,在教学中容易混淆,甚至让口语教学过多地冲击(而不是结合和辅佐)书面语教学。课改之后课上安排很多项目活动,绝大部分都是以口语学习为主的。书面语教学的意识越来越薄弱,导致写作以及语文教学其他方面的要求也日趋薄弱。新教材也没有很好地解决这个问题,希望老师们使用新教材时能关注这个问题。

核心素养、任务群与建构主义[①]

不要全盘否定以往语文教学的经验,也不要指望把新的办法定于一尊,那是不可能的,甚至会适得其反。

我想借这个机会,和老师们一起讨论一下高中语文课程改革所面临的一些问题。有些想法不一定对,大家不要把我说的看作权威的观点,其实也就是很多观点中的一种吧。

一、如何理解新课标提出的"语文核心素养"

2017年年底公布的普通高中语文课程标准,对今后的高中语文教学可能会有很大的影响。这几年我主持编写高中语文统编教材,对新课标也有一个学习领会的过程,甚至有过争论,有过不同观点,当然最后还是磨合,在教材编写中寻找落实课标的比较适当的方式。这里不妨和老师们一起探讨学习,看看在一线教学中如何贯彻新课标,搞好语文教学。

新课标最引人注目的,是"语文核心素养"的概念。以往也有类似的概念,如"语文素养",就用得比较普遍。若问"语文素养"包含哪些基本内涵,大概就会说是听说读写能力,或者加上文化、文学的修养,等等,但并没有明确的界定。而新课标提出"语文核心素养",让语文学科的定位清晰了,可以说"终结"了长期以来关于"语文是什么""语文要教什么学什么",还有"人文性和工具性哪个更基本"

[①] 本文根据2018年5月至2019年10月笔者在几次会议上的发言整理。

等问题的争论。课标中有一句话叫"凝练了学科核心素养","凝练"这个词用得好,"语文核心素养"的"凝练"表述,把以往许多夹缠不清的问题厘清了。

"语文核心素养"包括哪些基本面?教学中要达成"语文核心素养"的目标,主要应当关注哪些要素?这是一线老师最关心的。新课标的解释非常明确,"语文核心素养"主要包括"语言建构与运用""思维发展与提升""审美鉴赏与创造""文化传承与理解"四个方面。也许语文学科的教学还可以达成其他一些目标,你可以说语文素养还有其他什么,但对于基础教育的语文,特别是高中语文来说,这四个方面就是"核心",就是最基本的内容目标。

注意,"核心"所包含的四个方面,并不是平列的,课标解释"语文核心素养"时,把"语言建构与运用"放在最前头,为什么?这是语文学科独有的,具本质意义的。课标的提法是,要求学生在学习语言文字运用的过程中,建构语言运用机制,增进语文学养,努力学会正确、熟练、有效地运用祖国语言文字,当然,也就加深了对祖国语文的理解与热爱。这对于我们一线教学来说,有什么启示呢?就是明确了,语文的本质是让学生学习祖国语言文字运用,就是学"语用",在这个学习的过程中,把其他几方面也带进来。以前没有这个提法,或者没有很明确地这样来提出。我说这是"一带三"。那么一线教学也应当是"一带三",立足于语言文字运用的学习,把其他学习也融汇进来。

"语文核心素养"所包含的第二方面,是"思维发展与提升"。课标强调的是,学生通过学习语言的运用,获得几种思维能力的发展,包括直觉思维、形象思维、逻辑思维、辩证思维和创造思维,另外,还有思维品质的提升,包括思维的深刻性、敏捷性、灵活性、批判性和独创性。以往各种版本的语文课标也都有提到"思维"能力的培养,但当作"语文核心素养"的重要组成部分,放在那么突出的位置,这是第一次。

这又有什么启示?传统语文教学有很多优点,比较讲究涵养,但很少关注思维方式的发展。这是弱项。而现行的语文教育往往陷于应试,处处面向考试,更是不利于思维发展的。新课标如此强调思维发展,还把直觉思维、形象思维、逻辑思维、辩证思维和创造思维等各种思维形式都加以明示,使之成为语文教学的必需部分,对于改变目前语文教学缺少思维训练(尤其是缺少批判性思维和独创性思维)状况,会有一个大的冲击。注意,几种不同的思维形式都提到了。这在教学中是应当考虑的。事实上,这些年来对于思维训练,尤其是逻辑思辨能力的培养,是开始重视了。高考语文命题也在往这方面靠拢。

"语文核心素养"的第三方面,是"审美鉴赏与创造",课标要求通过审美体验、评价等活动形成正确的审美意识、健康向上的审美情趣与鉴赏品位,并在此过程中逐步掌握表现美、创造美的方法。注意,这里应当关注的是"审美情趣"和"鉴赏品位"的提法。我们的语文教学其实已经久违了"情趣",很少顾及和尊重学生个人的"情趣",新课标的提示应当给一线教学提个醒:"健康向上的审美情趣"的培养,也是语文教育题中应有之义。而"鉴赏品位"这个说法的提出,在这个有些物质化的浮躁环境中,是有针对性的。

而第四方面"文化传承与理解"。课标要求的是"学生在语文学习中,继承和弘扬中华优秀传统文化、革命文化、社会主义先进文化,理解与借鉴不同民族和地区的文化,拓展文化视野,增强文化自觉,提升中国特色社会主义文化自信,热爱祖国语言文字,热爱中华文化,防止文化上的民族虚无主义"。这里值得关注的,是理解和尊重文化多样性,关注当代文化,学习剖析文化现象,积极参与先进文化的传播。这样明确的概括和提示,也是第一次。

目前社会上和学校中都在张扬传统文化,但较少顾及让学生理解和尊重文化多样性,也较少要求学生关注和学会分析当代文化现象。而只有把文化的传承与文化的理解这两者结合起来,才是健全的文化态度。课标讲"文化传承与理解",并没有一边倒,其中传递的警示,是值得注意的。对于传统文化,要有分析,然后才谈得上继承和发扬。传统文化有精华,亦有许多糟粕,我们需要的是精华,是优秀的传统文化。在对待传统文化问题上,一定要坚持历史唯物主义和辩证唯物主义的立场、观点和方法,批判和抛弃那些落后腐朽的不适合现代社会发展的部分,挖掘和阐发优秀的部分,处理好继承和创新的关系,重点做好创造性转化和创新性发展。语文课在指向"语文核心素养"时,强调让学生理解和尊重文化多样性,学习对文化现象的剖析,这些要求是有现实意义的。

课标在解释"语文核心素养"四要素之后,有一段解释很重要,那就是"四个方面是一个整体",彼此融合,不能分开。还特别说到语言是"交际工具""思维工具",又是"文化的重要组成部分",因此,"在语文课程中,学生的思维发展与提升、审美鉴赏与创造、文化传承与理解,都是以语言的建构与运用为基础,并在学生个体言语经验发展过程中得以实现的"。这对我们一线教学来讲,也很重要,就是强调语言的发展,是与思维的发展、审美与文化的学习相互依存、相辅相成的。

多年来强调"人文性与工具性"的统一,这提法没有错,但在实际教学中,还是容易把两者分开,或者"一项一项完成",结果容易零敲碎打,或者"贴标签"。而有关"语文核心素养"所包含的四个方面协调发展的提法,也是为了扭转这种偏向。

新课标提出"语文核心素养"这个概念,澄清了长期以来语文学科定性的模糊状况,"终结"了定性问题上的纷争,特别是对语文学科内容目标四个方面的解释,非常精到,有很多"理论生长点",又很有现实针对性,对于一线教学,包括阅读教学,必然会产生积极的影响。

二、任务群和语文"课程结构"的调整

新课标还提出"学习任务群"的概念。这是又一宗旨性的概念。把"学习任务群"确

定为达成"语文核心素养"的主要途径,是顺势推导。这个概念和设想也不是语文课标独创,而是"顶层设计"就提出的,所有学科都要采取"任务群"的教学。

其中部分任务群的内容贯穿必修、选择性必修。这是以往高中课程从来没有过的。这种设计将对高中课程和教学产生极大的影响。能否大面积落实,现在还不好说,还得靠一线师生的实践。我是有些质疑和担心的。因为高中面临高考,这是巨大的现实,课标这些规定如何面对高考,是个问题。但从学科理论看,是一个相当大的推进。

现在高中新的教材也基本上按照课标的要求来编。我提出"守正创新",不能完全推倒重来,与以往的教材教学好的经验、体例还是要有一些衔接。现在高一必修2册,高二选择性必修3册,和以往教材比,变化还是挺大的。一是单元结构的变化。以往主要是文体组织单元,或者人文主题组元,新教材是"任务群"加上立德树人的主题来组织单元。比如说,第一册8个单元,主题涉及青春理想、崇尚劳动、人生感悟、乡土中国、学习之道、感悟自然,等等。这8个单元同时还分别承担几个"学习任务群",包括思辨性阅读、文学阅读、实用性阅读,以及当代文化参与。而语言积累梳理与探究、整本书阅读这2个任务群除了有单独的单元,还渗透到其他各个单元之中。实际上每个单元承担1至3个任务群。

高中课标的这些变化,不只是高中的,它提示一种课改的动向。所以我们应该关注。一个很实际的问题是:以后语文怎么教?

这种任务群学习与过去的教学模式有很大的区别,强调的是不以文本为纲,不求知识的系统与完备,不把训练当作纯技巧进行分解训练。教师是组织者,学生是主体,师生互动。

但是也有很要紧的问题值得探讨。任务群提倡任务驱动下的多文本学习,以及任务驱动下的学习活动,把这两点作为以后语文教学的主要方式。这还需要试验,看看效果如何,会出现什么问题。起码有好处,就是有利于学习目标和内容集中、明确,克服语文教学的随意性,同时有利于发挥学生学习的主动性。有任务嘛,教学目标就清晰了。

我强调还需要试验,是因为有3个担心,那么就要有3个"防止走偏":

1."学习任务群"是教学要完成的主要任务,让教学目标更加明晰,克服随意性,同时让学生带着"任务"去主动学习。但要防止把任务群教学理解为就等于任务驱动,甚至将任务驱动作为语文教学的唯一方式,一边倒。"任务"应当是属于语文的任务,而不是脱离了语文的其他"活动"。教材中每个单元都有"学习任务",都和单元课文密切相关。教学中可以参考这些"单元学习任务",也可以提前布置给学生。但要注意,不要局限于在任务的指使下去阅读,因为那样反而可能会让学生被动,降低他们阅读和学习的兴趣,适得其反;学生在阅读学习过程中,会时常想到预设的那个任务,所关心的是如何完成任务,是阅读材料中哪些部分可以用于完成任务,他们思考的问题就会限定在预设的任务范围内,而不是在阅读中自然地形成的。所谓个性化阅读、探究性阅读,很可能就会受到预设的任务的限制或者牵引。这很可能还会导致为完成任务而阅读的实用主义,自由的、开放的、创造性的阅读也就可能沦为功利性的阅读。就像我们现在很多学者被科研项目所捆绑,为了完成项目而进行研究,结果陷入项目化的状态一样。所以任务驱动的那个"任务",恐怕不能预设太细,要考虑留给学生的空间大一些。

2. 新教材关于"课"的设计,和以前有所不同,采取的是"群文教学"为主。这可以抑制以往一课一课精读精讲、容易碎片化的弊病,但也要防止沦为浅阅读。因为都放手让学生自己去读,而且是在有限的时间里的群文阅读,肯定不可能很细致,甚至容易囫囵吞枣。在实施多文本阅读的时候,把握好精读与略读的结合,防止浅阅读,是非常有必要的。改进的办法就是,还是要把群文阅读的课文或者材料分为精读与略读,要有精读的要求。

3. 任务驱动下的学习活动,不要包揽整个教学过程。有些文类的阅读,比如实用类阅读、思辨类阅读,可以活动多一点,但文学类阅读,活动少一点,还是让学生静下心来读,是自主性的阅读,而不是动不动就讨论,就搞各种活动。我们的语文课本来就很热闹,很浮躁,缺少沉浸式的阅读,缺少真正个性化的自由的阅读,如果老是任务驱动,老是组织各种活动,那也是不利于语文素养的提升的。

过犹不及,欲速则不达,新课标提出的语文核心素养的理念很好,任务群的主张也有新意义,但不要全盘否定以往语文教学的经验,也不要指望把新的办法定于一尊,那是不可能的,甚至会适得其反。在新课标刚提出之时,我说说自己的担心,也是一种提醒吧。我们可以做一些调和,吸收新课标关于任务驱动的理念,在某些教学环节可以多使用这个办法。但不一定全部都改为任务驱动,还是要实事求是,根据教学的内容需要,还要根据学情来决定如何实施。

三、如何看待建构主义

这里专门要说说"建构主义"的问题,因为这个教育思想最近十多年来几乎成为课改的基本指导思想。新的高中语文课标,也多次使用"建构"这个词。课标的提法是,要求学生在学习语言文字运用的过程中,建构语言运用机制,增进语文学养,努力学会正确、熟练、有效地运用祖国语言文字。在以往的教学大纲或者各种版本课标的相关表述中,一般也就使用"语言的运用",似乎极少使用"建构"这种说法。那么新课标为何采用了"建构"来说明"语文核心素养"这个概念呢?

与此同时,还有"情景化教学",也和"建构主义"一样,成为主流的教学理念。

这个词是从哪里来的?来源于"建构主义"的说法。心理学和语言学的"建构主义",代表人物是瑞士的皮亚杰(J. Piaget)。这个流派认为学习过程是学习者基于原有的知识经验的生成意义、建构理解的过程,而这一过程常常是在社会文化互动中完成的。这种教育思想显然有别于传统的教学观念。20世纪90年代以来,"建构主义"在我国教育界有很大影响,几乎成为主流的教育理论,并在课程改革中发挥了作用。如课改强调以学生为中心,强调"情境"对意义建构的作用,强调利用各种信息资源来支持学习,强调"协作学习",重视学习过程中学习者的主体性和知识的建构性,其背后就有一种新的教育理念支持,即"建构主义"的理论。也许有些老师并不知道这其中有"建构主义"的影响,但他们赶上课改的潮流,推进教学改革,也起码是"暗合""建构主义"观念的。现在新课标在多处明确地采用"建构"一词,事实上是为十多年来一直助力于课改的"建构主义"教育思潮"正名"。

"建构主义"认为,知识的获得主要不能靠教师传授,而要学习者在一定的情境即社会文化背景下,借助其他人(包括教师和学习伙伴)的帮助,利用必要的学习资料,通过意义建构的方式而获得。课标也多处强调"情景"对于学习的重要性,强调语文课用"任务群"的办法,取代过去单篇课文讲授为主的教学模式,围绕一个个人文主题来组织学习资源,设计学习任务,让学生通过阅读与鉴赏、表达与交流、梳理与探究的自主活动,自己去体验环境,完成任务,发展个性,增长思维能力。

在"课程结构"中,新课标提倡的是"以自主、合作、探究性学习为主要学习方式";建议追求语言、知识、技能和思想情感、文化修养等多方面、多层次目标发展的综合效应,而不是学科知识逐"点"解析、学科技能逐项训练。在每一任务群的"教学提示"中,几乎都主张以参与性、体验性、探究性的语文学习活动为主,增强课程内容与学生成长的联系。比如"当代文化参与"任务群,就建议引导学生创建各类社团,开展各类学习活动,如读书交流、习作分享、论辩演说、诗歌朗诵、戏剧表演等。"整本书阅读"任务群,则建议以课内外自主阅读为主,辅以交流讨论,不以教师的讲解代替或限制学生的阅读与思考。几乎所有的教学活动,都在围绕学生"核心素养"的自主建构。

这些观点有现实的针对性,有利于扭转当今僵化的应试教育模式。但是,任何理论都有它形成的背景,所谓"谱系",而且理论往往也是有其适用面的,超出这个范围,可能就不灵了。

建构主义的主要理论根据是语言学和心理学,而且是儿童语言学和儿童心理学。因而建构主义比较适用于小学的语文教学。但到了高中,就不见得适合全般推广。或者说,推广要有范围和指向。

比如刚才讲到的任务驱动项目化学习,情景化学习,"以语文实践活动为主线",要搞很多活动来取代讲授,等等,这些我认为都只是实施的方法,可以建议,但不宜规定。建构主义有些主张可能适合语文教学的一部分,但不是全部。建构主义是基于语言学和心理学的研究,发现儿童的语言学习的确有自我建构的过程,这是有道理的,值得小学语文重视。但这个语言学习的自我建构,不等于语文学习全都得照此办理。特别是高中,没有必要所有的知识全都靠学生自我建构。很多语文知识,主要应当通过老师的讲授让学生掌握,没有必要全都交给"活动"。"活动"其实很费时间,往往还会低效。

再说"情景化教学",也要实事求是。小学语言教学可以多用一点,初中慢慢减少,高中没有必要搞很多情景化教学。有些高中老师备课,在如何制作多媒体、如何营造课堂气氛上下了很多功夫,都高中生了,有这个必要吗?

我的意思是,建构主义所主张的知识在活动和交往中去自我建构,小学可以多用一点,高中是否要多用,还得看教学内容和学情的需要。

语文学科和其他学科不同,实践性很强,你很难指出一条速效的办法去提高语文素养。前面提到新课标一些新理念,都很好,但说来说去,需要回到这个朴素的道理,就是多读书。读书的过程,读书的积累,读书兴趣和习惯的养成,本身就是语文。读书兴趣和习惯的培养,以及读书方法的掌握,远比现在这种面向考试、精读精讲、反复操练的做法要高明,也更加重要。

"整本书阅读"功夫在课外[①]

> "整本书阅读"要列入教学计划,但这是很特别的课型,主要是课外阅读,学生自主性阅读。

我很想参加你们这个有意思的会,可惜最近忙于高中语文教材编写,苦不堪言,也难以安排时间去外地,只好写几句话表表支持的心意。

我认为提倡整本书阅读,是因为现在的学生读书少,特别是很少读完整的书,而网上阅读也多是碎片化的,微信等自媒体阅读更是火上添油,弄得大家焦躁得很,学生静不下心来读书。要求"整本书阅读",我看首先就是"养性",涵养性情,让学生静下心来读书,感受读书之美,养成好读书的习惯。这可能是最重要的。

初中语文统编教材中安排有名著导读,其实就是"整本书阅读"。高中语文也会有安排,高一2个学期,每学期读2本。高二选修还会有这方面考虑。"整本书阅读"要列入教学计划,但这是很特别的课型,特别在于课内讲得少,主要是课外阅读,是学生自主性阅读。

我不太主张名著阅读("整本书阅读")课程化。当然课内可以安排一些内容,如初中的做法就是简要介绍某一种书的基本情况,激发读的兴趣,重点放在提示读这一类书的基本方法。比如介绍《西游记》,除了讲一点关于《西游记》的基本情况以及有趣在哪里等,主要是提示如何用

[①] 2017年12月,上海召开"整本书阅读"的研讨会。本文系笔者给研讨会的信,曾在会上宣读,发表于《语文学习》2018年第1期。

跳读、猜读的办法去读小说。这就等于"一书一法"。本来读书方法很多，但围绕一本书的阅读重点学习某一种适合的方法，以后学生碰到同一类书，也就会读了。这些都是提示性的，可以用很少的课内时间去实施，但"整本书阅读"主要是课外阅读。

高中将更明确安排"整本书阅读"，也是名著阅读，有可能还用专门的单元去落实这个任务群。但我认为基本要求和初中的名著导读是一样的，即以课外阅读为主，课内有些讲授，也主要是关于名著的基本情况，引发阅读兴味，并提示"读这一类书的方法"。比如，怎样读长篇小说，怎样读社科著作，怎样读传记，怎样读历史，都应当在基本方法上有所交代。让学生知道不同的书是有不一样的读法的，有时还需要"签订阅读契约"——比如读小说，主要是借某一角度来打量生活，激发想象，而不能像读历史那样去"坐实"；读社科论作，要关注核心概念，以及要解决的问题，要梳理逻辑思路，就不能像读小说那样放开想象；等等。总之，目标是让学生学会"读某一类书的方法"。当然，前提还是完整地读书，主要的功夫是在课外。

有一点我觉得要注意：若要学生喜欢上"整本书阅读"，就不能太多干预，应当导向自由阅读、个性化阅读。如果"课程化"太明显，要求太多，学生还没有读，可能就兴趣减半了。如果搞得很功利，处处指向写作，甚至和考试挂钩，那就更是煞风景，败坏阅读兴味。我看社会上有些跟进新教材的名著导读一类读物，安排了很多阅读计划和规定动作，比如如何写笔记，如何做旁批，如何写读书心得之类，甚至时间都规定好了，那就会限制了读书的自由，减损了读书的乐趣。

"整本书阅读"教学效果好不好，就看学生是否爱上读书，自己能找更多的书来读，而且多是整本书阅读。所以，不要管得太死，宁可实行目标管理，开头有个提示和引导，结尾布置一点小结之类，那就很好了。

中高考语文试卷命题都在考虑如何检测"整本书阅读"，比如加强阅读面与阅读速度的考察，这可能"撬动""整本书阅读"的教学。但那种指定读若干种书，考试就考是否读过，其效果就值得怀疑。因为有些应试的办法就是对着这种考试的，结果很多学生未见得读过这些整本的书，只是读些提要之类，也能对付考试，还是不会读整本书，也没有读书的兴趣和习惯。

我这些意见不一定对，大概也只是一些皮毛的心得，还得听老师们的实践经验。

课外阅读能否课程化？[1]

> 课外阅读不再是一般理解的放到课外让学生随意去读，而是作为语文教学课程的一部分。

培养读书兴趣，让学生多读书，读好书，好读书，是语文教学的"牛鼻子"。强调读书对于学好语文的重要，大家不会有什么疑议。但在实际教学中，这个理念却又难以落实。很多学校的语文课堂还是精读精讲加反复操练，课改之后则又加上太多的"活动"，但读书还是太少，课外阅读量得不到基本的保证。一个中学生每学期就学那么一二十篇课文，无论再"高明"的教法，恐怕也难以提升语文素养。为什么会这样？是什么阻碍了语文课的拓展阅读？

有人说，是中考高考和各种考试的压力制约了语文教学，捆住了手脚，学生没有时间去读书。这种说法有部分道理，但不是充足的理由。我们不能把学生不读书、少读书的原因，全都推给高考或者中考，就是不从自己教学上找原因。

在应试教育的大环境中，我们肯定会受到制约，但也总还会有些空间。我在不同场合说这句话——我们可以让学生考得好，但又学得不那么死板。如果一个学生阅读面广，视野开阔，语文素养一般也会比较高，考试也不会差到哪里。

不要把一切负面的东西全都归咎于应试教育，我们要面对应试教育这个现实，采取某些必要的平衡，既照顾考

---

[1] 本文系笔者为倪岗《中学整本书阅读课程实施策略》所写序言。

试升学等现实的利益,更要从长计议,着眼于给学生的终身学习做准备,为他们走向社会之后的发展,以及生活质量的提升打底子。所以我们讲语文课要培养读书兴趣与习惯,把这当作头等大事。

倪岗老师所带的团队做的关于中学读书会实施策略的研究,就已经把培养读书兴趣与习惯,当作语文课的"头等大事",他们抓住了语文教学的"牛鼻子",为应对"不读书、少读书"的现状提出了切实可行的方案,值得我们参考。

倪岗团队的做法好,好在能落实。他们把课外阅读课程化,构建了包括目标、内容、实施、评价四个要素在内的初中语文课外阅读课程系统,而"抓手"就是组建"语文读书会"。这个"读书会"不是应景之作,他们在组织阅读、共读与自读、文体阅读、读书活动安排等几方面都有一套策略。这样,课外阅读就不再是可有可无的,而真正能落到实处。这本书就是倪岗团队试验的结果。

书中所提供的课外阅读"课程化"的方案是亮点。课外阅读不再是一般理解的放到课外让学生随意去读,而是作为语文教学课程的一部分。他们提出的"三三三制",即课文教学、课外阅读和写作大致按各占三分之一比例安排,课外阅读也就有了课时的保证。他们所理解的课外阅读不完全是"课外"的,也可以说是延伸阅读,可以把其中一部分安排在课内。这和我提出的"1+X"办法(每讲一课,附加自主阅读若干篇作品)是类同的,而倪岗的方法更加具体、可操作。倪岗所提供的多个读书会操作案例,其中不少是极富创造力的,可供许多学校参考。

既然是一种试验,就还有继续探究的可能。比如课外阅读实施的关键是还要有相应的评价,但如何评价是难题。倪岗团队提出要把过程性评价和终结性评价结合,这是一个好的思路。但还需要把握好分寸,避免让课外阅读沦为考试的"附庸"。另外,课外阅读除了规定性内容,还应当适当鼓励读"闲书"。课外阅读的课程化,还需要照顾到个性化阅读和自由阅读。这里怎么平衡?也还需要研究和试验。

我曾在不同场合说过,不应当硬性地布置学生去读经典,更不能简单地制止学生读他们喜欢的"闲书"。读"闲书"能激发读书兴趣,对阅读能力也有很大帮助。而经典和青少年总是有隔膜的,他们"不喜欢"也属正常反应。读经典只能慢慢引导,要用青少年能够接受的方式去接近经典。其实不同年龄段学生喜欢读的书会有变化,也会自我调整。老师的责任就是引导,而不是强制,要珍视和鼓励学生读书的独特感受、体验和理解。倪岗团队的试验已经触及这些很实际的问题,需要进一步探究的是课外阅读实施"课程化"的同时,怎样处理好规定性和自由阅读的关系。无论如何,激发和培养读书兴趣最重要,有兴趣就好办。

"部编本"语文教科书就要成为全国统编教材了,大家要注意,新教材的编写是重视读书的。有一则报道说新教材"主治"不读书、少读书,起码说出了编者的心愿。新教材设立了许多读书的栏目,每个单元都有延伸阅读,还格外注意多种读书方法的传授,包括浏览、检索、跳读、猜读、群读,以及各种文体的阅读、整本书的阅读和非连续文本阅读,等等,都有所交代,而不满足于精读精讲。我希望在教学实践中,新教材关于读书的这些内容和措施,能和课外阅读很好地融为一体。这里边自然还有很多"课题"要做。

倪岗和他团队的老师们处于教学一线,对学生的读书情况了解得比较清楚,除了基于经验进行教研思考,也有基于科学实证研究的分析。更重要的是,他们在培养学生读书兴趣这一关键问题上做了大量的实践探索,在读书方法的教学上想了很多办法。可以说,他们在语文课和学生的"语文生活"之间疏通了一条道路,肯定能加倍引发学生学习语文的兴趣,培养起读书的习惯。

改进语文教学,重视课外阅读,前提是教师多读书。最近我参加了北师大的一个会议,是关于教师阅读和基础教育关系的,我在会上做了发言。我愿意把其中一段话放在这里,和老师们共勉,也借此表示对倪岗团队试验的支持:

> 语文界有太多的流派、太多的经验、太多的"改革",老师们有些目迷五色,很累,很焦虑,现在需要安静一点,能静下心来读书。这比什么改革模式都更实际,也更重要。不要再坐而论道了,不要再争论不休了,能改进一寸就是一寸,逐步让更多的语文老师成为"读书种子",从根本上来提升语文教学的水准,也许还能多少带动改变国民不读书、少读书的糟糕的状况。

2017 年 5 月 8 日

小学语文中的"诗教"[1]

老师应尽可能成为文学爱好者,他们没有理由对诗歌、文学,特别是儿童文学漠不关心。如果做不到这一点,那对语文教学来说,是很"要命"的。

一

所谓"诗教",或者诗歌教育,扩大一点,则是文学教育,现在都还比较重视的。对于语文课为何要有诗歌,有文学,道理大家也都明白。但落实到教学中,可就不那么清楚,还可能有些困扰。

我曾经到一所中学听课,课后和老师座谈。我问:你们的学生日后成人、进入社会了,绝大多数都不会要求他写作,比如写一棵树、写一个人什么的,他们一辈子也无须这样做。可是如今却要花那么多时间去练习写一棵树,写一个人,这是为什么?

这好像是一个根本不需要思考的问题嘛!有的老师说,语文课安排这一类文学性的阅读写作,是为了学语言文字运用。也有的说,多一些文学修养,文笔好,高考作文能得高分。还有的说,毕业以后学生也会有他们的文学生活,比如看电影、电视,读文学作品,语文课需要培养审美和鉴赏的能力。

老师们说的这几方面"理由"都是成立的,但有遗漏,

---

[1] 本文根据2019年3月21日笔者在昆明召开的"儿童文学与小学语文教学"研讨会上的讲话整理,发表于《课程·教材·教法》2019年第6期。

忘记了另外两个也挺重要的"理由"。一个"理由"是，语文课的文学阅读与写作，可以满足孩子们童年生活的精神需求。人总需要做点"白日梦"，特别是年轻的时候，文学就充当了"做梦"，可以调节生活，宣泄、寄托或者转移情绪。满足孩子们成长阶段必需的"做梦"的需求，这是我们语文课考虑得不多的。

还有一个更重要却又被忽视的"理由"就是，语文课的文学教育，还担负着"思维训练"的重任。我重点讨论一下这个"理由"。

语文课文学教育的目标是"审美与鉴赏"，而从广义理解，"审美与鉴赏"的能力也是一种思维能力。建议大家看看2017年颁布的新的高中语文课程标准，对我们理解为何语文课中的文学教育也还担负"思维训练"的任务，就会有比较清楚的认识。

高中语文新课标是比较理想主义的，有些规定的可行性尚待加强，但我还是要充分肯定新课标对于"语文核心素养"的定位。课标提出，"语文核心素养"有语言、思维、审美和文化四个维度，其中一个维度，就是"审美鉴赏与创造"。而这正是和文学教育密切相关的。课标指出："审美鉴赏与创造是指学生在语文学习中，通过审美体验、评价等活动形成正确的审美意识、健康向上的审美情趣与鉴赏品位，并在此过程中逐步掌握表现美、创造美的方法。"值得注意，"审美情趣与鉴赏品位"这个新提法。过去我们语文课很少会照顾到学生个体审美的"情趣"与"品位"。

课标在论及"语文核心素养"的另一维度"思维发展与提升"时，又说到，要让学生"通过语言运用，获得直觉思维、形象思维、逻辑思维、辩证思维和创造思维的发展"。其中"直觉思维、形象思维"，又是新的提法，写在课标上，也是以前我们的语文教学中较少关注的。在座都是小学语文老师，我这里特地引用高中语文课标的概念，是想提醒，这些概念，不只是对高中语文的要求，小学语文中文学类阅读与写作的教学，也应当重视全面的"思维训练"，尤其是想象力及其所依存的"直觉思维"与"形象思维"的训练。

所谓"审美鉴赏与创造"的能力，首先就是想象力，以及想象力所依存的"直觉思维"与"形象思维"的能力。课标把直觉思维、形象思维，放到和逻辑思维、辩证思维、创造思维并列的位置，这可以理解为对前两种思维的格外重视。这也有针对性。在语文教学中，提到思维能力，马上就会想到思辨能力、逻辑分析能力，而对想象力以及直觉思维、形象思维能力，并不是很重视。甚至有些老师认为，想象力是孩子比较幼稚的思维活动。这种认识是片面的。高中语文课标的"提醒"，对于语文教学，特别是文学类课文包括诗歌的教学，有现实意义。

据有关研究，想象是一种心象思维，是指人脑对已储存的表象加工改造形成新形象的心理过程，属于智力的重要的、高级的部分。想象力是感性和知性之间的一种中介性先天能力，在人的判断认识方面起着不容忽视的重要作用。想象力活动主要靠右脑，属于大脑最外层的高级思维，但正常人的想象活动要靠大脑多部位协同完成。想象力有先天的因素,也可以靠后天的激发培养,童年时期就是激发和培养想象力、培养"直觉思维"和"形象思维"的黄金时期。① 直觉思维、形象思维与逻辑思维同等重要,偏离任何一方都会制约一个人思维能力的发展。小学和中学的文学教育,特别是诗歌教学,在想象力的培养,以及"直觉思维"和"形象思维"的训练方面,能起到不可替代的作用。

所以,语文课的文学教育,包括诗歌教学,在强调"审美与鉴赏"的时候,应当扣住多方面的"思维发展",特别是容易被轻视的"直觉思维"和"形象思维"的发展,重视想象力的培养。不要忌讳"训练"这个词,想象力,以及其所依存的"直觉思维"和"形象思维",都是可以训练的。这一类"思维训练"对于素质教育非常重要,也是创新型人才培养的必需功课。无论学生日后从事什么职业,即使是科技类的工作,也必须有这一类"思维训练"。总之,语文课中的文学教育,是审美教育,同时也是思维训练,是通过文学教育,获得"直觉思维"和"形象思维"的训练,获得正确的审美意识、健康向上的审美情趣与鉴赏品位。

二

现在我们转到正题,讨论"诗教"问题。

新出的"部编本"小学语文教材中有很多诗歌,低年级的课文大部分都是诗歌,古诗和现代诗。即使是其他课文,比如散文、语言、童话和寓言,也往往带有诗味。为什么要安排这么多的诗歌作为课文? 因为孩子天性近诗,喜欢诗,多安排一些诗歌作为课文,可以满足儿童"近诗"的天性,保护、培养和激发儿童的想象力,促进"直觉思维"和"形象思维"的培养。

诗歌的艺术表达,以及诗歌的阅读欣赏,很多情况下都必须要依靠"直觉思维"和"形象思维"。儿童虽然天性"近诗",但诗歌也还是很难教的。难就难在诗歌的内容很"活",不好把握,也不宜"直解"。而我们的教学往往习惯于把住一些实在、好记的"条条",让学生去反复操练,应付考试。这就有点"拧"。如"天街小雨润如酥,草色遥看近却无",课文中都有了,类似的诗句,光靠查字典,或者逐字逐句的索解,记下几个"条条",恐怕也还是很难"感觉到位"的。这就要调动想象,包括感悟、通感、印象、下意识等思维活动去触摸诗意,体味诗歌所引发的种种感觉。文学类阅读和写作,特别是诗歌的教学,最不应该被忽视的,就是想象力的激发,以及"直觉思维"和"形象思维"的培养。

事实上,目前语文课中的诗歌教学,对想象力的维护与激发是很不够的,离有意识的对"直觉思维"和"形象思维"的训练更是遥远。我们可以找一些教学的案例来看看,到底问题出在哪里?

---

① 参考黄希庭《心理学导论》,人民教育出版社 2007 年版,第 386—388 页。

一个例子,是一年级下册李白的《静夜思》。怎么给一年级学生讲古诗？小学生还在认字,理解力不强,要他们读"懂"这首诗,完成认字等教学目标,实在有点难。老师们想了很多办法。第一步是"兴趣导入",有的用了多媒体,展示月亮、夜空;有的甚至让学生听马思聪的《思乡曲》,希望引发兴趣,然后转入课文教学。

第二步,"初读课文",包括"知作者""解题意""学生词"等。有时要花很多时间去讲解生词,让学生做"扩词"练习。比如,《静夜思》的"思",要学生用"思"来扩词。

接着,第三步,逐字逐句串讲诗歌内容,让学生理解每一句什么意思,整首诗又表现了什么思想情感,有哪些画面最美,等等。

这些教学安排有值得肯定的地方,就是把认字、词义理解和作品的解读结合起来了。先认字,后解读全诗,也是顺理成章的。但整个教学的重点没有放在引导学生发挥读诗的感悟和想象上,程序安排很琐碎,把作品割裂了,破坏了对诗歌的整体感悟。尽管有多媒体制造氛围,有逐字逐句的讲解往"美"的方面引导(其实只是字词的美,或者片段的美),却始终缺少沉浸式阅读,缺少整体感悟,缺少完整的审美。

有一些老师教《静夜思》,教案设计的程序就很烦琐——首先放一个视频,视频中有月亮,老师问学生:你想到了什么呀？有的还发表一些感慨,说:"月儿圆啦,人团聚了,多美好啊！可是伟大的诗人李白却无法回家。他只身离家在外,看到圆圆的月亮,想起他的故乡,想起他的亲人。在深深的思念中,他通过写诗排走心中的寂寞。"这就有点"绕",还有点"酸",小学生怎么会有兴趣？有的老师还逐字逐句地讲解,安排各种活动,什么李白的诗中有几个动作呀,甚至让孩子们演示一下"举头"和"低头"的样子。多累赘呀,把《静夜思》中的"静"都赶跑了。

目前有些语文课讲解诗歌,还有一个通病——不光是教《静夜思》,很多诗歌的教学都是这样——就是很注重引导学生去了解作者的"原意"和作品的主题、思想、意义,而不注意引导和激发学生发挥各自读诗的想象与理解。这只能说是"半截子"的不完整的审美。完整的审美,应当包括两部分,一部分是通过分析、归纳去寻求作者的"原意",发掘作品的意义,欣赏作品的艺术,可称之为"溯源性审美";同时,还应当有另一部分审美,即让自己沉浸到作品之中,通过精神的"游历"与"探险",形成独特的"理解"与"感受",可称之为"生发性审美"。这两者应当兼顾(有时有所侧重也是可以的),不可偏废。比如欣赏和教学《静夜思》,就不能满足于追寻和理解李白作这首诗的背景、动机,以及诗中所表达的感情,还应当让自己充当"游子"的角色,在诗作的引导下去想象与领受特别的情思,类似"心灵的探险",自然可以获得审美的愉悦。即使是生活经验很少的低年级学生,启发他们读诗时发挥想象,体味平时可能少有的感觉,诸如孤独、思念,等等,也是一种有益的"情感体操",对于智商、情商的提升都不无好处的。如果学完许多诗歌之后,只记住了诸如作者、主题、思想、情感、手法之类"知识",只会用诸如"通过什么,表现了什么"的模式去谈论心得,而未能运用想象与感悟去和诗歌产生共鸣,远离了直觉思维与形象思维,那是多么遗憾!学生对这种死板、套式化的诗歌教学是不会感兴趣的,当然也就谈不上对诗歌欣赏的热爱。

这几年语文教学界流行"整体感受"这个词,其实是一种比较有效的教学理念。让"诗教"努力兼顾"溯源性审美"和"生发性审美"两个方面,更注重激发学生的想象力,调动直觉思维和想象思维去拥抱诗歌的氛围和情绪,这才是货真价实的"整体感受"。当然,也可能有老师认为,语文课的僵化与琐碎,跟考试的"指挥棒"有关。想象力、感悟力之类不容易检测和考查,中考高考命题也比较难以在这些方面进行,所以老师不重视。这种担心不无根据。作为一线老师,肯定会受到考试等外部要求的束缚。我们也许很难改变应试教育的大环境,但总可以在自己有限的空间内,尽可能把课讲得活一点、美一点,在"诗教"中尽可能照顾到想象力以及直觉思维、形象思维能力的提升。只要有这份心,就有办法,也就会有改良。

三

要改变我们语文课文学教育,特别是诗歌教学的沉闷局面,有必要从中国传统"诗教"中汲取智慧。

"诗教"是古代的说法,意思是通过学诗、写诗来进行启蒙教育,通过诗歌来教化民众。"诗教"这个词最早出现在《礼记》中,其中就提到"温柔敦厚,诗教也"[①]。意思是要用诗歌,主要是《诗经》来化育民性,使之性情和善,有教养。后来,孔子更是把"诗教"纳入他的教育体制,到汉代,《诗经》成为儒家经典"六经"的一种,和《书》《礼》《易》《乐》《春秋》等五种"经"并列[②],是古代社会所有官员和准官员的"必读书"。

孔子对于诗歌功能有一个很特别的解释,认为诗歌能够"兴、观、群、怨"[③]。所谓"兴"是抒发情志,"观"是观察了解社会风俗,"群"是结交朋友,"怨"是讽谏批评不良的现象。可以说,关于诗歌反映和认识社会、提供审美愉悦,以及促进伦理等等几个方面,都兼顾到了。不过,儒家为主导的古代文化,最看重的仍然是诗歌的伦理教化功能,所谓"迩之事父,远之事君",也就是这个意思。

到了宋代,以朱熹为代表的理学家,进一步强调"诗教"的核心是发挥吟咏性情、导

---

① 这句话出于《礼记·经解》。原文为:"入其国,其教可知也。其为人也,温柔敦厚,《诗》教也。"又说:"其为人也,温柔敦厚而不愚,则深于《诗》者也。"
② 战国时《诗》已经称"经"。据《庄子·天运》:"孔子谓老聃曰:丘治《诗》《书》《礼》《乐》《易》《春秋》六经,自以为久矣。"
③ 《论语·阳货》:"子曰:'小子何莫学夫诗?诗可以兴,可以观,可以群,可以怨。迩之事父,远之事君,多识于鸟兽草木之名。'"

化人心的作用,即所谓"化以成德","得其性情之正"。① 在古代,特别是推行科举制度之后,诗赋是证明一个人能力水平的标志之一,作诗是读书人必备功课,不能诗词唱和就很难进入社会主流。

古代中国历来都很重视"诗教",希望发挥诗歌化育人心的功能,伦理教化的功利性很强。其教育的目标指向是当时的时代需要,主要还是孝、悌、忠、信那一套,对于现代人来说,这不再是适当的东西。但"诗教"作为一种教育传统,有它独特的价值。

今天小学语文中的诗歌教学,和古代的"诗教"是一脉相承的。提倡儿童多学一点诗,古代叫"化以成德","得其性情之正",是以古代的伦理道德化育人。而今天提倡儿童读古诗词,也是希望通过诗歌诵读来接续优秀的传统文化,立德树人。古典诗词中沉淀有我们民族思想情感的"基因",作为中国人,就必然也必须接受和激活这些传统文化的"基因"。这就是所谓文化素质的重要成分。"诗教"实际上成为传统文化很重要的一部分。如今强调传承古代优秀文化,把"诗教"这一传统和现在的语文教育打通,是顺理成章的。

提倡现代意味的"诗教",小学阶段多读一些古诗词,加强孩子们对于汉语语言之美的感觉,培养精练的多义的语言感觉,同时加强对于祖国传统文化的感性了解,开拓想象力,这对于激发语文学习的兴趣,打好汉语学习的基础,是非常有帮助的。另外,小学阶段记忆力最好,即使对一些诗词的含义不是很懂,但多读多背诵,记得牢,也是为一生的语文素养打好底子。这也是新出的"部编本"小学语文教材特别重视古诗词的原因吧。

四

古代"诗教"多种多样,但有些基本的做法,包含了诗歌教育的智慧,值得今天的语文教学借鉴。联系目前的语文教学特别是诗歌教学的实际,如何做好"诗教"?有四点值得注意。

一、重视诵读与涵泳。

"涵泳"指文学欣赏中的反复吟咏、讽诵,很自然地把握作品的血脉与韵味,获取对作品的整体感觉。这是古人学诗的基本办法。古代诗词充分发挥了汉语的特点,带有很强的音乐性,音调和谐押韵,读来朗朗上口,容易把起伏变化的情思带来。朱熹就认为,"读《诗》之法,只是熟读涵味,自然和气从胸中流出,其妙处不可得而言"②。其意是,学诗应该通过熟读涵泳,对诗的本义与言外之意有所领略,最终在识得滋味、余味的基础上达到欣赏的效果。朱熹的观点在古代"诗教"中有代表性,值得我们继承和吸收。古

---

① 朱熹:《诗集传·序》。
② 朱熹:《朱子语类》卷八十。

诗词教学要注重让学生感受诗词音韵之美,汉语之美,小学生也许一时说不清美在哪里,总之是积淀下来,有所感觉了,就起到熏陶的作用了。很多幼年时诵读熟记的诗词,一辈子都难忘,而且不同的人生阶段可能会有不同的理解与感觉。这真是滋养终生。

诵读可以采取各种不同的方式,但不要全都安排做朗诵,还需要有自由的吟诵。这是两种不同的诵读方式。前者往往带有表演性,是读给人听的,若沦为固定的"腔调",就会形成所谓"语文腔";后者是自我陶醉式的诵读,独处式的诵读,可能更有助于沉浸到作品中去。现在社会上有专门"复古"吟诵的,很多复杂的程式,我们不一定要学这个。其实古代的吟诵也并无固定的轨范,我们完全可以按照自我发挥的方式去读,只要能沉浸其中、读出自己的感觉与体验就好。

二、讲求会意与感悟。

古代诗论有一个很著名的说法:"诗无达诂"[1]。就是说,诗歌的词句内容,很难做出也不宜做出完全符合本义的解释。诗词的文学表达是含蓄的,可能"兴发于此,而义归于彼"[2],加上鉴赏者的心理、情感状态的不同,对同一首诗,常常会有不同的解释。"诗无达诂"就是承认诗歌审美鉴赏的主体性和多样性。这道理应当贯彻到我们的诗歌教学中。特别是小学生理解能力相对较低,但想象力却可能比大人丰富,对于诗词内容与审美的理解体会可能多种多样,更加要注意不做生硬的标准化的限定。这里值得重温一下《义务教育语文课程标准(2011年版)》中的那句话:

> 阅读是学生的个性化行为。……要珍视学生独特的感受、体验和理解。教师应加强对学生阅读的指导、引领和点拨,但不应以教师的分析来代替学生的阅读实践,不应以模式化的解读来代替学生的体验和思考;要善于通过合作学习解决阅读中的问题,但也要防止用集体讨论来代替个人阅读。

这段要求,对于文学类阅读,特别是诗词的阅读,是尤其有指导意义的。

当然,小学低年级学习古诗词,还是要让他们大致明白诗中所写的内容。但"大致"即可,不要字斟句酌,逐字逐句分开来解释。老师适当引导,让学生自己去读,反复诵读,能理解多少是多少。中年级和高年级则要逐步引导读诗时的"会意",就是领会诗歌的情韵意味,多少有些感觉与领悟。陶潜《五柳先生传》说"好读书,不求甚解。每有会意,便欣然忘食",所谓"会意",或者"会心",就是指读者对作品艺术内涵的联想体会,而与作家作品产生的共鸣。这种"会意",有时可能是模糊的、直觉的、印象式的,不是能说得很明白的,但作为诗歌欣赏,又是很重要的。"诗教"中就要启发学生获取这样的"会

---

[1] 最早是西汉董仲舒在《春秋繁露》中提出"诗无达诂,易无达占,春秋无达辞"。
[2] 白居易:《白氏长庆集·与元九书》。

意",这对于改变我们比较僵化死板的诗歌教学,是大有帮助的。那种不顾学生诗歌欣赏中的"会意",硬要抽离出几条"意义""手法"让学生去记忆的做法,是和"诗教"的本意悖谬的。即使因为考试,需要掌握"标准答案",那也要给学生说明这只是一种"答案",考试时不妨采用此"答案",但作品内涵丰富,可以从不同角度欣赏,每个人读诗时还会有他的"会意"与"感悟",那么很多情况下就不必拘泥于"标准答案",完全可以根据自己的理解去做其他解释。

总之,作为老师,我们只要有这份心,给"诗教"留一个比较灵活的空间,不全被高考中考的要求给绑架了,学生的收获肯定会更大。

三、不过多使用多媒体,少一些"任务驱动"。

现在的语文课多媒体使用确实太多了,课堂那么热闹,各项活动安排很满,哪还有"会意"与"感悟"的空间?多媒体对于诗歌教学乃至语文教学,弊多利少。我们读"白日依山尽,黄河入海流,欲穷千里目,更上一层楼",会想象自己一个人登临层楼时看到的那种苍茫雄浑的景象,但那感觉可能是高邈旷远的,也可能是悲怆肃穆的,可能独与天地往还,也可能思人生之短暂,等等,这是要靠个人的经验和悟性去体味,每个人的画面感可能都不太一样。而这诗读解的多义,正是诗的"好处",怎么可以用一个固定的多媒体画面给"定格"了?"飞流直下三千尺,疑是银河落九天",你无论怎样用照片或者视频来表现,都很难达到诗歌所传达的那种气势,反而可能"限制"阅读的想象力,因为诗歌中有些感觉和气氛,是很难形之于画面的。诗歌是语言的艺术,诗歌的语言除了精练、形象,还可能有变异、陌生化,超越平常的语言。诗歌欣赏需要依赖前面说的"会意"与"感悟",需要直觉思维与想象思维。语言学有所谓"能指""所指"的说法,诗歌的语言多用"能指",其含义是非常丰富的。可是如果采用多媒体,把这首诗转化为几个画面,虽然形象,可是被"定格"了,把诗歌丰富的多义的"能指"统统定格为"所指"了。这就破坏了诗歌的欣赏。所以,"诗教"是不宜依赖多媒体的。多媒体的过度使用,对于想象力以及直觉思维、形象思维能力的培养是不利的,甚至可以说是灾难。

还有一种偏向,对"诗教"来说,也是弊大于利,那就是热衷于布置"任务"和"讨论"。这些年有些学校在试验以"任务驱动"或"项目活动"来取替常用的教学模式,甚至提出所谓"翻转课堂"。这些举措的动机,是激发学生学习的主动性,有的课是可以用的。但若把"任务驱动"或"项目活动"作为语文教学的唯一方式,一边倒,可能会出现新的偏误。在"任务"的指使下去阅读,学生时常想到如何完成"任务",他们阅读和思考就会限定在预设的"任务"范围,所谓个性化阅读、探究性阅读,很可能就会受到预设"任务"的限制,导致为完成"任务"而进行的功利性阅读。对于诗歌教学来说,"翻转课堂"等一类形式大于内容的做法,更是不宜滥用的。如果我们教某一首诗,想让学生预习一下,先给一些任务,也不是不可以。但这"任务"的布置应当是启发性、开放性的,要留给学生想象的空间。

诗歌教学中组织的活动,包括讨论,小学低年级活动可以多一点,中高年级要越来越少。

就整个中小学语文教学来说,文学类阅读,诗歌的教学,还是让学生静下心来读,是自主性的阅读,自由的阅读,这个空间一定要给学生。我看现在我们的语文课堂太热闹,很浮躁,缺少沉浸式的阅读,缺少真正个性化的自由的阅读,如果老是"任务驱动",老是组织各种"活动",那和"诗教"也是背道而驰,教学效果不好,也肯定不利于语文素养的提升。

四、老师自己要读诗,尽可能喜欢诗。

诗歌教学的效果不好,僵化死板,缺少"诗味",原因可能很多,其中一个原因应当引起注意,就是老师自己不怎么读诗,对诗歌的审美缺少感觉。小学语文老师不见得人人都喜欢诗歌,但起码要懂得如何欣赏诗歌。从职业需求来说,小学老师应尽可能成为文学爱好者,也没有理由对诗歌、文学,特别是儿童文学漠不关心。如果做不到这一点,那对语文教学来说,是很"要命"的。

文学作品特别是诗歌的教学,首先要做的功夫,就是教师自己认真阅读,对诗歌的氛围或者意境,有整体感悟,心有神会。教师自己被诗歌感动了,才能在教学中让学生也感动。如《静夜思》《山行》《滁州西涧》这些诗,谁都会背诵,这样熟悉的诗,我们备课时是否还要重新去细读,去领受其艺术的"冲击"?肯定需要的。有些老师可能因为已经教过多轮,对某一篇课文作品太熟悉了,不再有和这篇课文情感"交流"的欲望,也不去设身处地想象学生读这篇课文会引起哪些比较共同的感受,就轻车熟路地进入备课。他们所做的工作就是找找相关的备课资料,各种教案和课件,想着怎么把找来的材料拼贴起来,设计成自己的教案。这种脱离了审美感悟的备课,必然是僵硬和琐碎的,当然也就难以引导学生去感悟与审美。

我主张语文课讲授文学性课文,特别是诗歌作品,第一件事就是老师先做"浸沉式"阅读,即使熟悉的作品和诗歌,也要再次"赤手空拳"去读,进入其氛围境界,获取鲜活的感觉,还要把自己也当作孩子,设想他们阅读这篇作品可能生发的想象与感觉。这是教学的"底子",所有教学设计要都立足于这个"底子"。虽然老师在课堂上不一定要把自己的体验说出来,但有自己的鲜活的感受做"底子","诗教"就有生气,就比较能激发想象力,引导学生在诗歌欣赏上发生共鸣,僵化而琐碎的教学局面就会大有改观。

和中学生谈谈如何读《朝花夕拾》[①]

读了《朝花夕拾》会发现,鲁迅原来这么富于情趣,这么"好玩",不像我们原来印象中的那么威严、难懂、难以接近。

《朝花夕拾》一共10篇,文章不长,最好能够完整地读下来。《从百草园到三味书屋》回忆上学前后那一段童年生活,《阿长与〈山海经〉》怀念保姆长妈妈,《藤野先生》写日本留学生活以及师生情谊。这3篇语文课上都要学的,我这里先不去说,其他几篇多说一点,提示阅读时应当关注的问题,以及可能碰到的障碍。

这两篇比较难读,别一开头就给难倒了

《朝花夕拾》中有两篇读起来可能比较难一些,会有阅读障碍,那就是《狗·猫·鼠》和《二十四孝图》,这里特别要说一说的。《狗·猫·鼠》写孩子眼中的宠物与动物世界,说的是鲁迅为何会"仇猫",也就是讨厌猫,为什么会有这个心理阴影。原来小时候鲁迅养过一只"隐鼠",可爱的小老鼠,结果被猫吃掉了,他就很伤心,总想着要给老鼠报仇,而且终生都变得"仇猫"。这里写得好的是孩子的心理,非常真切感人。我一边读,一边会想到自己的童年。在大人看来不值得一提的某些琐碎的事情,在孩子的心目中可能是非常重要的。很多同学小时候可能都喜欢动物,我们读的童话中动物往往都是通人性的。动物的世界和

[①] 本文根据笔者的讲稿整理。

孩子的世界似乎没有什么界限,这种混淆容易被看作幼稚,其实又可能包含有某种人性的柔弱与善良。而到了成年,这些都会被改变。鲁迅回忆自己小时候为什么会"仇猫",写得那样感人,你们阅读时会把兴趣放到这里,会勾起自己的回忆,这也是很自然的。

但这篇回忆却不只是回忆有趣的童年经历,鲁迅在叙说自己"仇猫"心理的来由的同时,牵涉到和当时一些所谓"名流"的论争。文章有一半篇幅是在讽刺那些"名流"的虚伪,说他们做坏事的前后还要先啰唆许多所谓堂而皇之的"理由",甚至还比不上动物界"适性任情"。同学们读到这些故事之外的议论,可能有些困惑。要知道,鲁迅的文章常常这样,从事情本身延伸出去,联想或者思考某些更加深远的道理,使文章的思想性更加丰富。《狗·猫·鼠》似乎写得很随意,说到哪里是哪里,读起来会觉得"散",抓不住我们所习惯的"中心思想"。其实这也是散文特别是随笔的一种写法,我们就顺着鲁迅的叙述和议论去读好了,不必总想着要归纳某个"主题思想"。至于文中牵涉到某些背景,可能影响阅读理解,则可以参考注释或者相关材料,多少知道鲁迅的批判所指,也就可以了。《狗·猫·鼠》是《朝花夕拾》开头第一篇,可不能因为读起来比较难,就读不下去了。

另一篇比较难的,是《二十四孝图》。这《二十四孝图》是元代开始流行的宣传儒家孝道思想的普及读物,有图有文,讲述了传说中24位古人如何孝敬父母的故事。孝敬父母本来是必需的,是一种基本的道德。但在封建社会,往往把这个道德要求极端发挥,变成可以牺牲子女的幸福去无条件服从父母,甚至有很多非常苛刻的毫无人性的做法,也成为要人们学习的楷模。比如鲁迅这篇作品提到的"郭巨埋儿",说的是晋代有一孝子郭巨,家贫,有个3岁孩子,还有个老母亲。因为要侍奉老母亲,怕老母亲照顾孙子而减少她自己的进食,居然要掘个坑把孩子埋掉。另外还提到"老莱娱亲",说老莱孝养二老双亲,自己72岁了,为了使老父母快乐,还经常穿着彩衣,做婴儿的动作,以取悦双亲。还有,"卧冰求鲤",讲晋代有一人叫王祥,他的母亲在冬天想吃鲜鱼,但天寒冰冻,打不到鱼呀,他就解衣卧冰求之。结果冰突然开裂,双鲤跃出,他于是持归供母。总之都是这一类牺牲后代以孝敬父母的故事,是非人性的。"五四"时期那些改革的先驱者就激烈抨击儒家这些迂腐的思想。鲁迅这篇《二十四孝图》,和其他几篇不太一样,杂文的议论比较多,批判性很强。开头就是这样一句:

> 我总要上下四方寻求,得到一种最黑,最黑,最黑的咒文,先来诅咒一切反对白话,妨害白话者。即使人死了真有灵魂,因这最恶的心,应该堕入地狱,也将决不改悔,总要先来诅咒一切反对白话,妨害白话者。

为什么这么激烈,因为鲁迅写这文章时,一些复古文人正在企图剿灭"五四"新文化运动所提倡的白话文,鲁迅要毫不留情地回击。我们懂得了这个背景,就容易理解为何鲁迅用许多笔墨来写自己小时候读《二十四孝图》的那种困惑与反感了。比如回忆读"郭巨埋儿"的故事时这么一段心理描写的回顾,也是带有讽刺与批判的:

> 我最初实在替这孩子捏一把汗,待到掘出黄金一釜,这才觉得轻松。然而我已经不但自己不敢再想做孝子,并且怕我父亲去做孝子了。家境正在坏下去,常听到父母愁柴米;祖母又老了,倘使我的父亲竟学了郭巨,那么,该埋的不正是我么?如果一丝不走样,也掘出一釜黄金来,那自然是如天之福,但是,那时我虽然年纪小,似乎也明白天下未必有这样的巧事。
>
> 现在想起来,实在很觉得傻气。这是因为现在已经知道了这些老玩意,本来谁也不实行。

阅读《狗·猫·鼠》和《二十四孝图》,不要完全当作故事来读,要适当关注其中的批判性内容,这样,也就比较能理解,比较读得进去,而且会很有兴味。如果这两篇都有兴趣读完,也说明你的理解力和阅读能力相当不错了,那么阅读整个《朝花夕拾》也就没有什么大问题了。

其余各篇都挺有趣的,提示一下吧

其他几篇相对是比较好读的。

《五猖会》这一篇比较短,也收到教材中作为"精彩选篇"。这篇作品前半部分写迎神赛会和五猖会,都是民间的风俗,现在离我们很遥远。你看看鲁迅笔下的那种热闹情形:

> ……然而记得有一回,也亲见过较盛的赛会。开首是一个孩子骑马先来,称为"塘报";过了许久,"高照"到了,长竹竿揭起一条很长的旗,一个汗流浃背的胖大汉用两手托着;他高兴的时候,就肯将竿头放在头顶或牙齿上,甚而至于鼻尖。其次是所谓"高跷","抬阁","马头"了;还有扮犯人的,红衣枷锁,内中也有孩子。我那时觉得这些都是有光荣的事业,与闻其事即全是大有运气的人,——大概羡慕他们的出风头罢。我想,我为什么不生一场重病,使我的母亲也好到庙里去许下一个"扮犯人"的心愿的呢?……然而我到现在终于没有和赛会发生关系过。

写得多么有趣!而且这一切是通过孩子的眼光去看,通过孩子的心理去想象的。孩子多么想去看难得一见的五猖会呀!可是文章后半部分笔锋一转,写到这兴头上,父亲却让孩子背书。好不容易背完了,煞风景,兴味也全无了。以至鲁迅成年之后,一想起这事,"还诧异我的父亲何以要在那时候叫我来背书"。那么有情趣的一件事,却这样结束,留给孩子很尴尬无奈的记忆。可能有些评论或者有些老师非得把这篇文章的主题说成对于封建家长制和僵化的旧教育的批判。虽然这也可以自成一说,但我觉得也不必把"主题"拔得这么严重。现如今的家长也完全可能会这样的,他们不一定能细致地意识到必须尽可能呵护孩子的心灵世界,照顾孩子的好奇心。这几乎是"常态"。那么我们读这篇作品,一是对诸如迎神赛会和五猖会这样的民俗多一份了解,二是对成长过程中很难避免的所谓"代隔",也有所了解。这就够了。我觉得读《朝花夕拾》,可以放松一点,那才读得更加有味。

《无常》是写民间传说与戏剧的,其中主要写"无常"这种传说中的"鬼"。现在提到"鬼"大家都会说是迷信,不存在的。但在老辈人那里,"鬼"是一种很普遍的似有实无,又时常对人产生影响甚至让人惧怕的事物。我小时候就特别怕听却又特别喜欢听"鬼"的故事,那种刺激、那种想象,是你们现在所不了解的。鲁迅写"无常",其实也是写他们那个时代童年文化生活的一个部分。我们来念一段吧:

> 人民之于鬼物,惟独与他最为稔熟,也最为亲密,平时也常常可以遇见他。譬如城隍庙或东岳庙中,大殿后面就有一间暗室,叫作"阴司间",在才可辨色的昏暗中,塑着各种鬼:吊死鬼、跌死鬼、虎伤鬼、科场鬼,……而一进门口所看见的长而白的东西就是他。我虽然也曾瞻仰过一回这"阴司间",但那时胆子小,没有看明白。听说他一手还拿着铁索,因为他是勾摄生魂的使者。相传樊江东岳庙的"阴司间"的构造,本来是极其特别的:门口是一块活板,人一进门,踏着活板的这一端,塑在那一端的他便扑过来,铁索正套在你脖子上。后来吓死了一个人,钉实了,所以在我幼小的时候,这就已不能动。

多么妙趣横生!大家一定非常好奇,也非常喜欢读的。当然,这篇回忆除了孩童的经历,也还有许多议论,很多关于人生的思考,也是值得去琢磨的。

《父亲的病》回忆庸医如何耽误父亲治病,是他少年时期一段很不幸的经历。我们知道鲁迅在日本曾经学过医学,自然是西医。他对中医是不太信服的,可能也和少年时期这段经历的阴影有关吧。但这篇作品并不是否定中医的,他批判的是不负责任的庸医,而且从中还思考中西文化的不同:

> 中西的思想确乎有一点不同。听说中国的孝子们,一到将要"罪孽深重祸延父母"的时候,就买几斤人参,煎汤灌下去,希望父母多喘几天气,即使半天也好。我的一位教医学的先生却教给我医生的职务道:可医的应该给他医治,不可医的应该给他死得没有痛苦。——但这先生自然是西医。
>
> 父亲的喘气颇长久,连我也听得很吃力,然而谁也不能帮助他。我有时竟至于电光一闪似的想道:"还是快一点喘完了罢……。"立刻觉得这思想就不该,就是犯了罪;但同时又觉得这思想实在是正当的,我很爱我的父亲。便是现在,也还是这样想。

那么读到这里,大家一定也会陷入沉思的,感觉自己一下子长大了似的。鲁迅的作品常常具有这种发人深思的力量。

《琐记》回忆离家到南京上学所接触的种种世态人情,《范爱农》怀念同乡好友,这两篇都是写得很有趣而且好读的。我就不展开来说了。

打通隔膜:原来鲁迅这么"好玩"

10篇散文可以分开来读,但彼此也有些联系,合在一起,就呈现出鲁迅对自己童年到青年生活的有些连贯的回忆图景。"这组散文是鲁迅作品中最富生活情趣的篇章,我们可以借此了解鲁迅从幼年到青年时期的生活道路和心路历程。"这句话是"名著导读"上的,也可以看作我们学习《朝花夕拾》的一个目标吧。我们学习这本经典,就可以了解鲁迅少年和青年时期的经历,接触这位伟大的作家、思想家。我们容易有这样的印象:鲁迅是战斗的、批判的,总是那么严厉,文章也不好懂。学生中流传一句话,"一怕文言文,二怕周树人",好像都有点"怕"鲁迅。这也反映一些实际情况。那么"高级"的鲁迅就这样被颠覆了。不过不要紧,随着年龄与阅历增长,对鲁迅肯定会有更深的认识。就拿我们学过的《朝花夕拾》那些课文来说,现在重新阅读,肯定会有新的不同以往的体会。读了《朝花夕拾》,你就会发现,鲁迅原来这么富于情趣,这么"好玩",不像我们原来印象中的那么威严、难懂、难以接近。

但是,鲁迅的文章确实和我们有些"隔",不容易懂的。这也是我们阅读《朝花夕拾》之前要有的思想准备。

一是语言上的"隔"。大家都有这样的体会,鲁迅文章的语言和其他作家的语言很不一样,有时有点拗口,有些用词很特别,甚至不合常规,读起来不那么顺。比如,我们已经学过的《从百草园到三味书屋》,开头一段,我来读一下吧:

> 我家的后面有一个很大的园,相传叫作百草园。现在是早已并屋子一起卖给朱文公的子孙了,连那最末次的相见也已经隔了七八年,其中似乎确凿只有一些野草;但那时却是我的乐园。

"现在是早已并屋子一起卖给朱文公的子孙了",用如今通常的说法是"好多年以前这园子就连同房子一起卖给姓朱的人家了";"连那最末次的相见也已经隔了七八年",就是"最后一次见到这园子也已经过去七八年了"。鲁迅的语言带有20世纪20年代书面语的特点,有点文白夹杂,又有点欧化,是那个从文言到白话的转型时期的特点。当然,又还有鲁迅自己的特点,他特别重视用一些连接词或者转折词,让语言多一些张力,不那么直白,反而可以更好地体现思维的复杂性和丰富性。有些"不合常规"的语言,细加琢磨,又别有味道。例如"其中似乎确凿只有一些野草;但那时却是我的乐园",怎么会用

"似乎确凿"这样"不合常规"的说法？其实这很适合回忆中的思维状态，前一个"似乎"，那些回忆中的景象是遥远而模糊的，紧接着的"确凿"，并不矛盾，那景象那样鲜明地浮现在眼前了。

这让我又联想到鲁迅的散文诗《秋夜》开头一句："在我的后园，可以看见墙外有两株树，一株是枣树，还有一株也是枣树。"有些人认为啰唆，其实是有意在表达那种寂寞的心境，这种重复和单调的语感，加深了这种心境的表达。如果把这句话改为规范通行的语言："在我的后园，可以看到墙外有两棵树，都是枣树。"怎么样？虽然不重复，诗意却跑了。

让我们再举一个例子，就是《琐记》中的这一段，说鲁迅对于家乡 S 城的流言蜚语已经感到腻味和绝望，想尽快走出封闭的乡镇，到外边去。当时也就是你们这个年龄，或者稍大一点，正处于青春期的叛逆中，希望能离家到外面闯荡世界。作品这样写的：

> 好。那么，走罢！
>
> 但是，那里去呢？S 城人的脸早经看熟，如此而已，连心肝也似乎有些了然。总得寻别一类人们去，去寻为 S 城人所诟病的人们，无论其为畜生或魔鬼。

注意这些用词和句式："如此而已，连心肝也似乎有些了然"，"总得寻别一类人们去"。如果按照现在通行的语言习惯来读，这是有些拗口的。但细读一遍又一遍，会感觉到一般语言所没有的那种节奏、韵味。刚读有些不习惯，你会不由自主慢下来品读，不只是读懂其意思，还会体会到那种语言背后的情感和思想。

如此看来，鲁迅的语言虽然有些"隔"，但这是鲁迅所处那个特定时代语言的特点，更是鲁迅自己语言创造的特色。理解这一点，才不怕这种"隔"，不让这种"隔"妨碍自己去阅读鲁迅。鲁迅的语言是有张力、有诗意、有韵味的，要细心去读，一遍一遍读，体会那种语感。读多了，可能会感觉自己平常使用语言虽然通顺，符合规范，可是无味，没有分量。如果有了这种自省和自觉，你的语言水平也可能就得到某些提高了。

阅读《朝花夕拾》可能有第二个"隔"，就是文化历史常识。鲁迅这些回忆写的是 100 多年前中国的社会生活，牵涉到很多历史、文化常识，如果不懂，的确会处处都是障碍。很多同学不喜欢读鲁迅的文章，除了语言上的"隔"，还有这时代和知识上的"隔"。也举个例子，如《无常》开头一段：

> 迎神赛会这一天出巡的神，如果是掌握生杀之权的，——不，这生杀之权四个字不大妥，凡是神，在中国仿佛都有些随意杀人的权柄似的，倒不如说是职掌人民的生死大事的罢，就如城隍和东岳大帝之类。那么，他的卤簿中间就另有一群特别的脚色：鬼卒，鬼王，还有活无常。

你看，像"城隍""东岳大帝""卤簿"等，都是民间文化和传说中的角色、事物，文中还提到

《玉历钞传》《陶庵梦忆》等多种典籍,对这些多少要有所了解才能读下去。又如另外一篇《范爱农》,写到安徽巡抚徐锡麟、秋瑾、满洲、恩铭,等等,都和辛亥革命前后的历史有关,如果不了解,读起来也会感到有些"隔",甚至不懂,读不进去。碰到这种阅读障碍怎么办?不要怕,也不要偷懒,查字典词典或者相关的历史书,大致能懂,就读下去。这样,会有意外的收获,那就是通过读《朝花夕拾》、读鲁迅作品,对中国传统文化以及近代文化、历史有一定的了解,而且是感性的了解。这是历史书上也不一定学得到的。如果读历史,可能比较概括,比较理论化、知识化,而结合着鲁迅作品来读,就可以获得鲜活的历史感受。认真读《朝花夕拾》,把那些相关的人物史事都大致弄清楚,哪怕是大致,就很不简单,人文学科基本的素养都在其中了。

我们要正确认识为何读鲁迅会有些"隔",不怕这种"隔",还要力求打通这种"隔",进入鲁迅的精神世界。这样,我们就提升了自己的语文水平,提升了思想水平。

顺便提一下,教材中有关《朝花夕拾》名著导读这一课,其标题就是"《朝花夕拾》:消除经典的隔膜"。其中讲到现在是媒体时代,许多年轻人没有耐性读经典作品,经典似乎离我们越来越远。我们要认识到,经典是人类智慧的结晶,读经典可以加大文化积累,可以锻炼思考能力,可以丰富人生的感受,可以涵养性情,等等。要让自己聪明,最好的办法就是从经典中汲取智慧。但是由于时代的隔膜、语言的隔膜,年轻人读经典,是有困难障碍的,就是前面说的要消除"隔"。而且一般来说,对经典的不喜欢,也属于正常反应。怎么消除与经典的"隔膜"?前面也提到一些办法了,比如细读,了解相关的历史文化知识,等等。但消除对于经典的"隔",主要还是认识问题。年轻的时候,容易被流行的甚至低俗的文化所包围,所以还是要有定力,有毅力,适当远离低俗文化,多读一些经典,尽可能让自己口味变得比较纯净和高雅,所以也就要适当读一些深一点的书。《朝花夕拾》提示我们如何消除与经典的隔膜,在今后接触其他中外经典时,也是适用的。

整体把握:大气、幽默与简单味

接下来,我们就来讲《朝花夕拾》阅读中应当主要关注什么,如何使我们的阅读成效最大化。我讲4点,是对整个《朝花夕拾》的整体感受和整体分析。在初中语文课上,我们学《朝花夕拾》中的3篇作品,是一篇一篇精学精讲的,那么我们阅读《朝花夕拾》整本书,就要有个整体把握。

第一,大气。鲁迅的文章毫不拘谨,放得开,收得拢,这是大气度。鲁迅叙说以往生活经历,时而沉湎回忆,时而感慨迸发,时而勾勒一幅景致,时而揣摩某种心理,时而考核故实,时而旁敲侧击……真正做到了其所主张的"任意而说""无所顾忌"。然而细细琢磨,一篇仍有一篇的中心,各篇还都不脱离全书的基本线索。我把这叫作雍容大气。这是第一点。

比如《藤野先生》开头讲中国留学生油光可鉴的辫子、会馆里乌烟瘴气的跳舞,随便说到的这些怪现象,却是自己离开东京去仙台的原因。接着写仙台的经历,藤野先生的热心和自己受到的民族歧视穿插表现,恩师的形象逐渐显示,仿佛就是闲聊,漫不经心,从容自然。这就是大气,是雍容。不像有些散文过分讲究结构篇章,反而显得拘谨、做作。鲁迅曾经和一位青年谈到怎样写文章:要锻炼撒开手,只要抓紧辔头,就不怕放野马,要防止走上小摆设的绝路(《我和〈语丝〉的始终》)。

这提醒对于我们写文章应当是有帮助的。刚开始学写文章,可以有些模仿,有些章法结构的要求。但慢慢写得多了,就要注意文字背后的思维,让思维的变化去引领文章写法。只有思想放得开,不拘谨,文章才有大气度。这也是一种向往吧。

第二,幽默。同学们可能都喜欢幽默,我们乐于和幽默的人在一起。网上很多段子,也是有些幽默的。但这些幽默可能格调不一定高,就是"搞笑"而已。鲁迅的幽默是很"高级"的。阅读《朝花夕拾》,要欣赏鲁迅式的幽默。《朝花夕拾》中很多顺手而来的讽刺——注意了,这种讽刺往往不是单刀直入,而是多少有点开玩笑的方式去回敬论敌,这笑就像鞭子,给论敌以苦辣的抽打,叫论敌挨了打却有苦难言,这正显现了幽默的力量。《朝花夕拾》中有许多议论,写得很幽默。比如《父亲的病》中揭露庸医行骗,开的方子要用奇特的药引,"最平常的是'蟋蟀一对',旁注小字道:'要原配,即本在一窠中者'"。鲁迅插入议论:"似乎昆虫也要贞节,续弦或再醮,连做药资格也丧失了。"这很可笑,会让人联想到封建礼教。讽刺的意味就在幽默之中加强了。

另外一种幽默比较平静和善,读来有很好的逗乐娱情的效果。如《阿长与〈山海经〉》里写善良可亲的长妈妈那些可笑的缺点,是用仿佛很"严重"的口气说的:"满床摆着一个'大'字,一条臂膊还搁在我的颈子上。我想,这实在是无法可想了。"但自从听了她讲长毛的故事之后,"对于她就有了特别的敬意,似乎实在深不可测;夜间的伸开手脚,占领全床,那当然是情有可原的了,倒应该我退让"。这幽默的表达,让人感觉到怀念的真切,连缺点都可亲。站在更高的阶段回顾过往,审视处在荒唐情境中的童年或有趣的弱点,有一些戏剧性的兴奋。我们和同学、玩伴回想往事,常有类似的情况吧。

再举个例子,《琐记》中记叙在日本的留学生活,有这么一大段:

> 初进去当然只能做三班生,卧室里是一桌一凳一床,床板只有两块。头二班学生就不同了,二桌二凳或三凳一床,床板多至三块。不但上讲堂时挟着一堆厚而且大的洋书,气昂昂地走着,决非只有一本"泼赖妈"和四本《左传》的三班生所敢正视;便是空着手,也一定将肘弯撑开,像一只螃蟹,低一班的在后面总不能走出他之前。这一种螃蟹式的名公巨卿,现在都阔别得很久了,前四五年,竟在教育部的破脚躺椅上,发现了这姿势,然而这位老爷却并非雷电学堂出身的,可见螃蟹态度,在中

国也颇普遍。

是不是特别可笑？这就是幽默的力量。

鲁迅的幽默是有力的、自信的，是一种智慧，一种语言的风格，更是一种气质的表现。欣赏《朝花夕拾》，要格外注意这种由幽默产生的美感。读完《朝花夕拾》，鲁迅在你们心目中的形象可能有所改变：他不单是黑暗时代最勇敢的战士，不单是寂寞、忧虑、愤怒的，同时也是有温情的、淘气的、可爱的，幽默构成了鲁迅形象一个重要的侧面。在现代中国，极少有比鲁迅更有趣、更幽默的"老头"了！

第三，简单味。这个词有点生吧？是说《朝花夕拾》的风格，非常洗练、清晰，文字不多，给人印象很深。和文字表达也有关。鲁迅的这些文章似乎在说"闲话"，也称"漫笔"，是一种比较随意的写法，要细细品味，才更加能体会那种特别的情趣。每一篇集中勾勒一二人或一二事，就生动地概括了这一历史过程中的几个社会侧面，展现了作者几十年生活的踪迹。如《范爱农》写清末浙江发生的反清革命家徐锡麟被杀事件，心肝都被清兵炒了当菜吃了。消息传到日本，留学生开会讨论如何应对，要不要发电报。

……我是主张发电的，但当我说出之后，即有一种钝滞的声音跟着起来——

"杀的杀掉了，死的死掉了，还发什么屁电报呢。"

这是一个高大身材，长头发，眼球白多黑少的人，看人总像在渺视。他蹲在席子上，我发言大抵就反对；我早觉得奇怪，注意着他的了，到这时才打听别人：说这话的是谁呢，有那么冷？认识的人告诉我说：他叫范爱农，是徐伯荪的学生。

几句话，把范爱农愤世嫉俗、耿介直爽的个性写出来了。提炼典型的细节，多采用"白描"的勾勒，也可以造成一种简单味，耐读，就像欣赏线条清晰简练而富于表现力的素描，着墨不多，余韵无穷，我们不能不佩服这种洗练的功力。

这对我们的写作也有启示：写某个人物、某件事情，如何在有限的篇幅中写出其特点？每一个人，都很有特点，你能用两三句话把他写出来吗？首先要观察，看这个人给人印象最深、最能显示其个性特征的是什么，写的时候就抓住特征，加以突出，而不是"眉毛胡子一把抓"，平铺直叙。当然，要达到鲁迅那样的"简单味"，可不容易。观察是一种思维能力，能抓特点、抓重点，这也是需要训练的。我们学习《朝花夕拾》时，多注意一点鲁迅行文的"简单味"，让自己的作文更加简练，不啰唆、不繁杂，不"记流水账"，这也是一个收获吧。

现代散文的翘楚

像《朝花夕拾》这样通过写个人的生活，也折射时代变迁，带有浓烈的抒情叙事意味的散文，是"五四"之后出现的一种新的体式。几乎所有新文学作家都写过这类作品，我们教材中也收入了一些。鲁迅是其中的翘楚。这类文章,现在也很流行,是常见文体,大家很习惯享用了。在古代,虽然还没有"散文"这个文体概念,但散文创作是很发达的。诸如《史记》那样的史传文,贾谊《过秦论》、诸葛亮《陈情表》这样的政论策论,陶渊明《桃花源记》、王勃《滕王阁序》之类记叙文,韩愈《师说》、柳宗元《捕蛇者说》一类议论文,还有杜牧《阿房宫赋》、苏轼《前赤壁赋》一类赋体文,等等,范围很广,佳作很多。大家读过这些古代名篇,都会感叹汉语之美,文章之美;但再来读鲁迅《朝花夕拾》,仍然会觉得非常新鲜,甚至是前所未有。不只是《朝花夕拾》用白话写作,也因为它好像更加贴近生活,更适合表达个人的感情。

  郁达夫曾经比较古今文章的最大不同,他说:"现代的散文之最大特征,是每一个作家的每一篇散文里所表现的个性,比从前的任何散文都来得强……更是带有自叙传的色彩了。"(《〈中国新文学大系·散文二集〉导言》)这可以帮助我们认识《朝花夕拾》的特点,以及鲁迅这部作品对于引领现代散文创作所起到的类似源头的作用。

《乡土中国》导读[1]

> 读书不能总是读自己喜欢的、浅易的、流行的读物,在低水平圈子里打转。有意识让自己读一些"深"一点的书,一些可能超过自己能力的经典。

高中语文统编教材把费孝通的《乡土中国》列为"整本书阅读"单元,要求通读,估计有些同学拿起这本书,翻几页,会觉得难,读不下去。以前课文是一篇一篇地教,现在要读整本,又是很少接触过的学术专著,感到难,属于"正常反应"。

《乡土中国》的确有点难。这是社会学的经典论著,学术性强,即使这方面的专家,读起来也要费一番心思的,何况我们中学生?书中所写的"乡土中国",对于当今许多城市里长大的孩子来说,是那样遥远,农村的学生也未见得就不感到陌生,这也会造成阅读障碍。经典阅读总会有困难,却又是充满乐趣的。读书不能就易避难,不要总是读自己喜欢的、浅易的、流行的读物,在低水平圈子里打转。年轻时有意识让自己读一些"深"一点的书,读一些可能超过自己能力的经典,是一种挑战。应当激发自信,追求卓越,知难而上。

下面围绕《乡土中国》,讨论一下如何来读社会科学论著。

---

[1] 本文系笔者为人民文学出版社版《乡土中国》所写导读。

书的"类型"决定"读法"

选择某一本书,必须先确定是什么类型的书,希望从中得到什么,以及应当采取怎样的阅读姿态与方法。像《乡土中国》这样的学术性论著,一般有两种读法。一种是专业阅读,目的性强,往往要带着专业的问题去和书"对话",吸收或者质疑其中的观点。这是学术探究的读法。第二种是普通的非专业的阅读,主要是充实知识,拓展眼界,提升素养。两种阅读并非截然区分,有交叉,但各自的阅读取向与方法有所不同。教材中"整本书阅读"所要求我们的,主要是第二种读法,旨在初步接触社会科学论著,扩展知识面,因此标准不宜定得太高,只要坚持读完,对书的内容及表达方式有大致了解,对社会科学研究有些体验和印象,就可以了。如果还能探索一下阅读这类书的门径,甚至引发对某些问题的思考探究,那就更好。网络阅读容易碎片化,而整本书阅读可以"磨性子",祛除浮躁,培养毅力,涵养心智。老师可以给一些阅读方法的建议,主要让学生课外自主阅读,没有必要像单篇课文教学那样精雕细刻,也没有必要布置很多"活动"和"任务"。阅读可以促进写作,但读书又不能处处指向写作,也不要老是想着考试,那会败坏读书的兴趣。好的办法就是在老师指导下给自己设定一个大致的计划,打"歼灭战",集中一段课外时间读完,即使在一些具体的论述上不是很懂,也不要紧,不必死扣,无须步步为营。

读书宜先"粗"后"细"

社会科学是用科学的方法研究人类社会现象的学科,主要包括经济学、政治学、法学、伦理学、社会学、人类学,等等。阅读社会科学论著,宜"粗读"与"细读"结合,先"粗"后"细"。第一步,先了解作者的意图,知道全书的主旨。可以看序跋,看出版介绍及相关评论,大致清楚作者和写作背景,看他为何要做这项研究,要解决什么问题,提出了哪些基本观点。这是粗略的"预读",做准备的。

《乡土中国》没有序言,但有后记。费孝通在后记中把这本书的背景、写作经历,以及写书的目的,说得很清楚了。原来费孝通在20世纪30年代所从事的学术工作,是"实地的社区研究",目标是"社会结构的分析",属于社会学的范畴。《乡土中国》就是这种研究的结果。后记比较长,叙述了社会学的学科史,涉及流派众多,名词术语不少,我们不必感到畏难和紧张,大致了解其学术源流就行。费孝通梳理学术史,是为了说明他的研究是在跟进当时社会学研究重视个案切入(即所谓聚焦于某个群体的"社区研究")的"趋势",目标是"在一定时空坐标中去描画出一地方人民赖以生活的社会结构"。这种研究的意义,是从农村来观察中国社会及文化,加深对"国情"的认识。除了看出版介绍、读序跋,还应当看看目录。社科类著作的目录,一般都比较明晰,主要的观点往往会出现在章节的标题或目录中。看一遍《乡土中国》的目录，可能对其中有些名词或者问题是不怎么懂的，也可能对有些是感兴趣的，回头再想想后记中交代的研究背景，我们对这本书的主旨便有粗略的了解了。

接着，就要浏览全书，不求深入，但求有整体感觉。既然是"粗读"，那就可以采取跳读的方法，把全书快速过一遍。每个章节的开头或者结尾可多留意，那里往往会提出观点；看到那些阐述观点或者定义概念的句子，可能比较重要，顺手就圈划下来；其他部分则可以一目数行，"扫描"过去，大致的意思能懂，就往下读，别停留。这样蹦蹦跶跶读完全书，"第一印象"有了，有些疑点和兴趣点呈现了，阅读的期待自然也发生了。"粗读"是必要的头道"工序"，为整个阅读做准备的。如同到一个陌生的地方，先看看地图，确定方位，有什么景点或者生活设施心里有数，游览的计划也就慢慢形成了。

要紧的是"抓概念"

"粗读"之后，就进入了"细读"，主要是分析性阅读，在整个阅读中占大头，要花更多的精力。不能像读小说那样"放松随性"，社科论著的阅读要有些计划和步骤，多动脑筋，多一些理性思考。

"细读"时最要紧的，是"抓概念"。在科学研究中，把某些现象或者事物所体现的本质特点抽象出来，加以概括，形成一种"说法"（往往是某一个词句），这就是概念。比如，《乡土中国》中就有"乡土社会""礼治秩序""差序格局""无为政治"等概念，"细读"时要作为重点去"抓"。"抓概念"就是抓观点，抓重点，抓关键，特别是那些核心概念，抓住了才能纲举目张，把握全书的主要内容和学术创见，理解其研究的价值。

问题是，概念怎么去"抓"？像《乡土中国》的后记、目录中都提到一些核心概念，要留心记下，把它"抓住"。社会科学论著一般都附有"内容简介"，刊物上发表的论文前面也会有"摘要"和"关键词"，其中都会标示出核心概念，方便我们去"抓"。更重要的，是要在正文的阅读中时时留意概念。碰到概念，就要停留一下，琢磨这么几点：这些概念是在哪些部分、什么"语境"中提出的，其内涵如何，属于一般概念还是核心概念，以及如何围绕概念展开论析，等等。一般来说，论著的绪论、每一章（或者论文）的开头和结尾要特别留意，这些地方往往会提出概念，要先"抓住"，然后再到正文中去寻找和琢磨前面说的那几个问题。凡是提出概念或者定义概念的句子，有画龙点睛作用的，要顺手圈划下来。读完全书，回头再看那些圈划和琢磨过的概念，可以把它们排列在一起，这就如同有了一张阅读的"线路图"。语文课经常提醒"抓住关键词"，对社科论著的阅读来说，"抓关键""抓概念"是必备的能力。真正学会"抓关键""抓概念"，并不容易，这里提供的也只是一些基本的操作办法。只有多读，阅读速度快了，语感强了，归纳提取信息的能力强了，会一目数行跳跃检索了，"抓概念"的经验也就逐步形成了。

"抓概念"的"抓",还带有辨识内涵的意思。要多想想,概念特别是核心概念,其所提出的上下文是什么,是借用过来的,还是作者自己在研究中凝练的。这也是"细读"的重点。有时候要前后来回读几遍,反复琢磨,概念的"来路"和内涵才能明白。《乡土中国》并非一开篇就提出"差序格局"这个核心概念,而是先用三章的篇幅做许多"垫底"。费孝通先讨论乡下人如何划分"群己""人我"的界限,结合分析古代传统中的伦理道德问题,发现中国人是以"己"为中心,和别人的关系就像石子投入水中的波纹一般,一圈圈推出去,愈推愈远,也愈推愈薄。这种集体无意识的习惯或者文化,就决定了农村社会格外重视人伦关系的基本结构。于是水到渠成,到第四章,作者才归纳:"中国乡土社会的基层结构是一种我所谓'差序格局'"。这是个核心概念,把这本书的要旨"定"住了,是费孝通的独特发现,是他的理论建树,后来成为社会学界广泛认可的"定论"。阅读《乡土中国》前四章,我们注意其论述中几个概念的层层推进,终于抓住"差序格局"这个核心概念,等于"抓住"了全书论述网络的"纲"。在《乡土中国》中,几乎每一章都提出一两个概念,其"层级"可能比体现主旨的那些核心概念"层级"要"低",但也都从不同侧面论证乡土社会的特点,最终完善对乡土社会特质的论说。阅读时要注意把握好每一章提出的概念,在理解这些概念的含义时,想想各个概念之间的区别与联系。

阅读社科类论著,还会经常碰到专业术语。术语是用来限定或表达科学概念的约定性语言,主要在所属专业领域内使用,行外的读者如果不懂其特别含义,就难以理解用它来展开论述的内容。所以阅读社科论著,要努力弄清楚其中的专业术语的意思,扫除阅读的障碍。

《乡土中国》在论述农村社会的"结构"时,就用了许多社会学、人类学、政治学等学科的术语,比如"团体格局""权力结构""文化范型""血缘"和"地缘",等等。要注意这些术语各自特定的专业含义。多数术语在文中会有所解释,或者联系上下文,用心推敲,就可以明白其意涵。实在不懂的,也可以查找相关的资料(比如词典、百科全书等工具书),看它们怎么解释其意义。某些术语在工具书中的解释可能比较规范,但和书中使用的意思有些出入,这就需要比较辨析,理解作者这一"用法"的特殊含义。也有些术语是作者为了论述的方便而"发明"的专用语,专业领域不一定通用,比如"感情定向""男女有别""无为政治""无讼",等等。术语不能只从字面上去理解,特别是作者的那些专用语,似乎一看就懂,但书中使用可能另有所指,或者转换了词语原有的意思。哪些是专业术语,哪些是作者的专用语,很多情况下论著并没有提示和解释,读者只能自己去找,并且推敲其所传递的意义。

厘清论证理路:"对话"与"命名"

阅读社科类论著,最费功夫的,还是厘清其论证理路。《乡土中国》十三章,每一章都有一个"分论点",诸多"分论点"汇聚并支撑起层级更高的主旨论点。每读完一章,合上书,把内容过过脑子,想一想这一章的论点是什么,最好还能用书中的一两句话或者自己的语言小结一下。对于初学者来说,"小结"不容易,这需要化繁为简,把一本厚书读成薄书。但这种训练对于思辨性思维的养成很有效果。我们不妨举第一章为例子看看。《乡土中国》要论证"中国乡土社会究竟是什么样的社会",并不是直接提出问题,而是从人们熟悉却未必关注的现象说起。先谈乡下人的"土气",接着引向对中国传统社会小农经济完全要依靠土地这一现象的描述,导向一个论点:因为"土"的滋养,才有了"面朝黄土背朝天"的传统农业,有了聚村而居、与世无争的传统生活,有了生生不息的中国传统文化。进而又做理论升华,论证乡土社会结构为何是稳定的。最后才引申出一个重要的学术论点,指出乡土社会是"一个熟悉的社会,没有陌生人的社会"。《乡土中国》在貌似平易的叙说中层层推进论述,入情入理。阅读这样的学术论著,提炼把握"分论点"和"主旨论点",把整本书论证的脉络梳理清楚,自己也得到了锻炼,从中学到如何让思维和表述更有条理,更讲逻辑。

顺便还要说说"论述"和"陈述"的区别,这是在社科论著阅读时也要注意的。《乡土中国》原来是作者上课的部分讲稿,带有"通论"性质,但没有写成面面俱到的教科书,也没有满足于陈述一般知识,而把重点放到与学术界既有的观点"对话",带出问题与新的见解,这就是论述。其论述特别重视做的是两件事:一是质疑与"对话",对既有的观点提出不同意见。二是"命名",在阐述自己的发现或见解时,给出一个"定论",或者是自成一说的"说法"。比如第八章讨论乡土社会的"秩序",认为中国乡土社会维持运转靠的既不是"人治",也不是"法治",而是很特别的"礼治"。所谓"礼治秩序"的"说法",就是独有的学术"命名"。类似这样的论述,书中很多,可以挑选其中一二,重点琢磨分析,主要看其论证的逻辑推理。

材料上升为"现象"分析

《乡土中国》的研究属于社会学的"社区分析",目标是剖析"社会结构的格式"。社会分析可以从不同的角度进行,比如经济的、政治的、制度的,等等,也可以是宏观研究,但费孝通采用的是社会学的"社区分析",从微观入手,达到宏观的认识。1936年费孝通曾对家乡一个村庄做田野调查,在此基础上完成了题为《中国的农民生活》的博士学位论文(后翻译成中文出版,取名《江村经济》)。在写作《乡土中国》之前,费孝通又到广西、云南等地做过长期、艰苦的"蹲守"式田野调查,了解乡民的生活,感受他们的情感与文化。《乡土中国》深深植根于社会生活土壤，非常"有料"，非常"接地气"，这也是本书能够成为经典，影响远远超出所属学科范围的原因。阅读《乡土中国》，我们对社会科学研究的特点会有一些了解，社会科学家那种扎根现实生活、务实求真的科学精神值得我们学习。

读《乡土中国》一般都会对其中大量民俗调查案例感兴趣，但不要满足于"猎奇"，还应当注意观察作者是如何"处理"这些材料的。费孝通的"拿手好戏"是筛选案例材料，提炼为可以印证乡村社区结构特征的"现象"，并和其他不同"文化格式"进行比较，以凸显乡土中国的特殊性。材料一经筛选提炼，典型性和代表性凸显，就往"现象级"提升，以便进入理论分析的层次。该书非常巧妙地、不露痕迹地吸收融合政治学、经济学和文化人类学等相关学科的方法，具有很高的理论站位和厚重的学术分量，而一切都是那样自然，没有任何理论的炫耀。如何观察社会的文化的"现象"？如何用科学的理论解释"现象"？是有各种不同角度的。费孝通用的主要是社会学的角度，然而他在方法论上的启示是"溢出"社会学范围，具有普遍意义的。

《乡土中国》重在客观论证，我们依然感觉得到其中流淌着浓郁的传统文化意识以及乡土中国情结。通过这本书的阅读，我们加深了对于中国社会特别是农村社会的认识，也加深了对传统文化的认识。《乡土中国》论析的是旧中国的农村，它问世至今，大半个世纪过去了，农村发生了天翻地覆的变化，但"变"中又有哪些"不变"？传统与现代的转换和融合，乡村与城市的碰撞和交流，给社会带来哪些利弊？我们会想到当今的农村，想到农民工，想到社会习俗与风气，想到传统文化，想到中国的过去与未来，等等。好书就是这样，总能引起无尽的思考。

语文学习能从《乡土中国》中获得什么

阅读《乡土中国》是需要一些社会学知识的。不过对我们中学生来说，也不必在专业知识方面花太多精力，结合语文学习来阅读《乡土中国》，可能是更加必要的。《乡土中国》以调查和科学论证为主，但写得很有文采，充满人文关怀。文中渗透着对历史学、哲学、政治学、人类学等相关学科的深刻认识和精辟见解，是"杂"而化之。能做到科学、严谨而又好读，这种文体风格背后，需要科际整合的开阔视野，也需要深厚的文化底蕴，这是学术论著的一种境界。从语文的角度看，也是一部可圈可点的美文和范文。

这本书论述非常简洁有力，有几点很值得借鉴。一是论点鲜明，每一章集中解决一个问题，而且尽量把论点凝结为一种"说法"，一个概念。二是论证有很强的问题意识，强调"对话"，和学界不同的看法"对话"，以此凸显自己的观点。三是论证的求实，靠材料说话。四是大量引证传统典籍材料，有些引文是人们所熟悉的，但纳入本书的论述系统,就可能"翻新"出新的含义。此外,还有许多写作经验也富于启发。比如议论文在论证推理的同时如何更生动而且有可读性,观点与材料如何结合,叙述和论说如何平衡,以及如何摆脱从概念到概念的"八股味",等等。

《乡土中国》其实未必那样遥远,读完了,也许就能从中学到如何阅读社科论著,如何分析思考社会现象,如何做一个有头脑、有见识、有担当的青年。

2019年10月3日

《红楼梦》整本书阅读的教学要点与难点[①]

学生依靠自己的阅读经验去理解小说时,可能会有偏颇,但个人经验在《红楼梦》整本书阅读教学中,是十分重要的。

《普通高中语文课程标准(2017年版)》制定了18个学习任务群来统筹高中语文教学。其中,第一个任务群便是"整本书阅读与研讨","本任务群旨在引导学生通过阅读整本书,拓展阅读视野,建构阅读整本书的经验,形成适合自己的读书方法,提升阅读鉴赏能力,养成良好的阅读习惯,促进学生对中华优秀传统文化、革命文化、社会主义先进文化的深入学习和思考,形成正确的世界观、人生观和价值观。""整本书阅读与研讨"任务群的学习贯穿于高中语文必修、选择性必修和选修阶段,包括经典名著、学术著作等的阅读与研讨,成为高中语文教学的热点。

《红楼梦》是我国古典小说的最高峰,以贾、史、王、薛四大家族的兴衰为背景,讲述了贾宝玉和林黛玉的爱情悲剧故事,展现了四大家族由鼎盛至衰颓的过程,批判了腐朽的封建统治阶级和封建制度。《红楼梦》是《普通高中语文课程标准(2017年版)》推荐的课外阅读小说,也是"整本书阅读与研讨"的对象之一,在高中语文必修下册教材中便设了《红楼梦》的整本书阅读与研讨。那《红楼梦》的整本书阅读应该如何进行呢?具体教学内容是什么,难点又是什么呢?我们可以根据《普通高中语文课程标准

[①] 本文系杨伟与笔者合作撰写,发表于《语文学习》2020年第1期。

(2017年版)》"整本书阅读与研讨"学习任务群的学习目标、阅读要求,来寻找答案。

一、《红楼梦》整本书阅读的教学要点

《普通高中语文课程标准(2017年版)》指出"整本书阅读与研讨"任务群学习目标与内容有5项:一是"在阅读过程中,探索阅读整本书的门径,形成和积累自己阅读整本书的经验",二是"在指定范围内选择阅读一部长篇小说。通读全书,整体把握其思想内容和艺术特点",三是"在指定范围内选择阅读一部学术著作",四是"利用书中的目录、序跋、注释等,学习检索作者信息、作品背景、相关评价等资料,深入研读作家作品",五是"联系个人经验,深入理解作品;享受读书的愉悦,从作品中汲取营养,丰富自己的精神世界,逐步形成正确的世界观、人生观和价值观"。《红楼梦》是一部长篇小说,就其阅读而言,具体学习目标涉及"整本书阅读与研讨"任务群教学目标的第一、二和五。因此,我们根据以上3条教学目标来设定《红楼梦》整本书阅读的教学内容。又因为如上第一、二两个学习目标,涉及整本书阅读教学的方法,以及对小说思想内容、艺术特点的把握,都可以从小说人物、场景、语言等方面入手考查,所以,这里把第一、二两个教学目标结合在一起论说。

首先,学习长篇小说的阅读门径。这部分主要涉及《红楼梦》整本书阅读方法。语文小说教学多选用短篇小说,在这方面,教师也有了成熟的教学方法。《红楼梦》属于长篇小说,语文小说教学对此还是比较陌生,也会出现不知如何做的困境。事实上,长篇小说的教学也有相应的方法。关于如何阅读《红楼梦》,应把握6个方面,即"把握前面五回的纲领作用""抓住情节主线""关注人物形象的塑造""品味日常生活细节的刻画""了解社会关系与生活习俗""鉴赏语言"。这也就是说,在做《红楼梦》整本书阅读时,教师应提醒学生从小说的前五回、情节、人物形象、细节描写、生活习俗、语言等方面来进行。之所以如此做的原因就在于,小说前五回具有纲领作用:第一回为楔子,铺垫宝黛爱情悲剧,暗示贾家的结局;第二回交代小说人物;第三回通过林黛玉,对贾府做了一番描写,引出重要人物;第四回介绍了小说的社会背景;第五回为全书总纲。再加上小说情节、人物、语言是十分重要的元素,《红楼梦》的细节描写、生活习俗又很具有特色,因此,在进行《红楼梦》整本书阅读教学时,教师要着重从以上6个方面入手。

其次,在明确了具体教学方向后,还应给予学生方法指导。这也可以从如下几个方面入手:第一,在人物方面,"绘制小说主要人物的关系图表"。《红楼梦》这部经典中有名有姓的人物有400多个,包括荣国府、宁国府主要人物,以及相应的仆人,还有除此之外的妃子、王爷、尼姑、道士,等等。《红楼梦》人物众多,为了使学生更容易读懂,教师可让学生自己绘制主要人物关系图表,从而使他们清楚小说主要人物之间的关系,理清小说的脉络。

第二，在人物方面，还应让学生"体会人物性格的多样性和复杂性"。这也就是说，教师教学时应重视小说人物性格的多样性、复杂性分析。《红楼梦》的很多人物性格都是十分复杂的，如薛宝钗、王熙凤、袭人等人，即便是贾宝玉、林黛玉也是如此。例如，薛宝钗虽然容貌美、天资聪慧、博学，但是又成熟世故、善于忖度、功利无情，最终与宝玉结合，却也埋葬了自己的幸福。因此，教师在具体讲读过程中，要注意让学生发现主要人物性格的多样性。

第三，带学生"品味日常生活细节所表现的丰富内涵"。《红楼梦》涉及的生活内容非常广泛，包括诗词曲赋、音乐绘画、酒令笑话、饮食起居等。为了能够更好地理解小说所表现出来的如此广泛的生活内容，教师应鼓励学生把小说中的日常生活片段写成短文。

第四，"欣赏小说人物创作的诗词"。《红楼梦》中有很多诗词曲赋，这成为小说一大特色。这些诗词曲赋也能够从一定程度上反映小说人物的性格。因此，教师可以对学生进行分组，带学生品味小说诗词，并撰写短评。

第五，让学生发挥想象力，"设想主要人物的命运或结局"。这一内容的完成，可提示学生根据小说的诗词来推断。比如，小说在写到王熙凤时，给出的诗词是："凡鸟偏从末世来，都知爱慕此生才。一从二令三人木，哭向金陵事更哀。"这几句诗也就道出了王熙凤这个不平凡的女强人，生在了贾府大势将去的末世，最后落得个被休弃的结局。像这样的诗词，小说中还有很多。教师可以引导学生通过这些诗词或者小说中具有暗示性的语言，来推断主要人物的命运、结局。

第六，写研究综述，"体会《红楼梦》的主题"。小说阅读教学的目的，是要理解它的主题。学界对《红楼梦》主题的研究涉及很多方面，包括封建制度的批判、家族衰亡、宝黛爱情、人情世态、女权觉醒，等等。因此，鲁迅先生说，一部《红楼梦》，"经学家看见《易》，道学家看见淫，才子看见缠绵，革命家看见排满，流言家看见宫闱秘事"。针对此种情况，也为了使学生更深刻地理解《红楼梦》主题，教师应该引导学生写作《红楼梦》主题的研究综述，以培养学生查阅资料、写作文献综述的能力，获得对《红楼梦》更深刻的认知。

如上6个方面，学生在完成过程中也不一定要面面俱到，而应有所侧重。在"绘制小说主要人物关系图表"方面，只有学生对荣国府、宁国府主要人物关系有所了解了，才能更好地读懂此书，这是进行《红楼梦》整本书阅读的基础。从其重要性与学生学习能力方面来看，学生是可以完成这部分内容的学习的。人物形象是小说的关键内容。人物性格多样性的探讨，是我们教学的一个重点，也是学生学习的重要内容。在欣赏小说人物创作的诗词并写作短评时，要考虑每个学生对诗歌的鉴赏是否有兴趣，或者是否有能力完成。同样，在品味小说日常生活描写并写作短文时，也要考虑学生的学习能力。特别是小说生活描写,涉及很多说明文内容,这也要考虑学生是否有兴趣。而"体会《红楼梦》的主题"是我们教学的核心内容,应强调学生完成。如上六方面内容的完成不能死板,只有灵活,才能更好地调动学生的积极性,更顺利完成学生对《红楼梦》整本书阅读的学习。

再次,联系个人经验阅读作品,或者尽可能沉浸式阅读,获取个人印象最深或者最有兴趣的方面,去深入体会。这也就是说,在进行《红楼梦》整本书阅读时,要联系个人经验,深入理解作品,另外还需获得审美愉悦,以及精神性的熏陶,逐步形成正确的世界观、人生观和价值观。也因此可以说,整本书阅读教学十分重视阅读者的个人经验、感受。

在进行《红楼梦》整本书阅读教学之前,学生也有了一定的阅读经验。但他们在之前的教学中,学习的是短篇小说,而不是整部的作品。尽管如此,他们也有了自己喜欢哪类小说的看法,以及如何阅读小说的经验。因此,在《红楼梦》整本书阅读教学中,教师应多鼓励学生联系个人经验,去读、去理解此书。学生依靠自己的阅读经验去理解小说时,可能会有偏颇,但个人经验在《红楼梦》整本书阅读教学中,是十分重要的。

最后,还应重视学生独特的审美感受。《普通高中语文课程标准(2017年版)》还提出了"语文核心素养"这一重要概念,包括4个方面:"语言建构与运用""思维发展与提升""审美鉴赏与创造""文化传承与理解"。"审美鉴赏与创造"是其中的一个方面,审美被纳入了教学中。这就要求教师在教学时,不能少了审美分析。在《红楼梦》整本书阅读中,审美同样重要。《红楼梦》有大量关于建筑、饮食、服饰、酒闲词令、诗词音乐等的描写,由此读者能够看到当时的文化现象,感受小说表现出来的多种艺术美,获得极为丰富的、深刻的审美体验。由此,教师在《红楼梦》整本书阅读教学中,应带领学生对小说的艺术美进行感知、鉴赏。但是,教师也不能做具体的规范要求,在对小说进行审美鉴赏时,要发挥引导作用,尊重学生的感受,培养学生个性化的审美感受。只有这样,才能使学生真正投入到阅读中,发现整本书阅读的乐趣。

二、《红楼梦》整本书阅读教学难点

在对《红楼梦》整本书阅读教学内容有了了解之后,我们还应思考其中的诸多难点。

第一,是学生的阅读心理障碍。《红楼梦》整本书阅读设在高中阶段。值得注意的是,高中生未必理解和喜欢这部表达人生体验的深刻而博大的书,他们有心理上的"隔膜"。《红楼梦》是一部很深刻的书。小说写了贾家家族的丑恶,例如贾敬追求长生,贾赦骄奢淫逸,贾政深受八股戕害,贾府年轻子弟纨绔堕落,等等。在这之上,小说又写了四大家族由兴盛到衰败的过程,由此揭露了封建家族的腐朽,批判了封建制度,并展现了当时封建贵族在政治、经济、文化、思想等方面的状况,刻画了贵族与平民之间的矛盾、封建社会的阶级斗争。因此,《红楼梦》是一部具有巨大社会意义的小说,不仅写了爱情悲剧,更写了封建社会的方方面面,对社会制度、政治历史、封建家族、婚姻自由、女权等问题进行了思考,展现了社会日常生活的细节。因此,《红楼梦》是有一定高度的。

高中生在情感、对社会的认知上还不够深刻,对《红楼梦》会有一定的心理距离。高中生还不到18岁,他们面对的群体是家人、老师、同学,对社会的认知更多地是在与家人、师长的聊天中获得,还缺乏自己对社会真正的理解。像《红楼梦》这样一部高深的作品,高中生是无法完全理解的。虽然小说有众多审美描写,学生们也能够从多个方面进行审美体验,但是鉴于他们的认知水平,他们不能完全进入作品。因此,这成为《红楼梦》阅读教学的一个难点。学生与作品存在一定的距离,会造成他们并不能够真正进入小说阅读状态中,不能够顺利理解小说的主题。

这就需要发挥教师的引导作用了。一是需要教师对小说涉及的封建社会的政治、思想、经济、文化、诗词等内容进行介绍,适时点拨,循序善诱地带学生进入《红楼梦》整本书阅读状态中去。二是需要学生对小说不理解的内容进行查阅,更好地进入小说的阅读状态中。三是教师可以借助影视资料来讲解,便于学生对小说的理解。在《红楼梦》整本书阅读教学中,考虑到学生对小说的"隔",再加上学生本身对影视剧的喜爱,教学中可以加入影视资料,方便学生对明清社会状况以及小说主题的了解。

第二,是《红楼梦》情节描写比较平淡,有点散文化,与学生普遍阅读的流行读物有很大的落差,审美上也会"隔膜"。《红楼梦》打破了中国章回小说的窠臼,改变了章回体小说中说书人叙述的体例,以散文化描写为主,对社会生活进行全景塑造。也因此,小说的情节多写情爱、宴饮、看戏、作诗、死亡等,少了古代章回小说的传奇性、惊险性情节描写,从而显得平淡。《普通高中语文课程标准(2017年版)》给出了高中生课外阅读的书目,包括罗贯中的《三国演义》、吴敬梓的《儒林外史》、鲁迅的《呐喊》《彷徨》、茅盾的《子夜》、巴金的《家》、老舍的《四世同堂》、海明威的《老人与海》、塞万提斯的《堂·吉诃德》、托尔斯泰的《战争与和平》,等等。与这些小说比起来,《红楼梦》的一大特色是散文化叙述,缺乏叙事的统一性、情节的传奇性。另外,高中生普遍喜欢看《意林》和《读者》,还有一些网络小说,读穿越、武侠、玄幻、言情等小说,这也会造成学生在阅读《红楼梦》时,发现其阅读习惯、阅读方法、阅读审美期待都与之前的章回小说或者自己喜欢读的流行读物不同,造成一种审美的"隔膜"。

这同样会加大教师教学的难度,是《红楼梦》整本书阅读教学的一个难点。学生在审美上与《红楼梦》有"隔膜",会很难进入《红楼梦》的阅读状态,很有可能出现学生不爱读、不爱学《红楼梦》的情况。教师首先需要通过多种形式来培养学生阅读《红楼梦》的兴趣,只有建立起了最基本的阅读兴趣,学生才能顺利进入学习状态;然后指导学生阅读《红楼梦》,消除他们内心的"隔";最后强调《红楼梦》整本书阅读的重要性,以此促使学生认真阅读。

第三,是《红楼梦》部头大,节奏慢,学生也可能不适应。《普通高中语文课程标准(2017年版)》将整本书阅读与研讨任务群安排在高中语文的必修课中,学18课时。《红楼梦》是一部长篇章回体小说,一共120回。把《红楼梦》纳入教学中,对学生来说,部头太大,学习时间长,难度大。这对教师教学而言,也是一个难点。学生对《红楼梦》整本书阅读的不适应,会减弱学生的学习兴趣,从而使教学不能顺利展开。面对这种情况,教师在一开始讲授时选择抽样讲述就比较重要,选那些能引起学生阅读兴趣的章节,比如宝黛初会、黛玉葬花、刘姥姥游大观园、宝玉出家等内容,让学生对《红楼梦》有初步了解,以及理解《红楼梦》的艺术特点,由此改善学生不适应的情况,引起学生的兴趣,增强学生阅读《红楼梦》的自信心。

语文老师要做"读书种子"[1]

> 多读书,增学养,是教书的需要,也是精神成长的需要。无论多忙,要有"自己的园地"。

明天就是世界读书日。北师大举办这个以"教师阅读"为话题的研讨会,非常切合时事。研讨"教师阅读与基础教育",这个"教师"是指所有中小学老师。推进全民阅读,语文老师是关键,他们应当做"读书种子"。

前不久我在《课程·教材·教法》杂志发表一篇文章,题为《培养读书兴趣是语文教学的"牛鼻子"》。其中谈到"吕叔湘之问"。30多年前吕叔湘批评语文教学"少、慢、差、费",这种状况至今未有根本的改变,我认为主要原因是未能抓住培养读书兴趣这个"牛鼻子"。语文课改来改去,还是未能改进读书少的病况,很多语文课仍然是老师讲得多,活动讨论多,作业操练多,唯独读书不多,孩子们读书的兴趣不大。语文教学要提升效果,必须回到语文的本质,即"读书为要"。文章提出一些具体的建议:有必要加大教读课和自读课两种课型的区分,最好采用"1+X"方法,扩大阅读量;要授之以渔,教给学生多种有用的读书方法;要提倡"海量阅读",鼓励"连滚带爬"地读,以培养读书兴趣和习惯;还要容许学生读"闲书",尊重他们的"语文生活";要把课外阅读纳入教学计划;要把读书状况纳入评价。但要真正实现"读书为要",并不容易,因为还得有个前提条件,那就是——语文教师自己先要喜欢读书,把

---

[1] 本文根据2017年4月24日笔者在北京师范大学"教师阅读与基础教育"研讨会上的发言整理。

读书当作良性生活方式,成为"读书种子"。

很多语文老师也读书,但读的主要是与职业需要相关的实用的书,属于"职业性阅读"。明后天要上课了,今天赶紧找有关材料来读;或者要评职称了,立竿见影读一些"救急"的书。此外,就很少自由地读书、个性化地读书了。很多老师一年到头除了读几本备课用的书,其他很少读,顶多读一些畅销杂志,大部分时间都是网上的"碎片化阅读"。无聊的微信等媒体有一种"魔力",捆绑住很多老师,他们在繁忙的工作之余腾出来的那点时间,也被流行阅读占据了。古人云,"腹有诗书气自华",如果我们的语文老师不读书、少读书,"腹中"装的大都是所谓"戏说""文化快餐""二手货""鸡汤",或者塞满许多"爆料""段子""揭秘"之类,那个"气"怎么可能"华",又怎么可能提高教学水平?我们不能指望所有老师都成为"气自华"的"读书种子",但起码有相当部分的语文老师喜欢读书,并带动学生喜欢上读书,那我们的语文教学就有希望了。

现在人心浮躁,拜金主义流行,大家都没完没了地忙,难以沉下心来读书做事。但教语文是要有心境的,语文课人文性很强,教师的学养以及人格素养格外重要。讲学养,既是教书的需要,也是教师自身精神成长的需要。因此,无论多么忙,最好有自己的精神家园,哪怕是一块不大的"自留地"。不要一窝蜂都在应对现实需求,评级呀,教学检查呀,还有没完没了的各种事情。当然这些都要应对,谁也不可能完全超越,但要保留一份清醒、一点距离,免得被动地全部卷进去。喜欢读书,有自己某一方面的专业爱好,能多少进入相关领域,有一定的研究,有些发言权,这太重要了。在这状态中,会有成就感,同时也让自己保持思想活力。"在状态中",还能帮助抵制职业性疲倦。

后天的《光明日报》将发表我的一篇演讲稿,题目是《信息时代的读书生活》,刚好和这次会议的议题吻合,不妨也就说说其中几点认识和建议。

我在这篇讲话中提到,现在人们普遍比较焦虑。为何会普遍焦虑?可以有多种不同的解释,比如解释为"文化冲突""社会转型""市场化""两极分化",等等。但不应当忽略,还有某些更深层的引起普遍焦虑的原因,那就是信息过量。如何解决信息过量可能造成焦虑这个问题?

面对信息过量现象,要有自觉,让自己具备一点信息传媒素养,知道现代信息传播的规律。对信息时代带来的阅读方式的一些重大变化(比如传播渠道),既要接受它,又要"看穿"它,不是被动面对,不是被裹挟。对于网络信息,自媒体包括微博、微信的传播特点,都要有一定了解;尽量选择相对良性的信息渠道,适当减少信息量;对铺天盖地的信息,自己要有一些过滤、分析。要培养自己的"定力",这里说的"定力",包括应对和过滤复杂、过量信息的能力,实事求是的态度,尊重规律、以不变应万变的眼光,还有平常心。

具体来说,要少看微信多看书。

在烦躁的"大气候"中,尽量让自己心静,有一个好办法,就是用更多的时间沉下心来用传统的方式读书,重新捡起纸质的书来读。读书可以让你适当超越过量的浮躁的杂乱的信息环境,有定力,有眼光。

我还特别用了一个词——"读书养性"。无论是网络阅读,还是纸质书的阅读,总之,都是要营造一个"自己的园地",养成读书和思考的习惯,把读书当作一种生活方式。读书可以养性,可以练脑,这不仅是能力,也是涵养,是素质,是一种高雅的生活方式。阅读可以拓展视野,可以接触人类的智慧,可以不断提高自己的素质,可以让人在精神气质上超越庸常的环境。

"读书养性"和读书的实际目的不矛盾。读书为考试、为谋生谋职,都是必要的、合理的、实际的,但也要树立更高的"养性"的目标,让这个目标把考试、谋职等实际的目标带起来。

"读书养性"其实是"大格局",也可以从人生观、世界观培养的角度来看。人生观和世界观决定人对整个人生意义和世界价值的基本看法,包括人生的意义、真善美、生与死的本质、人与自然、人性与社会性、社会公平的准则、伦理道德的底线,等等,这些问题都是本源性的,有的还富于哲学含义,属于终极关怀。对这些本源性的探讨与摸索,也就导向人生观、世界观的确立,可能从根本上决定人一生的追求及其思想行为模式。这种人生观、世界观的培养,甚至比知识获取更加重要。而读书,特别是在浮躁的信息时代培养起良好的阅读品味和习惯,对于建构健全的人生观、世界观是至关重要的。这些建议不只是给学生的,同样也可以和老师们共勉。

围绕如何读书,我在那篇文章中也提到一些建议,我想中小学老师也是可以参考的。

首先就是读书的计划和书单。读书总不能抓到什么是什么。网上阅读一般容易无计划,跟潮流。如果要"充电",就必须有一定的计划性,还要注重经典性,多选适合"悦读"又启迪心智的作品,而不能采取网上阅读的那种姿态,只跟随潮流,或者完全由着性子来读。

我建议每个老师都有一份自己的书单,设定在几年内,应当读哪些书。要有计划,有整体考虑,让读书有些系统。书单要考虑时间的安排,有可行性。一般来说,可以包括三部分,是可以套在一起、彼此交错的三个圆圈。

最外围的那个"圈",是通识的部分,这些书应当是最基本的,凡是上过大学受过良好教育的人,都应当读过的。主要是中外文化经典。阅读的目的,是接触中外文化经典,感受人类智慧的结晶。这是一部分,最外围的一个大的阅读圈,量不一定很多,比如三四年能通读十来种中外经典,就很不错了。

第二个"圈",是与自己从事专业或者职业相关的部分。比如,学物理的,可以给自己安排读点化学、数学、生物,以及信息科学等方面的书,还有就是与物理学有关的邻近学科领域方面的书,也可以读点类似科技史、科技哲学,以及教育类等领域的书。学文科的,也要读点理科的书。语文老师读书的面应当比其他学科更宽一些。这样做的目的是打基础,拓展专业视野,触类旁通,活跃思维。

　　第三个"圈",是核心部分。这一部分的书目主要围绕自己的专业,或者自己特别感兴趣,希望有所研究、有所发言的那些专业的书。应当有比较明确的指向。倒过来看,最核心的那个部分,是专业和职业需要,当然最好不完全就是现炒现卖的书,要有自己培养保持兴趣的课题或者领域。

　　当然,这三部分书目之外,还可以有一些消遣的、娱乐的,但不应当是主体,也不必计划太强,不用专门设定一个"圈",随意读一点,调节一下就可以了。

　　以上建议老师设定各自书单的三个圈,应当理解为就是三个部分,彼此可以交错进行。总之要有些系统,有些计划,促使自己在一定的时段内读完一些基本的书。书目不要设定太多太满,主要是基本的书,经典的书。现在社会比较浮躁,大学生除了考研究生,很难安心读书。大学四年,真正完整阅读的书可能很少,大都是为了考试潦潦草草应对式的阅读。那么现在当老师了,应当把大学期间应当读而没有好好读的那些基本的书重新读一遍。我看这比很多培训管用。

　　鼓励和要求语文老师当"读书种子",要有一些政策保障,要有具体可行的措施。我提几点建议:一是教育主管部门,以及学校的校长,必须重视这件事,要给学校、教研组和老师读书的空间。不要什么都管,不要太多干预,不要搞无休止的评比检查。可以规定给教师安排必要的读书时间,支持鼓励学校开展教师读书活动。

　　二是提倡语文教师,特别是青年教师制定各自的读书进修计划,包括适合自己的书单,尊重教师在读书方面的自主性,保证读书计划的可行性。

　　三是更新教师培训的方式与内容,各种教师培训都重视激发读书兴趣和指导读书思考,要有措施鼓励和支持建立读书研修小组,营造良好的读书氛围。

　　四是高等师范教育要调整完善课程体制,在读书特别是读基本的书方面有切实的要求,从源头上改变语文老师读书少不读书、缺少"文气"的苍白的状况。

　　语文界有太多的流派、太多的经验、太多的改革,老师们有些目迷五色,很累,很焦虑,现在需要安静一点,能静下心来读书。这比什么改革模式都更实际,也更重要。不要再坐而论道了,不要再争论不休了,希望大家能把这次会议的一些好的想法转变为切实的措施,能改进一寸就是一寸,逐步让更多的语文老师成为"读书种子",从根本上来提升语文教学的水准,也许还能多少带动改变国民不读书少读书的糟糕的状况。

第四辑
读书为本,读书为要

《温儒敏谈读书》出版感言[1]

这次聚焦在"读书"这个主题之下,来结构这么一本笔谈性质的书,可借此回应围绕课改和读书的某些争议。

首先,非常感谢商务印书馆出版了《温儒敏谈读书》这本书。感谢商务印书馆和《中国教育报》组织这次研讨会。陈晓明先生、周飞先生、周洪波先生,还有我现在所在单位山东大学文学院的院长杜泽逊教授,都来出席这个会,朱永新先生还特别为此录制了一段视频,让我很感动。还应当感谢程翔、黄玉峰、汪锋等嘉宾,以及来自全国的许多老师、教研员,谢谢你们。一本小书的出版,微不足道,却烦劳那么多朋友来关注和讨论,实在是不敢当。我会记住你们的友情。

我的专业是现代文学史研究,兼顾中小学语文这一块,是最近20年的事情。2002年我担任人教版高中语文的执行主编,带领北大中文系10多名教授,和人教社合作编写教材。2004年,我领衔成立了北大语文教育研究所。2007年开始,用3年时间主持小学初中的语文课程标准的修订。2009年开始至今,在北大承担"国培"任务,担任首席专家。2016年,支持成立"云集备课网",是一个专门为语文备课服务的公益性网站。2012年,担任"部编本"中小学语文教材总主编,至今也有7年时间。现在高中语文编写审批已经进入最后阶段,可望今年9月投入使用。

回顾近20年来为基础教育做的一些工作,有两个感

---

[1] 本文根据2019年5月17日笔者在商务印书馆举办的《温儒敏谈读书》发布会上的发言整理。

想。一是像北大这样的综合性大学应当关注基础教育，但我们只是"敲边鼓"的，当这"边鼓"敲响，有更多的专家关注这一块，我们就可以撤退了。因为主力军是师范大学，真正要完成课程改革任务，最终要靠广大一线老师。《温儒敏谈读书》的出版，也记录了"敲边鼓"的鼓点，是对以往这方面工作的一种回顾吧。

二是深感"在中国喊喊口号或者写些痛快文章容易，要改革就难得多，在教育领域哪怕是一寸的改革，都要付出巨大的代价。我们光批评抱怨不行，还要了解社会，多做建设性工作"。我曾经在《温儒敏论语文教育》这本书的封底写下这样一段话。这段话对于《温儒敏谈读书》的出版，其实也是适合的。

一看"谈读书"这书名，通常都会认为这是有名家宿儒在总结他们做学问的经验。我的"谈读书"不属此列，何况我也不是什么有资历的学问家，只不过在学界多年，对于读书的现象比较关注，加上这些年涉足中小学语文，比较关注这个话题。我不奢望这部书能登上什么学术殿堂，如果有读者特别是中小学老师看过觉得还不至于失望，甚至还能引起某些探究的兴趣，那我也就满足了。

我担任"部编本"中小学语文教材的总主编，这是风口浪尖上的工作，我的身份也就比较特殊，往往在公共场合说一些话，容易被媒体捕捉，甚至放大，常常引起炒作。这次聚焦在"读书"这个主题之下，来结构这么一本笔谈性质的书，除了考虑到可能会有些读者的需求，同时也考虑到可以借此回应社会上围绕课改和读书的某些争议。特别是那些只从网上拾取一些片段就来炒作的朋友，建议他们静下心来，看看这本书，能比较全面地了解我本人对于读书和课改到底是持什么样的观点，然后再来发声也不迟。

商务印书馆是现代中国出版的重镇，也是现代教科书出版的重镇。能在商务印书馆出版《温儒敏谈读书》，是我的荣耀。能在发布会上见到许多朋友，得到你们的批评和指教，是我的期盼，也是福分。再次谢谢大家！

要的是"浸润式"阅读[1]

> 要的是"浸润式"学习,通过诵读,将整个身心沉浸到作品的氛围节律中,去感悟、体味和想象。

这些年强调重视中华优秀传统文化的传承,坊间蜂起各种给中小学生编的古诗文读本,我也浏览过若干,各有各的特色。而最近面世的《中小学古诗文分级读本》,是山东大学文学院联手江苏凤凰教育出版社编写出版的,内容充实,编法新颖,有这么几点给我的印象颇深。

一是努力配合教育部组编的小学到高中语文统编教材,选目尽量考虑和教材中的古诗文"搭配",有利于学生学好课文,增加阅读量。

语文与其他学科不同,它靠"慢功夫",要长期的熏染、积累、习得,这就必须大量读书,没有别的捷径。培养读书的兴趣和习惯,以至成为一种生活方式,这本身就是语文。而目前语文教学费力多,效率低,主要是因为没有抓住多读书这个"牛鼻子"。光是围绕教材那数量有限的课文精读细讲,反复操练,而缺少由课内到课外的拓展阅读,那么无论如何,也很难提升语文素养。所以要把课内和课外打通,扩大阅读面和阅读量。为此我提倡要"1+X",即每讲一课(主要是精读课),就附加若干篇同类或者相关的作品,让学生自己去读。可以在课内安排读,也可以在课后读。老师稍加点拨,但不要用精读课那一套去要求和限制

---

[1] 本文系笔者为《中小学古诗文分级读本》所写序言,发表于2018年8月1日《中华读书报》,原题《放松一点读,读书以养性》。

学生,也不要全都指向考试,只要学生能读、有兴趣去读,就好了。这套分级读本正好可以用作"1+X"。

二是这套读本称为"分级阅读",和教材配合,每个年级都有对应的读本。教学中可以根据教材中古诗文教学的需要,从读本中找到相应的阅读材料。读本还试图根据不同学段学生心智发展的程度来编写,由浅入深,逐步扩大范围,这也是一种"分级",符合教学规律。当然,这种"分级"是相对的,有个大致的梯度。需要注意的是,与中学生阅读比较,小学生的阅读分级要有更细致的指导。到了中学阶段,则可以鼓励读一些"深"一点甚至读不太懂的书。有时,让孩子适当读"深"一点的书,反而可以避开流俗文化,促生学习的"向上力"。到了中学特别是高中,阅读分级的梯度可能就不那么明显,选择使用这套书也可以更灵活。也不一定非得对应教材,学生拿到这套读本,有兴趣挑选来读,或者从头到尾读一遍,都是值得鼓励的。

三是这套读本的编写努力做到深入浅出,生动有趣。古诗文产生的年代久远,和当代青少年会有隔阂,适当的解释和引导是必要的。读本的注释和导读专为学生设计,较关注如何保护孩子的天性,激发好奇心、求知欲和想象力。导语没有照搬一般的赏析的套路,努力避免以概念和分析来代替学生的阅读实践,注意发掘和鼓励学生独特的感受、体验和理解。这都是符合课改精神的:阅读教学要重视学习过程中学习者的主体性。坊间类似的读本不少,但在发掘学生阅读接受主体性这一点上,做得好的并不多,这套读本想在这方面多加努力,令人赞佩。

作为中华传统文化的优秀组成部分,古诗文有丰富的人文内涵与情感表达,有精致的语言形式和文人意趣,那些不可重复之美,是穿越时代、古今共享的。传统的语文教育很重视以诗文诵读来"开蒙",这的确是中国特色的教法,在诗文诵读中让学童得到人文熏陶,还有语言能力和审美品位的提升。现在提倡中小学生多读古诗文,本身就是一种文化传承,是登临中华文化殿堂的台阶,还可以帮助学生建构自己的语言运用机制,增进语文素养。

古诗文怎么学?反复诵读和背诵,是最好的办法。诵读不一定是现在用得很多的朗诵,也可以采取吟诵。朗诵一般是读给别人听的,还可能带有表演的腔调;而吟诵主要是自己读给自己听,大致按照作品的节律来读就可以,方式不拘,能达到"进入状态"和"自我陶醉"就好,有时候甚至用方言来读也未尝不可。

学习古诗文不必像学其他课文那样过多地关注和概括什么主题思想之类,不必做琐碎的分析,我们要的是"浸润式"学习,通过诵读,努力将整个身心沉浸到作品的氛围节律中,去感悟、体味和想象,就能达到审美的境界,理解那些普世而又独特的情感表达,欣赏那些音韵节奏之美。读古诗文不能很功利,如果处处想着如何写作文,或者如何应对考试,那就"煞风景"了,千万别这样。

我在设想中小学师生如果拿到这套古诗文读本,会怎样使用?我倒是建议能放松一点,审美一点,不完全被考试所束缚,真正"读书以养性"。反过来,对古诗文的兴趣激发起来了,读书多了,素养提高了,考试拿到好成绩也就顺理成章。更何况如今高考中考都在改革,越来越注重考阅读视野和阅读品位呢?

2018 年 4 月 11 日于京西且竹居

培养纯正的阅读口味

中小学生还是要以读纸质书为主,不宜太早或过多地利用网络和电子阅读,也不能迷恋"快餐式阅读"。

让读书成为孩子们童年快乐生活的一部分,同时帮他们养成喜欢阅读的良好生活习惯,抵制低劣的流俗文化。

青少年比成年人爱读书,这是基本事实。不过"青少年"也要分不同的年龄段:学前儿童和小学生的阅读量最大,到了初二就一路下滑;高中生要应对高考,读的大都是指向考试的书,完整自主的阅读很少;大学生的阅读总体状况也不见得好,很多人只读专业的书或是流行读物。成年人的阅读状况最差。国民的平均阅读量如果除去中小学生的,可能很低。

根据第16次全国国民阅读调查,今年未成年人的图书阅读率有所下降,分析原因,可能是多方面的。对14—17岁青少年而言,网络阅读多了,挤占了纸质图书阅读的时间。而9—13岁儿童的阅读率提高,是因为父母比较注意不让这个年龄段的孩子玩手机;"部编本"语文教材投入使用,要求采用"1+X"办法拓展课外阅读,即学1篇课文,延伸阅读若干篇同类的作品,也起到鼓励阅读的作用。至于0—8岁儿童阅读率降低,可能因为反对搞提前量的"小学化",幼儿园主要是听故事,有些书就"移到"上小学之后再读了。

孩子们的阅读很难规定硬性指标,但语文课程标准对

---

① 本文发表于2019年4月23日《人民日报》。

课外阅读有量的要求。小学初中 9 年的课外阅读量应在 400 万字以上,小学一二年级不少于 5 万字,三四年级不少于 40 万字,五六年级不少于 100 万字,初中不少于 260 万字。高中课标要求"各类文本的阅读量"达到 300 万字。小学初中的阅读数量可能少点,如果平均每本书 15 万字,那么初中至少要读 18 本书;如果平均每本书 20 万字,那么整个高中至少要读 15 本书。而喜欢读书的孩子,读书量一定比课标要求的多出很多。

中小学生的阅读也面临一些问题。

一是功利性太强,只是为了学语文或者考试去读,会败坏阅读口味。更重要的,是让读书成为孩子们童年快乐生活的一部分,同时帮助他们养成喜欢阅读的良好生活习惯,抵制低劣的流俗文化。三四年级以后,应当放手,让孩子自由阅读、个性化地阅读,潜心会文,切己体察,避免以模式化的解读来代替他们的体验与思考。

二是"快餐式阅读"或"浅阅读"。要求学生全都是"深度阅读",不去接触流行文化,不现实,也没必要。然而,中小学生还是要以读纸质书为主,不宜太早或过多地利用网络和电子阅读,也不能迷恋"快餐式阅读"。应该尽可能多读经典,读一些比较深刻又有益于素质提升的书,对于培养纯正的阅读口味,使自己保持一种真正有高尚精神追求的良好生活方式,是大有好处的。

为何要通识教育？[①]

> 大学校园缺少自由宽松的精神，加上拜金主义的干扰，急功近利，学风浮躁，人格教育和人生教育都是短板。

传媒大学建立通识教育中心，是一件重要的事，为全国许多大学特别是艺术类院校树立了一个榜样，对于提升高校教育质量，必将带来积极的影响。

近年来，很多大学都开始注重通识教育，纷纷开设这方面课程，编写相关的教材。这是我国高等教育发展的一个新趋势。但为何要通识教育？怎样开展？和专业教育什么关系？教学效果如何？都值得认真检讨。现今所谓通识教育的做法大致有三种。一是有些学校把通识教育等同于公共课，以前只有政治课是公选的，现在加上一些诸如文学艺术、琴棋书画、文化讲座之类，并没有通盘的考虑，多是因人设课，学生也只凭兴趣选。二是有些大学规定文科生都要读点简易的数理化，理科生要学点"传统文化"等，希望就此"跨学科"，文理打通，可是就那么几种课程拼盘，"打通"并不容易。三是部分大学一二年级不分专业，可以任意到各个院系选择上喜欢的课，到了高年级才决定上哪个专业，这样容易满天星斗，到了专业阶段，底子并不厚实。三种办法各有得失，还得多试验才能决定是否合适。但无论哪种办法，和通识教育都还有些距离，可能是对通识教育这种新事物的认识有偏误。

现在为何提倡通识教育？有两种代表性的认识。第

[①] 本文根据2019年12月24日笔者在中国传媒大学通识教育中心成立会上的讲话整理。

一种认为这些年高等教育体量大增,学生数量成倍增长,精英教育势必转为平民教育,不得不适当降低水平,搞通识教育。这种看法反映了高校的实际,有些道理,但其所理解的通识教育,就等同于降低水平的一般教育了。第二种认为现在专业分工太细,学生过早进入专业训练不利于发展,想通过通识教育,让学生多一点跨学科的知识积累,为创新人才的培养打基础。当然,还有第三种看法,是希望学生多学习传统文化,增加文化自信。

这些看法虽然不无道理,特别是重视传统文化,强调文化自信,有现实意义,很重要,但对于通识教育的理解,应当更开阔一些,不能过于"实际",那并不符合通识教育的本义。纵观世界上一流大学的教育经验,通识教育应当包含这么几层含义:这是面对所有大学生的教育;相对专业教育而言,又属于非专业、非职业性的教育,与专业教育可以互相补充;还是全人教育或博雅教育,通过接触人类文化的精粹,在人文、社会、自然科学等领域获取通识,以培养有教养、有能力、有责任的公民,最好是那种有通融识见、博雅精神和优美情感的人。这样来定位的通识教育,就不只是课程的调整补充,更不是来些拼盘点缀,而是实行一种更利于培养健全人格和博雅精神的教育理念。

事实上,这些年提倡通识教育,很大程度上是由于对教育效能的失望。多年来,我们的教育被赋予太多附加的功能,过分重视专业训练,大学校园里缺少自由宽松的精神,加上拜金主义的干扰,急功近利,学风浮躁,人格教育和人生教育都是短板,别说出人才,就连培养正常的有道德的公民都有些困难了。正是这种残酷的现实,迫使我们对大学教育加以反思,希望能通过通识教育探寻一条新路。但这是新事物,还得认真领会其先进的理念,克服急功近利的思想,让改革的路子比较正,不是花样翻新,不是立竿见影的"工程",而是有长远考虑的教育大计。

如果承认通识教育是面对所有大学生的全人教育或博雅教育,那么课程设置就要往这方面靠拢。其实许多著名的大学在通识教育方面都有好的做法,值得借鉴。例如,美国哈佛大学设立通识核心课程,注重文理交叉,包括外国文化、历史、文学与艺术、道德修养、自然科学、社会分析等6个领域,要求选课所占学分达到毕业要求总学分的1/4。北京师范大学把通识教育分解成哲学社会科学、人文、自然科学与技术、美学艺术、实践能力等5大类。北京大学也在建立一个相对稳定的文理科互选的课程系统,课程按学科大类分若干板块,规定学生必须在不同板块(一般为人文科学、社会科学、自然科学)至少各修习一定门数或学分的课程。各个大学的做法有一共同点,那就是试图把"全人类的文明经典"介绍给学生,拓展学生视野,使学生兼备人文素养与科学素养,把学生培养成全面发展的人。

通识教育是一种进步,可能从一方面活化大学办学的思维。长期以来,我们的大学教育对文化、科学是缺少必要的尊重的,或者说有尊重也仅限于工具与实证的领域,这是眼光短浅;如今又很大程度上受制于市场经济,所以办大学也眼界狭小,是工具性思维。

这样的大学,难以起到为社会发展不断提供灵感和动力的效能。工具性思维指导下,所培养的人才也是视野偏狭、缺少创新能力的。中国经济这几十年有飞速的发展,可是我们的大学所培养的科技方面顶尖的人才还是很少的,人文社科方面那就更惨,在国际上没有什么话语权。换一个思路,无论什么大学,都注重全人教育、博雅教育,然后才是专业教育,而且专业教育过程仍然不忘通识教育,让专业教育和通识教育水乳交融结合起来,那才有可能摆脱教育之困境,全面提升高校的教育质量。

《温儒敏语文讲习录》[①]前言

出版这本"讲习录",也有"立此存照"的意思,把我的探求、思考、困扰、毛病等全都袒露于此,是非曲直,请大家评判。

多年来,我在所从事的专业研究之外,有部分精力放到语文教育方面,修订课标、编写教材、主持"国培"、专题调研、授课讲座,等等,日积月累,留下许多文字,曾汇成《语文课改与文学教育》《温儒敏论语文教育》(一至三集)、《温儒敏谈读书》等书出版。这些大都是急就章,回头读来,难免自惭形秽,可是出版后却曾有过较大的反响,其中多篇文章被媒体辗转传播,论集也曾被举荐为教育界的"年度好书"。这确实是有些意外的。我自知这未必因为文章怎么好,而是比较"接地气",不端着架势做论文,反而会受到一线老师和读者的欢迎。现在有出版社希望能把我已发表的语文教育的文章选一选,做成一本书出版,虽然有"炒冷饭"之嫌,可是毕竟有读者需要,也就应允了。于是就从3集《温儒敏论语文教育》中选出若干,加上一些未曾出版的,编成这本《温儒敏语文讲习录》。

本书主要选讲座、访谈之类,所以书名叫"讲习录"。全书分6辑。第一辑主要谈语文课改和课程标准,包括如何认识语文学科的功能特点,如何看待10多年来实施的课改等;第二辑是关于教材编写的,对如何用好"统编本"语文教材,有较多的说明;第三辑讨论教学,谈得较多的是

[①] 《温儒敏语文讲习录》,浙江人民出版社2019年版。

要"聚焦语用",要抓住培养读书兴趣这个"牛鼻子",还谈到教师要当"读书种子";第四辑集中探究语文高考,对于高考的命题改进趋向,以及高考作文、高考改革等,都有涉及;第五辑有意选录文学课的几篇讲稿,都是和中学语文教学有些联系的;最后,第六辑探讨中文学科的历史、现状与困境。还有一篇附录是《光明日报》的报道,可看作笔者的学术评传,也一并收入,意在让读者了解某些思想背景,也许可以更好地探讨语文教育的论题。

有些篇什发表时间较早,但其中提到的问题和困扰仍然很有现实性,就还是选入了。全书内容涉及面很广,但大都聚焦于中小学语文教育的核心问题。有些内容有重复,因为是不同场合的演讲,这是要请读者体谅的。

我的专业是中国现代文学史研究,关注语文教育是近10多年的事。原来给自己的"定位",是为语文课程的改革敲敲"边鼓",回馈社会,做一些实事。没想到就"陷进去",很难脱身了。这些年教育部聘我担任中小学语文教科书("部编本")总主编,自知才疏学浅,难以胜任,特别是编高中语文,我曾几次婉拒;最终想到这毕竟是淑世之举,也许在一些空间能如《易经》所说"举而措之天下之民",就还是承担了。但这是众口难调、"吃力不讨好"的工作,容易被抛到风口浪尖上。语文教材要体现国家意志,同时又是公共知识产品,有很强的社会性,和民众的生活关系密切,网络和媒体关注度极高。社会上有许多对教材的批评意见,我们理当从善如流,虚心接受,这是教材完善的良药;但也有些炒作,接二连三地干扰教材编写的学术氛围。几乎平均两三个月就会有一次关于语文教材的炒作,有时会"炒"得天昏地暗,好几回我莫名其妙就首当其冲。我的有些话是在特定的语境中说的,炒作者就用"摘句法"歪曲原意,用"标题党"夸大其词,耸人听闻;有的观点根本不是我的,甚至是我所质疑的,炒作者也移花接木,当作我的主张而大张挞伐,反正要找个"靶子",以博取眼球。对此我很无奈,一般是不予回应的,因为深知网络的"脾气",只好随他说去。出版这本"讲习录",也有"立此存照"的意思,把我的探求、思考、困扰、毛病等全都袒露于此,是非曲直,请大家评判。

这几天正在过春节,鞭炮禁了,拜年也多用微信,难得清净,让我编好了这本书。我在写这篇前言,书房外隐约传来电视新闻播报,说有些小学从三年级就开始上计算机编程的课,什么人工智能、云计算,也都接踵而来。我们这些人文学者、语文教师,对于世界上日新月异的变化,能有多少关注和了解?又是否有应对或跟进的精神准备?很多情况下,我们都比较倾向于精神层面的需求,对科技和经济的发展似乎总有本能的质询。无论从社会的健全发展,还是从语文学科的特点出发,有些坚守显然是必要的。这本书很多内容都在强调坚守,我谈得很多的一个词是"守正创新"——其实也是我多年前率先提出的一个概念。这是我们这种"角色"的要求吧。似乎有些"无奈",又有些"悲壮",但愿不是"自恋"。世界很大,很多变化简直迅雷不及掩耳,根本不以人的意志为转移,我们不能不用积极而务实的态度去面对这个世界。语文课在坚守和张扬传统的同时,恐怕也不得不考虑如何面对三年级就要学编程的"新生代"了。

拙著编定,越发感到自己学问的荒陋,许多言论未见得适时,也许还有"专业偏执"。还是请读者诸君去明察郢正吧。

写于 2018 年 2 月 18 日
2019 年 3 月 23 日修改

为师范生培养竖起卓越的标杆[①]

> 现在周遭的空气比较浮躁,能坚守理想,有定力,以工匠般的精神去踏实做事,不容易。

重庆师大文学院推出一套"卓越教师人才培养研究与实践丛书",我看了部分书稿,很有兴趣,还颇有些感动。为什么?他们那么认真,在踏踏实实做事,而且已有了初步的成果。现在周遭的空气比较浮躁,能坚守理想,有定力,以工匠般的精神去踏实做事,不容易。

重庆师大文学院从 2011 年就开始探索师范教育中的语文学科如何变革以适应一线教学需要,他们的探索是有现实针对性、有价值的。目前很多师范大学都不怎么安心师范,一门心思还是在和综合大学争排名,往往就失去了本属自己的优势与特色,师范学科也很沉闷僵化,难以发展。很多老师并不乐于做师范教育研究,甚至不屑于此道,课程论教学论等专业也留不住人才。这里当然有政策导向等实际问题,但从另一方面考虑,师范教育关系国家未来,若讲学问,这里边有很多大学问,大有作为,综合大学对此也应当有所关心,何况本该唱主角的师范大学?如今重庆师大文学院不为浮华的利益左右,在语文教育领域专心耕耘,这本身就是学术的正道,值得赞佩。

重庆师大文学院提出一个概念,叫"卓越教师",以此区别于一般优秀教师和合格教师。这想法有理想,有气度,让人耳目一新。所谓取法乎上,目标定得高一点,才有

[①] 本文系笔者为重庆师范大学"卓越教师人才培养研究与实践丛书"所写序言。

气势,有劲头。重庆师大文学院是有措施、有计划的。他们从众多师范生中选拔小部分特优者组建中学语文卓越教师人才培养模式创新实验班。想想,很多师范大学文学院都在搞这样那样的尖子班、试验班,而重庆师大文学院却把卓越教师的培养置于学院的顶端,这不也是一种扭转风气的"高扬"与"创新"?

重庆师大文学院对教师培养采取了"分层进行"的原则:文学院大部分师范生的培养定位在优秀教师或者合格教师;但对教师职业兴趣坚定、语文特质鲜明、专业原创能力很强的部分师范生,则力求将其培养成中学语文卓越教师。这种分类培养是切合实际的、可行的,为师范生培养竖起"卓越"的标杆,有利于推动整个师范中文学科教育。

重庆师大文学院培养"卓越教师",指的是中学语文教学的研究型教师、学者型教师和语文特质鲜明的魅力型教师,他们希望这样一批人才来引领语文教育研究,解决中学语文教学中的各种问题和困难。这当然是很高的目标,重庆师大文学院知道实现这个目标的难度。所以他们提出要让卓越班的学生"内功修养醇厚、外功历练扎实"。关键措施之一,就是抓好读书,提倡"读书百部,夯实内功"。我对这一条格外赞赏。

现在的大学生读书太少。学语文教育的,只是上过几门课程论教学论等课程,翻过几本教材,顶多还读过一些选本摘要之类,阅读面太窄,写作也不过关,怎么可能教好语文?我最近给中小学老师上课,讲过这样一些话,不妨转录如下:

> 语文教学要抓住培养读书兴趣这个"牛鼻子",真正实现"读书为要",还得有条件,那就是——语文教师要以身作则。很多老师也读书,但读的主要是与职业需要相关的实用的书,可称之为"职业性阅读"。明后天要上课了,今天赶紧找有关材料来读;或者要评职称了,立竿见影读一些"救急"的书。此外,就很少自由地读书、个性化地读书了。很多老师一年到头除了读几本备课用的书,其他很少读,顶多读一些畅销杂志,大部分时间都是网上的"碎片化阅读"。这怎能提高教学水平?又如何能面对"吕叔湘之问"?语文老师自己先要养成读书的良性生活方式,成为"读书种子"。这样,你的学生自然也会喜欢读书。(《培养读书兴趣是语文教学的牛鼻子》,发表于《课程·教材·教法》2016年第6期)

看来我和重庆师大文学院的老师"所见略同",他们实施"卓越教师"培养计划,就是把读书放在首位,而且有一系列的措施。这也是抓住了语文教师培养的"牛鼻子"吧。

在这套丛书中,我还看到了其他一些可贵的经验总结,比如增设一批特色课程,包括"微型课题研究""即兴演讲""读书百部"选修课(专业必选课)、"中外母语语文教育研究前沿"系列讲座、"怎么教语文:语文名师经验谈"系列讲座,等等,同时又加强"语文课程与教学论""中学语文教材研究"等核心课程的改进,强化理论与实际的联系。这些经验对于多数师范类中文系来说,都可能具有借鉴的意义。

重庆师大文学院这套丛书,让我联想到即将出台的高中语文课程标准,其中提出了一个新的概念,叫"语文核心素养",包括语言建构与运用、思维发展与提升、审美鉴赏与创造、文化传承与理解等几个基本的方面,还试图据此来改革现有的课程。关注核心素养,或者从核心素养角度来改革教育,是世界性的潮流,目标是培养新一代全人,能应对21世纪的有能力的国民。虽然核心素养这种新提法有些"高大上",涉及面也较宽(不只是"核心"了),但能刺激我们的思维,更新我们的观念,提醒我们树立大教育观:除了考虑面对考试,还要多想想我们的教学到底还能为学生的素养提升提供什么营养,怎样才能让学生的学习过程更加成为能力培养的载体。就是说,除了应对高考和中考,还要多从本源性角度去理解教学的意义。

我赞赏重庆师大的"卓越教师"培养计划,以为其"卓越"之处,也应当体现在对于语文教育的本源性理解之上。我期待重庆师大文学院的改革能在教育的本源性理解方面多下功夫,那就站得更高,势如破竹,所获甚巨,而绝不只是做成几个项目而已。

2016 年 7 月 4 日京西褐石园

让经典喜闻乐见①

> 如果我们有20%的家庭有些读书的氛围,整个社会的文明程度也就可能大大好转。

我平时是个不太关注电视的人,但是在看过《经典咏流传》之后,身为一名教育工作者,内心十分感动。据我了解,从节目里走出来的《明日歌》已经成了很多校园的班歌,《苔》《墨梅》《木兰辞》《定风波》等歌曲都有很高的传唱度。

用广大观众尤其是年轻一代喜闻乐见的方式来传播经典,这是值得肯定的尝试。客观来说,传统经典与当代读者间存在隔膜,尤其对于尚有理解障碍的孩子们来说,许多经典需要"导读"才能辅助他们进入阅读状态,否则容易造成他们对经典的抵触情绪。从这个层面来说,《经典咏流传》不是一档简单的音乐节目,它创造性地嫁接当下的语言、吻合当下的语境,对古典诗词进行谱曲、传唱,在普及的基础上进行传承,让年轻一代感受到优秀传统文化的美感,是很有意义的"导读"工作。

现在,整个社会、整个生活都太闹了,许多人完全没有办法静下来,15分钟阅读的耐性都没有。实话实说,电视节目不能解决教育问题,音乐也替代不了文学,《经典咏流传》的创新普及只是第一步,现代流行音乐的改编有助于

---

① 《经典咏流传》是中央电视台综合频道推出的一档大型文化音乐节目,将古诗词和部分近代诗词配以现代流行音乐,让观众在歌手的演绎中领略古诗词之美。本文系笔者为根据该节目整理出版的《经典咏流传》一书所写序言,该书由人民文学出版社出版。

人们去接触和感知,但不能仅仅依赖于此,真正的阅读需要更进一步,抛开这种形式自己沉浸到书籍中去。《经典咏流传》现在的传播影响力很大,大量作品被许多孩子哼唱,他们之中或许有5%、10%乃至更多会因为音乐的牵引去自发寻找原著阅读,而这些孩子又会长成我们未来极具阅读素养的国民。我想,这就是节目最大的意义所在。

传统经典文化的学习,越来越重要了,这不只是学习语文的需要,也是为学生的一生"打底子"的需要。全新的"部编本"语文教材有一个非常明显的变化,就是传统文化篇目大幅增加,可以说,新编语文教材在激发阅读兴趣和拓展课外阅读方面下了很大功夫,专治"不读书"和"少读书"。以前的课文都是一篇一篇讲,但是到了高中阶段我们设计了很多"整本书阅读",以后都是一组一组来讲,还不光是读,更要求学生参与一些创造性的活动。

年轻一代的书香之气,需要整个社会的氛围来营造。如果我们有20%的家庭有些读书的氛围,整个社会的文明程度也就可能大大好转。在我看来,《经典咏流传》让中国的传统文化多了一种普及渠道,也让中国音乐多了一份文学底蕴,值得继续做下去。

这些年来,我由衷希望带动大家回到教育的本义上去理解语文教学,把学生被应试教育"败坏了的胃口"调试过来。如果仅仅限于语文教材,不做课外阅读,无论怎么操练都无法提高语文素养。语文教学的"牛鼻子",就是培养读书兴趣。我多次表达过,要让中小学生"海量阅读",学会"连滚带爬"地读。在阅读兴趣的培养上,我提倡语文教学采取"1+X"的思路,教一篇古文连带让学生读四五篇古文,所增加的"X"部分不一定读那么精,有了足够的阅读量,语感才能出来。

为了让学生亲近文化,领悟经典,只要不恶搞,各种方式都可以尝试。举个例子,选入高中语文必修的《离骚》,被很多人称为"最难背的古文",我注意到《经典咏流传》也将这首古典诗词和编钟之音一起呈现于舞台之上,创作了一首大气磅礴的《上下求索》。有网友就说,"因为编曲工整,旋律简单,所以让《离骚》的接受度反而高了起来"。通过这样的改编,哪怕多一个人愿意去亲近和了解屈原的心声,它就是积极而有效的。

读经典是"磨性子",也是思想爬坡,虽然有些难和累,但每上一个高度,都能有所收获。年轻人总是比较喜欢流行文化,这可以理解。但有一条,人不能光是消费,要有积累,要多去获取那些经过时间筛选的精美的东西。读书养性,写作练脑,现在这个社会太浮躁,应该有一个空间让自己沉下来,抚慰自己的心灵,读书就是一种好的方法。

孩子们喜欢《哈利·波特》的 N 个理由[①]

现如今,孩子们的"自由阅读"太稀罕了。想想看,如果阅读功利性太强,一边读一边想着作业和考试,多么煞风景呀,阅读的兴味肯定会大减。

《哈利·波特》由人民文学出版社引入我国以后,像有一根"魔杖"一挥,迅速走红,多年持续荣登畅销书榜首,掀起一波又一波的阅读热潮。其影响之大,多年来翻译文学出版界所未见。

《哈利·波特》以其极大的吸引力让千百万孩子手不释卷——事实上,这部"大书"已经完全融入中小学生的文学生活。在一般人的印象中,可能现在的中小学生不怎么爱读书,因为他们是被影视、媒体、手机、游戏所包围的一代,这种情况的确存在。但"不爱读书"的孩子一旦接触到《哈利·波特》,马上就着迷,变得爱读书了。《哈利·波特》一共 7 部,中文版 3055 页,274 万字,连这样的"大部头"都能"啃"下来,老师和家长应当有些惊奇吧。可以到学校里试试,一说到《哈利·波特》,很多同学就会眼睛一亮,有说不完的话题。哈利·波特这位带着闪电疤痕的小巫师,已经成为许多少年的偶像。不少成年人也迷恋上了《哈利·波特》。甚至有很多"哈迷"沉醉在《哈利·波特》奇幻的世界里,起居饮食都在模仿这位偶像。当然,顺便说说,有智慧的读者都会记住书中魔法学校校长邓布利多

[①] 本文系笔者为人民文学出版社出版的 J. K. 罗琳《哈利·波特与死亡圣器》所写导读,发表于 2019 年 2 月 12 日《中华读书报》。

的那句提醒:"沉湎于虚幻的梦想,而忘记现实的生活,这是毫无益处的。"

为什么一本外国童话体小说能够赢得如此众多的读者,以至形成社会阅读的兴奋点?这个"文化现象"值得研究。

我本人接触《哈利·波特》比较晚,是看到孩子们对此书那么入迷才找来读的。由于职业的原因,读这部书我总习惯用"研究"的眼光,自然也就算不上"理想的读者"。不过我还是极力设想自己还是孩子,设身处地想象孩子们阅读接受的状态,这也挺有意思的。这里我就根据阅读的印象和粗浅的理解,来谈谈如今孩子们为何特别喜欢《哈利·波特》。

首先,是神奇的情节激发了天马行空的想象。儿童时期是人的一生中想象力最丰沛的时期,要让想象力尽力挥洒,精神人格才能健全成长。孩子们总是怀着极大的好奇心,睁大眼睛,以他们特有的想象力和理解方式去观看世界。成功的儿童文学,第一要素就是激发孩子们的想象力,而《哈利·波特》已经完美地做到了这一点。

我外孙女今年10岁,也是小"哈迷"。我问她为何喜欢《哈利·波特》,她说因为"神奇"。还说,《西游记》也挺神奇的,也喜欢,但那些妖精的故事有些"重复",而《哈利·波特》却每一部都让人感到新奇和惊讶。确实,《哈利·波特》7部书,描写主人公哈利·波特从上学到走出校门的几年生活,可以说是波澜起伏、高潮迭起,神奇的情节不断诱导和激发孩子们的想象力,让他们享受那种无拘无束的思维的乐趣。现在的孩子受束缚其实挺多的,从幼儿园开始就要面对各种竞争,成年人把生活的紧张投射到他们身上,孩子们的精神发育并不健全,很多孩子的想象力并没有得到开发,甚至还受到抑制。像《哈利·波特》这样自由无拘的作品,让孩子摆脱过于约束的生活,真的是可遇而不可求。

《哈利·波特》是"皇皇巨著",读完还真不容易。但是很多孩子还是蛮有趣味地"啃"完了,首先就是被那些奇幻的情节所吸引吧。哈利·波特的父母是巫师,被伏地魔杀害,小哈利成了孤儿,寄人篱下,生活苦难而压抑。想不到他被霍格沃茨魔法学校录取了。他在魔法学校经历了青春期的快乐与烦恼,友谊、游戏、争斗、冒险、情窦初开……哈利结交了两个最好的朋友,魔法日渐长进,出类拔萃,也遇到很多麻烦和恐怖的事情。伏地魔仍威胁要剿杀哈利,而哈利为了阻止伏地魔,尽力去寻找"魂器"。最终经过惨烈的大战,哈利战胜了伏地魔。小说的情节带有很多奇幻色彩,诸如魔杖、猫头鹰信使、飞天扫帚、魔法石、隐形衣、魔镜、幽灵、妖精、咒语、密室、火焰杯、死亡圣器、九又四分之三站台,等等,五光十色,神奇而怪异,让人读来感到紧张、刺激。明明知道那是虚构的、超越现实的,但还是喜欢读下去,要看的就是奇幻之中的"合理"与"真实",是奇幻带来的非凡的体验。这正是作品特殊的魅力所在。

孩子们喜欢《哈利·波特》,还因为它切合少年成长的生活实际,是一套"懂"他们的作品。这一系列奇幻小说尽管写了许多匪夷所思的魔法故事,但又始终未曾脱离实际生活。小说中有生活中常见的拥堵的车流、晚间新闻报道、书店、超市、汉堡店、电影院、高尔夫球、穿校服的少年、家庭作业,等等,也有巫师、蛇怪、幽灵、山怪、独角兽、火龙、飞天扫帚、猫头鹰信使,等等,而这一切传奇,不是发生在遥远的古代,而就在当今,在身边的日常生活中。

这和读《西游记》《封神演义》,或者某些神话、民间故事之类作品的感觉显然不一样,《哈利·波特》的"奇幻"就生成于"现实"之中,和"现实"打成一片。小哈利天生就是巫师,身怀绝技(自己并不知道),却也要寄人篱下,受顽劣的小表哥欺负。魔法学校也和一般中学一样,有各种快乐的游戏,亦有让人腻味的课程、并不讨人喜欢的老师,还有同学之间的矛盾与争斗。在很多情况下,哈利和一般孩子没有什么区别,他不乐意受学校规章的约束,也"翘课",闯"禁区",冒险。在结交朋友、初恋等事情上,既有青春的欢乐,也有成长的烦恼。孩子们读神奇的《哈利·波特》,总能感觉到"真实"的一面,"荒诞"就交织在"真实"之中。正因为有这种贴近少年人生活的"真实"的描写,孩子们才能找到"生活在别处"的乐趣,那些神奇的故事才能成为想象力喷发的"出口"。

当我们年少之时,谁没有想过要摆脱繁杂腻人的功课?谁没有过"魔杖一挥"的幻想?谁没做过"飞天扫帚"的美梦?……《哈利·波特》尽量满足了这些愿望。原本平淡的生活也因为阅读而闪现耀眼的光辉。

《哈利·波特》其实可以看作"成长小说",在奇幻而又现实的世界里,孩子们有成长的烦恼,也有叛逆和冒险、友情与爱情。特别是写到哈利的初恋,那种青春萌动的朦胧而又美好的感觉,着墨不多,却也会给小读者留下深深的印象,让他们心动,而这可能是国内儿童文学描写的"禁忌"。小读者们认为《哈利·波特》是独一无二的,这部外国人写的书毫不做作,反而很"懂"他们。

《哈利·波特》虽然是奇幻小说,读来却也能让人感动。哈利从小受尽苦难,却并没有被苦难压倒,而是有志气做一名本事高强的巫师。他的善良、上进、毅力与勇气,都是非常可贵的;他要"惩恶扬善",斗垮伏地魔,报杀父母之仇,除奸佞恶霸,也让人振奋与崇敬。"巫师"这个词在我们通常的印象中是怪异的,多少带贬义,但读了《哈利·波特》,我们在小巫师哈利身上看到的是正义与勇敢的亮色。不过,作者并没有把哈利塑造成高大上的神一般的英雄,这个孩子也有缺点,比如不太喜欢学习,有时会偷懒,有成长中的各种问题。这种"不完满"却能赢得小读者的认可,他们在哈利身上看到了自己。

最值得一提的是,《哈利·波特》让读者在这个过分物质化的时代感受到道德的力量。《哈利·波特》的主题是多义的,写到了生、死、爱、恨、贫穷、财富、命运、奋斗、正义、阴谋、邪恶,等等,也写到了人性的阴暗。阅读7部书,读者跟着哈利一块儿长大,会从最初倾心于奇幻,到逐渐体会人生的复杂,最后和哈利一起面对成人世界。对于这样丰富复杂的内容,如果用语文课惯常的那种刻板的思路方法,是难以理解和归纳的。毫无疑问，《哈利·波特》有教化的意义，甚至有些哲理，不同层次的阅读都会各有所获。但和许多儿童文学不同，《哈利·波特》一点也不说教，这当然会让小读者喜欢。

《哈利·波特》的可读性很强，还在于它独创的文学性。在书中可以看到许多西方文学经典的元素，从罗马史诗、希腊神话，到狄更斯小说，某些精彩的故事原型和描写素材，都创造性地"转化"为这部小说的组合件。作者显然还借鉴了好莱坞电影的某些技巧，包括《魔戒》三部曲、《星球大战》等电影，更让这部小说形成雅俗交融的当代艺术特质。有人认为作者罗琳创作《哈利·波特》系列故事，意在塑造一个邻家少年与史诗英雄的结合体，哈利·波特就像年轻的亚瑟王、蜘蛛人与《星球大战》中的主角路克·天行者。的确是这样的，《哈利·波特》是流行读物，但有高超的艺术品格，难怪读者会爱不释卷。

孩子们喜欢《哈利·波特》可能还有 N 个理由吧。但不要忘了，这个理由也很重要，就是"自由阅读"。绝大多数孩子喜欢这部"大书"，是他们自己的选择，完全出于好奇。这套奇幻小说一般不会进入老师和家长指定的书单。孩子们读这部书的"姿态"，和读其他指定的书是不一样的。他们用不着边读边想着要完成什么"任务"，读的过程也没有烦人的提问，读完了不用写什么心得体会，完全是"无负担"的"自由阅读"。现如今，孩子们的"自由阅读"太稀罕了。想想看，如果阅读功利性太强，一边读一边想着作业和考试，多么煞风景呀，阅读的兴味肯定会大减。若要让孩子喜欢读书，不能太功利了，这也是《哈利·波特》阅读现象给我们的启示吧。

2018 年 11 月 2 日

和流俗文化保持一点距离[1]

在当今浮躁的时代，只有那种有理想抱负的学生，才会有意通过读书来锻炼自己的毅力、专注力和思考力。

《课堂内外》杂志社组织编写的这套名著导读丛书，我看挺好的，对大家的学习很有帮助。借此我想和同学们说几句话。

读书为了什么？大家必然先想到考试。这是可以理解的，考试的确很重要。但只是为考试而读书，总想着要考试，多累呀，大家感到学业负担重，也与此有关。其实读书更重要的是为了满足好奇心，为了了解世界，为了汲取人类的智慧，说到底，为了做一个有知识有教养的人。读书是一种好习惯，一种良性的生活方式，青少年时期养成读书的习惯，就为自己一生打好了底子。这样来看待读书的重要性，"站位"高了，不那么功利了，读书就不会是负担，而是乐趣，就会越读越有味，一天不读反而可能六神无主了。如果一个学生喜欢阅读，阅读面宽，思维会比较活跃，眼界开阔，考试成绩也不会差的。

所以大家学语文，一定要把读书放在首位，多读书，读好书，读整本的书。为什么要整本书阅读？为了培养毅力和专注力，当然，也为了学会读不同类型书的方法。在当今的信息时代，五花八门的诱惑太多，读书反而变得奢侈，需要排除干扰的毅力。

前不久我到南方一所乡村小学调研，老师跟我抱怨，

---

[1] 本文系笔者为重庆《课堂内外》杂志组编的名著导读丛书所写序言。

说最大的困扰就是"普遍厌学"。为何厌学？老师的回答很干脆：抖音、快手、游戏那么吸引人，谁还有心读书？这里说的是留守儿童的困境，其实城市的学生也未必不厌学。在当今这个大人和小孩都挺"物质"、挺浮躁的时代，只有那种有理想有抱负的学生，才会有意通过读书来锻炼自己的毅力、专注力和思考力。但愿我说的情况并不包括你们。

现在教育的"两极分化"非常严重，不只是因为教育资源分配不均衡，更因为我们的孩子小小年纪就被流俗文化的大潮所包围。我只能说，如果同学们想成为有学识有教养，能为社会做大事、做实事的人，那从小就要懂得这个词——"取法乎上"，也就是对自己要求高一点，考虑问题眼光长远一点。很实际的问题就是，要把主要精力放在读书上，努力摆脱网络游戏、歌星影星之类流俗文化的缠绕。

读书当然要注重方法。这套导读丛书就教给我们很多方法。但最重要的还是先读进去，读完，获得自己的感受，在这基础上，再考虑其他方面（比如知识性练习、考试，等等）。假若还没有开始读就搞了很多程序和要求，就总是想着要写心得体会，很可能就兴趣大减了。所以在导读中提供方法指导是必要的，但过程管理也无须过细，学生也不必按部就班去死抠。

再说说作文，其实是很难教的。因为写作能力是综合能力，难以突击奏效。市场上有些作文辅导班可能给你几套对付考试的办法，也许有一点用，但也可能败坏了写作的胃口。最好的办法还是读写结合，大量阅读，少量写作，不断总结提高。总结的要点是看自己的文章有哪些是"不该这样写"的，有哪些是容易犯的毛病。一开始可以模仿典范的文章，逐渐就学会了自己顺手的方法。导读中提示的方法一定要结合自己的经验。

写作为了什么？为何从小学到大学都要学写作？日后同学们走上社会，绝大多数都不用怎么写东西，现在为何要写一棵树、一个人，要不厌其烦地动笔？也不只是为了考试，而是为了通过写作，训练脑子，让思维清晰、有条理，甚至还有"温度"。所以我在一些场合提出过"读书养性，写作练脑"。学习写作，最重要的是思维训练，然后才是文笔章法之类。如果大家意识到作文课能让我们的脑子训练得更加清晰灵活，我想同学们也就会比较喜欢作文了。

2020 年 5 月 3 日

扎根基层有真材实料的教育家[①]

> 发自教师职业良知的温情，就如同火种，曾经点燃无数学生的心智，使他们勇敢地走向未来。

一个普通的中学校长，没有轰轰烈烈的事迹，也没有什么豪言壮语或政绩工程，逝世多年后，还有那么多学生时常在怀念，时常提起他的名字，这本身就是令人感动的。

这位校长就是叶启青先生。

最初提议要编这本纪念集的校友，都是七八十岁的老人了，他们离开紫金中学也有几十年了，对老校长还有那么念念不忘的深切感情。文集中很多回忆，那些温馨的生活片段，充溢着叶校长对学生的关心、呵护和激励，显现出叶校长的人格魅力，以及为人师表的风范与气度。这些从记忆中抄下的文字，平凡、质朴，甚至有些琐碎，所诉说的虽然是半个多世纪前的旧事，读来却仍然那么亲切而新鲜，让人感怀不已。因为其中凝聚有一种温情，发自教师职业良知的温情，就如同火种，曾经点燃无数学生的心智，使他们勇敢地走向未来。

20世纪五六十年代紫金中学毕业的校友，不管是哪一届的，只要想起母校，想起"紫金山的钟，戴角坑的风"，脑海里就会同时浮现叶启青校长的形象。在我们的心目中，叶校长就是紫金中学，紫金中学离不开叶校长，在相当程度上，叶校长成了紫金中学的象征，也可以说，他是20世纪50—90年代紫金山区基础教育的象征。这种"象征"不

[①] 本文系笔者为《春泥：纪念叶启青校长诞辰百年文集》（羊城晚报出版社2019年版）所写序言。

是谁颁发的,而是成千上万学生不约而同、自然心生的,它的"含金量"远高于现在五花八门的许多奖项。作为一个教师,一个"级别"并不高的中学校长,叶启青先生能赢得众多学生长久的由衷的爱戴,在乡梓父老中拥有极好的口碑,这真是至高的奖赏。

叶校长的人生事业是充实而成功的。

1945 年,叶启青先生从广西大学经济系毕业,除了很短时间在广西兴业县兴德中学任教,以及在东江纵队古竹游击队当过几个月的政治文化教员,他一生大部分时间都在家乡紫金教书。他曾在紫金的几所中学辗转任教,在紫金中学任教的时间最长,有 40 多年,主要教语文。在人们印象中,叶校长戴一副宽边眼镜,穿一套不怎么合身的蓝色中山装,有点传统文人的"夫子气",又有点"文艺范";和学生交谈时喜欢双手交叉胸前,说话有板有眼,不时可能有一两句"格言",让你心扉开启。叶校长饱读诗书,课上得很活,因材施教,照顾到不同个性爱好的学生;他经常嘱咐学生多读书,拓展视野,树立为国家社会做事的志向。从文集中也可见到,许多出身农村的贫寒的学生之所以能在这所学校潜心磨炼,励志溶锤,都曾经从叶校长的教导和激励中得到过启示。

在 20 世纪后半叶,紫金出的大学生并不多,像叶启青先生这样受过正规高等教育的知识分子更是凤毛麟角。叶校长是当时紫金屈指可数的"大儒"。照理说,他有学历,有能力,有经验,又有威望,如果当时走出紫金山区,到一些"大地方"去发展,应当也有另一番境界吧。但是叶启青先生却几十年"不动窝",就扎根在紫金山区当老师。他在紫金中学断断续续当过 19 年副校长,对学校贡献巨大,却一直不能"扶正"。回想起来,在那个"政治运动"此起彼伏的年代,知识分子不断接受"改造",叶启青先生一定也遭遇过很多苦难与委屈。但他无怨无悔,一直坚守在教学一线,默默地耕耘。直到 60 岁那年,就是 1981 年,这位老资格的教育家才"升任"紫金中学校长。而就在他担任正校长那 3 年,紫金中学加快了改革的步伐,进入她的一段辉煌时期,成为省重点中学。

用一个常见却又贴切的比喻来称赞我们的叶校长吧:他真的就是一支蜡烛,燃烧自己,照亮了他人。我们这些出身紫金中学的校友,有谁不曾受惠于这位可爱可亲的老校长?"教书育人"对于叶校长来说,并不只是一个口号,而是值得用一生去实践的使命,一种职业良知,一种生活方式。那么多年的艰难,他都挺过来了,还收获了许多自豪,赢得了生命的意义。

叶校长出生于 1920 年,很快就是他的百周年诞辰了。许多校友写了这些回忆文章,汇成文集,准备呈现于敬爱的叶校长灵前,表达深切的怀念。与此同时,也表达对母校紫金中学的敬意。

前不久,紫金中学现任校长送学生来北京参加清华大学的自主招生面试,顺便来家里坐坐。我们又谈到叶校长,谈到紫金中学。我说,叶启青校长得到那么多人的尊重,真正是"桃李满天下"。这"桃李"可不只是在叶校长教导和支持下走向全国的那些有成就、有地位的校友,更是包括成千上万在叶校长门下读完中学的紫金人。几十年来,正是这些人成了紫金建设的中坚。紫中的传统,叶校长的精神,让一所学校和当地"民生"有如此紧密的关联。

  叶校长,您是紫金中学的象征,是扎根基层的有"真材实料"的教育家,现在像您这样有使命感、有大爱之心和扎实学问的老师比较稀缺,您的为人师表就愈加显得可贵,您所参与铸就的"紫中传统"也愈加值得珍惜。

  您的学生永远怀念您!紫金人民永远怀念您!

2018 年 7 月 5 日

刷视频玩游戏还是读书,这是一个问题![①]

对于那么多孩子特别是农村留守儿童迷恋手机游戏和短视频,妨碍学习的这种趋势,我们不能空论,还是要从长计议,有所作为。

阅读对一个人的重要性不言而喻。

然而,近年来随着智能电子产品的普及,青少年的课余时间迅速被短视频、游戏和社交平台所占领,学生寒暑假不想读书、不愿读书、读不进书的现象越来越普遍。相比视频、游戏等内容,读书的吸引力大为逊色,阅读特别是整本书阅读成为一件十分"困难"的事情。另一方面,一些学生也感到经典名著与他们的距离比较遥远,读不懂、读不透,难以从中获得乐趣和成就感。深度阅读、系统阅读面临着被边缘化的危机。对此,我们专门采访了中小学语文统编教材总主编、北京大学中文系教授、北大语文教育研究所荣誉所长温儒敏先生,请他就网络时代如何让学生爱上阅读谈谈自己的观点和建议。

学校要与流俗文化保持一定的距离

《人民教育》:温教授,您好!最近我们了解到,中小学生的课外生活比较单一,除了完成学校作业,就是玩电子产品,不少孩子迷上了电子游戏、刷短视频,而读书的兴趣则不高。对此,您怎么看?

温儒敏:这个问题的确比较严峻。去年秋天我到广东

[①] 本文系《人民教育》总编余慧娟采访笔者的报道,发表于《人民教育》2020年8月第16期。

河源市一所农村小学做过调查，这是以留守儿童为主的普通学校。我问校长，工作中最让他"为难"的事有哪些？校长非常干脆地说，第一是学生安全，第二就是"普遍厌学"。我又问，为何会普遍厌学？校长说，手机游戏、抖音等短视频"很精彩"，学生放学后又没人管，哪还有心思读书？几乎所有学生都玩《王者荣耀》之类的手机游戏，面对那种吸引力你很难让孩子与它抗衡。农村学校对于孩子玩手机基本上就是放任自流。手机游戏和短视频等正在毁掉许多孩子！

据我所知，大城市的中小学，特别是好一点的学校，对学生玩手机还是有限制的，不过也就是校内限制，校外不管。管得严的是一些私立学校。我参观过安徽一所私立小学，收费挺高的，根本不让小学生接触手机，要求孩子远离俗文化，连电视剧都不能多看，就是读书和锻炼身体。什么叫教育的两极分化？简单说，很重要的就是从小玩手机游戏与从小养成读书习惯的两类人的分化。

互联网、手机的出现是改变人类历史的大事，给人类太多便利，催生许多经济增长点，但也带来意想不到的许多新问题，现在仍未尘埃落定。目前人们还正处在网络消费的兴奋期，有些负面的东西还"顾不上"，人们还来不及对这个"又好又坏"的玩意儿进行省思。所以我们面对的事情是两难的。

如今有些地方小学就开始学编程了，你不让孩子接触手机，有人肯定会说太保守了。但在这个浮躁而且功利的时代，作为教育工作者，为了孩子和明天，有时"保守"一点也未必是坏事。对于那么多孩子特别是农村留守儿童迷恋手机游戏和短视频，妨碍学习的这种趋势，我们不能空论，还是要从长计议，有所作为。建议制定一些法规条例，要求学校对学生使用手机和上网进行管理；必须规定电子游戏和短视频提供商有切实的措施限制未成年人使用。这两条做起来有什么难？利益当头，有些人不愿意做就是了。

目前的大环境并不利于形成读书的风气。每年都搞读书日等活动，但其实效果有限。我们作为教育工作者，也只能是尽自己的本分去做一些补救的工作。

为了适应新媒体时代，学校有必要加强对学生的引导，让学生具备必要的媒体素养，学习如何选择使用媒体。现在的网络和自媒体有许多文化垃圾，人性阴暗的东西在泛滥，大量无聊的信息时常冲刷人们，对社会风气产生负面的影响。学校对此要有清醒的认识，与流俗保持一定的距离，而不是趋炎附势，推波助澜。

中小学生阅读还是要以纸质书为主

《人民教育》：那您怎么看待网络阅读？这越来越普遍的阅读途径，对于传统的读书会有什么影响吗？

温儒敏：我曾在一篇文章中谈过，网络阅读带来便利，对这种新方式应当理解和支持。我自己也在利用网络办事，不过也要面对一些新问题。现在有了网络，人们不像过去缺少或没有书看,而是面对太多的信息、太多的读物不知如何选择,结果知道的很多,真正读进去的很少。很多人迷恋于网络,我们已经不太可能较长时间集中精力去看一本书,写一篇文章,通常都是每隔一段时间就要打开计算机或者手机,看看有没有新的信息。大家很容易变得心不在焉,注意力不集中。如果完全依赖互联网,记忆就可能沦为技术化,生物记忆变成物理记忆,容易形成碎片式、拼贴式思维,一步到位,没有感觉。

在上班路上,在会议间隙,在候车时,甚至在与朋友亲人聚会时,很多"手机控"都在一切可能利用的碎片空间里,寻求一个"合适"的位置,将自身"寄存"于手机,任由各种信息摆弄,在虚拟世界里激活并积累自己的社交关系和社会资本。消费主义入侵阅读市场的趋势日趋明显,城市人由于巨大的生活和工作压力,更希望从阅读中得到娱乐放松而非知识的增长。但应当警惕,"低头族"在享受移动设备带来的阅读快感的同时,不知不觉就被抛弃到所谓资本与"注意力经济"的生产线上了。

通过移动设备进行阅读已经成为一种生活方式,但这很难说是一种良性的生活方式。我认为学生时代特别是小学生、初中生,阅读还是要以纸质书为主。这不完全是习惯问题,也牵涉到思维训练。

要引导学生喜欢上读书,关键是教师自己必须多读书

《人民教育》:我们都知道,无论是人文素养还是科学素养,不能只靠学校学习,还需要广泛涉猎,您也曾说过,不关注课外阅读,语文课就是"半截子"的。在电子产品以及相关娱乐内容巨大的挑战之下,您认为如何能够把孩子引导到阅读的世界中来?从学校教育而言,语文课以及其他学科课堂,如何能够在引导学生愿意、善于开展课外阅读上发挥作用?

温儒敏:与网络游戏、手机等时尚的东西争夺孩子,其实是一件很难的事。尽力而为吧。我看学校能做的就是鼓励阅读,把校园的读书风气搞得浓浓的。特别是语文课,要以读书为要,把培养读书兴趣作为教学改革的"牛鼻子"。

新投入使用的中小学语文统编教材,很突出的改变就是重视读书。小学低年级就有"和大人一起读",也就是亲子阅读。还有"快乐读书吧",提供一些课外阅读的书目与读书方法。初中和高中则有"名著导读"和"整本书阅读"。这些都是想拓展阅读面,增加阅读量,培养读书的兴趣与生活方式。语文学习没有捷径,就得靠多读书,靠长期读书过程的熏陶、感悟和思考,去提升语言文字运用能力和思维能力。

当然,语文课的教学方法也要改革。现在提倡的是学生自主性学习、探究式学习,而不只是老师讲学生记,一切围绕考试。我还主张,在一定范围内让学生有自主选择读哪些书的自由,可以读一些"闲书";不要把所有的读书都与写作或者考试挂钩,那样会很累人的,也就扼杀了阅读的兴趣。

有些家长不理解这个道理,抱怨新教材要求的阅读量增加,负担重了。其实,我们希望做到的是"少做题,多读书,好读书,读好书,读整本的书"。只要学生有兴趣,他们就会有时间读,而且还不觉得"负担重"。凡是思维比较活跃的学生,阅读面都比较宽,语文素养也比较高,考试成绩也不会差。

至于如何引导学生喜欢上读书,我看关键是老师自己必须多读书。现在不少语文教师自己是不怎么喜欢读书的,读书也不多,课也讲不好,这怎么可能让他们的学生爱读书呢?

家长读书是促进孩子阅读的动力

《人民教育》:我们都知道,家庭氛围对孩子养成阅读习惯非常重要,您认为家长在这方面应该如何作为?在阅读兴趣的引导和方法的指导方面,可以做哪些工作?

温儒敏:家长必须明白,学校教育虽然重要,也不是万能的,那种以为把孩子交给学校就万事大吉的想法,是一厢情愿,不切实际。事实上,在孩子的成长中,除了"学校教育"还有"家庭教育"和"伙伴教育"。后两种教育往往比"学校教育"的影响更大。要想孩子喜欢上读书,起码家里应当营造一点读书氛围。很难设想家里人整天玩手机、看电视、打麻将、闹哄哄的,能指望孩子静心读书。要求家长全都喜欢读书那也不现实,但当家长的要有个认识,即读书习惯的养成对于孩子未来的发展非常重要,是给人生"打底子"的。家长只要有这份心,就能想出一些办法帮助孩子读书。

有时候,家长也需要通过读书来提升自己。网上见到有些家长抱怨,让学生读那么多经典名著有什么用?能造飞机大炮吗?这种认识水平还能指望他的孩子好好读书?看来家长读书也很重要,是促进孩子阅读的动力。比如,语文课推荐的那些名著,很多家长也未必读过,如果能和孩子一起读,既鼓励了孩子,对家长自己也是一个提高。有些家长说,哪有时间读书?的确,大家都很忙。但时间是海绵中的水,能挤出来的,少看微信,不就有时间了?

倡导整本书阅读就是要给学生"磨性子"

《人民教育》:当下的学生,特别是中学生,已经具有一定的自主能力,不少孩子也希望能够多读书,但是面对推荐的很多经典书籍,读不懂,读不透,从而无法产生阅读兴趣,觉得没意思,这种现象也比较普遍,我记得您还曾在自己的微博上分析了学生"死活读不下去"名著背后的原因。那么,您认为孩子应如何跨越这道坎,逐步建立起自己的阅读世界?您能否在阅读方法、阅读习惯等方面给他们一些具体的建议?

温儒敏:应当理解学生不喜欢经典阅读属于正常现象。因为经典的内容和形式可能与年轻人有隔阂,如果阅读口味被时尚流俗的东西败坏了,与经典的隔阂就会更大。但必须让学生意识到,经典是经过长时间筛选的人类智慧的结晶,从小接触经典等于和智者对话,可以接触到关于人生、社会最基本的问题。经典都是难"啃"的,作为完整的教育,却又是必须"过一遍"的。如果学生明白这一点,就会知难而上,跨越这道坎,慢慢读进去,喜欢上经典。读书不能就易避难,不要总是读自己喜欢的、浅易的、流行的读物,在低水平圈子里打转。年轻时有意识让自己读一些"深"一点的书,读一些可能超过自己能力的经典,是一种挑战。应当激发自信,追求卓越,知难而上。

我常说"读书养性",统编高中语文教材提倡"整本书阅读",其中一个指导思想就是给学生"磨性子",培养阅读兴趣。

经典阅读最好有导读,让学生掌握某些必要的背景知识,例如读《钢铁是怎样炼成的》,需要大致了解苏联的历史。同时,通过读某一本书,学会读某一类书的基本方法。比如读《乡土中国》就知道怎么来读社科类的著作,读《红楼梦》就学会怎么看小说,这叫举一反三。读《红星照耀中国》这本书,不仅希望引导学生去感受中国共产党人的理想信念与胸襟气度,传承革命传统,还希望学生掌握新闻类纪实作品阅读的方法,学会如何观察事物,抓住特点,锻炼眼力和表达能力,也让学生了解新闻报道是纪实,但也要有立场态度,有作者的关怀与选择。如果学校教师能够为孩子的课外阅读搭建一些以兴趣为主的读书交流平台,并给予及时、恰当的引导,那么会更有力地促进理解的深入,提升阅读领悟力,从而进一步增强阅读兴趣。

《人民教育》:看来要把学生从"刷屏热"转移到"读书热"上来,需要学校、家长和学生共同努力。我们始终相信人类文明精华的魅力要远远大于读图和游戏的魅力,但是要把学生引上这条路,确实需要去应对全新的现实的挑战,需要我们自己首先摆脱智能电子产品的诱惑,需要我们在帮助他们打开这个人类深邃的精神世界上下更大的功夫。我们也希望这个问题能够引起更多人的警觉和重视。非常感谢您接受我们的采访!

抖落学生的任性

> 目光放远,不尚空谈,从自己做起,一点一滴来改造和建设。

又是一年毕业季。毕业典礼、毕业照、告别的聚会、离校手续……一想到马上就要离开校园,走向社会,心情可能是喜悦而又有些伤感、迷惘的吧。

现在才愈加感到时间如流水,大学生活几年是多么珍贵,有不可重复之美。这期间有那么多的追求、收获和欢乐,也有挫折、烦恼与悲伤,当然还有那真挚的友谊和美丽的爱情。这一切都会深深地镌刻在你们毕生的记忆中。但愿这不只是美好的回忆,而且是不断滋润人生的精神源泉。

你们当中的一部分同学还要继续读研究生,即使还留在校园里,那也是一个崭新的学习阶段;而大部分同学就要进入社会了。不管做什么工作,就此改变学生的角色,更要对自己、对社会负责了。和学校生活相比,那是很不相同的另一种现实人生。

作为老师,对自己的学生走出校门,是既放心,又多少有些担心的。放心,因为同学们成长了,已经打下比较好的学业基础,将在各个工作岗位上施展才华;不太放心,大概也是出于做老师的本能,总希望自己学生的未来能够更加完美,更加幸福。临别赠言,这里提几点建议吧。

现在处于社会转型期,物质生产力发展很快,信息传

---

① 本文发表于 2016 年 7 月 22 日《光明日报》。

播的迅捷正在改变一切,但价值标准有些混乱,社会上污浊的损人心智的东西很多。大家对此要有批判的眼光,有理想主义的坚守。我们的国家和民族在重新崛起,成绩辉煌,但问题也不少。对问题的解决每个公民都要有信心又有责任,不能只是抱怨而无所作为。大学生自然有改造社会的志向,但要目光放远,不尚空谈,从自己做起,一点一滴来改造和建设。

你们这些大学生有这个时代的特色,有一代新人的优长,和我们那时比,你们更加崇尚个性发展,心气高,也善于独立思考,这些都是非常好的素质。讲理想的坚守,也包括对这些好的品格的坚守。大学生往往因为比较有独立精神而在社会上显得"怪异",与众不同,如同胡适之先生所说的,"这些特征可能会使你们不孚众望或不受欢迎,甚至为你们社会里大多数人所畏避和摒弃"(《知识的准备》)。我们没有理由为此埋怨社会,因为我们最终的目标还是要改造社会,并让社会理解。但刚进入社会恐怕又要有一些角色转换所必要的"收敛",要了解社会,理解各种不同类型的人和生活方式,当然也包括了解历史与国情,这样,我们才有可能进入状态,也才谈得上如何改造社会。如果我们不满足于当一个旁观者和批评家,那一定要善于团结人,理解人,有合作精神。任何社会的存在都可能有其"合理性",改造社会是十分艰难的工作,有时还要学会必要的妥协,退一步,进两步。以往有些同学进入社会后,看社会上负面的东西多,容易误认为普天之下一无是处,和什么人都难以合作,那样清高和任性,结果连生计都可能成了问题。即使为个人的发展考虑,改变学生的身份之后,也不能再有当学生时那样的"任性"。

学校只是给我们打下一个学习的基础,养成汲取知识的习惯,但那种精稳自由沉静的思考力,以及在浮躁的环境中的定力,还有待今后的人生历练中逐步培养。到了任何岗位,都不要忘记不断学习。因为接触了社会,我们可能会发现任何社会与政治问题都不如学生时代想象的那样简单,会调整不切实际的思维方式,远离当下那种颠覆一切的思潮,也不再满足于痛快的不负责任的批评,会更加看重思考和探索中形成的建设性意见。不断的学习会保持我们思考的活力。工作再忙,也要坚持读书,有自己的"精神的园地"。

曾有一位学者批评现在的大学培养"精致的利己主义者"。话说得似乎严重,却也不无根据。学校教育中的确存在许多问题,某些大学生的圈子中弥漫着虚无主义和游戏人生的空气。你们都是大学生活的"过来人",也会知道大学校园这些年来受到庸俗的势利风气的侵扰,某些不健康的东西也可能多少会传染给你们。但愿你们走出校园,会清醒地反思和抖落这些不良的影响。这也是一种"毕业"。

又是一年毕业季。作为教师,我要最真诚地祝福应届毕业的同学们永远乐观上进,拥有健康的身心、成功的事业和美好的人生。

《中国现代文学三十年》出版往事[①]

> 该书的问世、修订、传播及反应,亦能从一个侧面看到一门学科的变迁。

《中国现代文学三十年》初版是1987年,一晃快30年了。写这本书的时间更早,是1982—1983年,那就不止30年。一本普通的学术性教材,30年间居然印刷50多次,印数过百万,这也是当初所未能预料的。北京大学出版社要开个会来纪念一下,不禁想起许多往事。

这本书的"由头",是王瑶先生给的"任务"。

我和钱理群、吴福辉都是1978年考入北京大学中文系读研究生的,王瑶是我们的导师。1981年毕业,吴福辉分配到作协下面的一个机构,参与筹建现代文学馆。我和钱理群则留校在中文系任教。当时全国中小学正从"文革"的困境中走出来,恢复了正常的教学秩序,广大教师渴望进修,提高教学水平。有相当一部分中学老师没有上过大学,希望通过在职学习拿到大专文凭。于是上"刊授中师""电大"和"自修大学"就成为一股热潮。1982年春,有一份面向中小学老师的刊物《陕西教育》向王瑶先生约稿,邀请他编一套"中国现代文学",作为刊授"自修大学"中文专业的教材。王瑶先生二话不说就答应了。像他这样大名鼎鼎的学者怎么会为一份"小刊物"供稿?是一种责任心和使命感的驱动。记得同时为该刊编教材的还有其他几位著名学者,包括写《文学概论》的郑国铨先生和写

[①] 本文发表于2016年6月29日《中华读书报》。

《现代汉语》的张志公先生。

当然,王瑶先生也是想为学生提供一个"练手"的机会。王瑶先生就找我们三位,还有他的女儿王超冰(当时也在现代文学馆工作)讨论,希望大家能承担编写任务。我们几位都非常乐于参与。查了一下日记,1982年5月13日,和钱、吴、王讨论教材的大纲体例,分工落实每人编写的部分。吴福辉和王超冰负责小说,钱理群负责诗歌与戏剧,我主要负责文学运动、思潮和散文部分,每个人还要再写几个作家的专章。1982年10月,我写完关于"五四"新文学的第一讲。又过了大约半年,写完自己负责的其他5讲。

老钱、老吴他们也是边写边拿去《陕西教育》发表,从1983年10月开始,每月刊出1至2讲,共刊出17次、24讲,约25万字,一直连载到1984年底。每次刊出的署名都是"王瑶主编,某某执笔"。那时我们还比较年轻,总想超越一般教材的写法,放手往"深"和"新"里写,使教材带点专著性质。这部教材的确不太像一般文学史教材那样严谨,但较有生气,反而受到欢迎。那时思想解放刚刚启动,现代文学研究非常活跃,但基础性的研究还不够深入,很多史料都要重新去寻找、核实和梳理,论述的观点也需要拿捏,许多章节等于是写一篇论文,费力不小。但这项任务也促使我们去考虑如何把新的研究转化为文学史教学,等于是把整个现代文学史认真"过"了一遍,对我们后来的研究开展有莫大的帮助。

《陕西教育》的发行量不小,估计有一二十万,但这部教材刊出后,好像泥牛入海,没有什么反应,学界也并不关心。尽管这样,我们几位还是不甘寂寞,希望能把教材修改好,出单行本。几个人商量,叫什么书名好?老钱建议叫《中国现代文学三十年》,以区别于通行的"现代文学史",这也是受到胡乔木《中国共产党的三十年》的启发吧。原稿24讲,成书时以三个10年为"经",以文体及代表作家为"纬",交织设计拓展为3编32章,字数也扩展到46万。

书修改完毕,先是想投给北大出版社。那时北大社刚恢复建制不久,在北大南门一座破庙里办公,一年出版不了几本书。因为有熟人黄子平(后来居香港,成为著名评论家)在那里当编辑,我就去找他。他拍拍胸脯说,"老兄,没问题,我包下了"。可是过了些天,他有些沮丧地说,社里讨论没有过,领导说你们只是讲师,写教材还不够权威。我们只好另谋出路。吴福辉说他认识上海文艺出版社的编辑高国平,不妨一试。于是便写信联系高国平。上海文艺社果然思想开放,不论资排辈,很痛快就接纳了这部讲师写的教材,准备出版。当我们把消息告诉王瑶先生时,他边抽烟斗边连连咳嗽,高兴地说他来当"顾问"好了,还要专门写一篇序言。

这篇序言竟然在书正式出版之前一年就写好,发表在《文艺报》上。文中用主要篇幅回顾了自1922年胡适写《五十年来中国之文学》以来新文学研究的历史,认为几经折腾,如今终于进入"日常的学术建设阶段"。王瑶先生是想从学科史的角度来看几位青年研究者写教材这件事,肯定这是一部"有特色的现代文学史著作","这个事实本身就是令人振奋的"。关于这部书的特色,他说得并不多,但肯定了其"打破狭窄格局,扩大研究领域","力图真实地写出历史的全貌"。另外,指出这本书重视作品的艺术成就和创作个性,注重文学思潮流派及文体的历史考察,并对一些代表现代最高水平的作家进行专章论述。王瑶先生对这本书也有隐性的批评,认为该书体例框架和研究方法上仍然存在欠缺,对文学发展内部规律缺少细致的探究。导师的序言给了我们很大的鼓励,当时书还没有出来,他就为年轻人"鸣锣开道"了。

王瑶先生的序言写于1985年5月24日,全书的修改完稿,则是1986年5月,正好一年之后。又过了一年多,到1987年8月,《中国现代文学三十年》(以下简称《三十年》)才由上海文艺出版社出版,初次印刷6200册。现在我手头还保存有初版本,32开本,665页,封面是红蓝条纹的简单构图,定价才3.40元。这本书对我们来说,都不是"处女作"。在它之前,我已经出版了博士论文《新文学现实主义的流变》,还有2本比较文学论集,但《三十年》的面世,仍然让我们"振奋"。每听到一线教学使用这本教材的反馈,无论批评还是表扬,我们都有满足感。

《三十年》在上海文艺出版社10年,印刷4次,估计印数超过2万,教学中的使用率不算很高。它真正为广大师生所熟知,是到出版的"第二个10年"之后。

1997年我就任北大出版社总编辑。当时有一个想法,就是把教材作为出版社的主业,多出好教材。我首先就想到《三十年》。就和老钱、老吴商量,把上海文艺已经到期的版权要过来,交北大社修订出版。1997年10月底至11月初,由北大出版社编辑乔征胜和张凤珠安排,我和钱理群、吴福辉在北京香山蒙养园宾馆"闭门蛰居"多日,认真讨论修订方案,然后分头着手写作。王超冰因在国外,没有参加。那时老钱、老吴不到60岁,我50出头,精力都还旺盛,讨论写作之余还一起登鬼见愁呢。那是一段快乐充实的时光。

和10多年前比较,我们三位在学术上开始有些积累了,对教材修订也更有些眼光和把握。老钱这时期除了研究周作人,还和黄子平、陈平原提出"二十世纪中国文学"的概念,对现代文学史的整体评价有了较成型的看法。吴福辉正在开展京派与海派的研究,出版了《沙汀传》《带着枷锁的笑》等著作。而我也已有《新文学现实主义的流变》和《中国现代文学批评史》等论作问世。三人的专长不同,风格各异,但在修订《三十年》时却能取长补短,配合默契。

这次修订改动的幅度很大,框架也有调整。原有32章减少为29章,取消了绪论,把原每个10年小说(上、下)2章合为1章,解放区的小说、戏剧2章,并到40年代小说戏剧2章之中,另外又增加了通俗文学的3章和关于台湾文学的1章。代表性作家的专章除了原来的鲁迅、郭沫若、茅盾、老舍、巴金、曹禺、艾青和赵树理,增加了沈从文。此外像张爱玲、林语堂、冯至、穆旦等一批主要作家,也都增加了论述篇幅,有的改为专节评说。这次修订注意吸收学界新的研究成果和自己的研究心得,每人的论述风格也容许略有不同。求新,但也兼顾到教科书相对的稳定性和可接受性。对于现代文学的性质、范围、分期,以及总体特征的概述,虽然已有许多成果(例如"二十世纪中国文学"的概念),但考虑总的还处于探索阶段,修订就没有充分采纳,而对于相对成熟的作家作品和文体研究,则较多吸收并有意突出。修订后的全书更加突出了创作成就的论述,以及对各文体代表性作品的分析、创作演变历史线索的梳理。修订的功夫还放在史述上,一种想法就是文学史重在为教学提供基本的史实与书目,而进一步的理论探究与总结则引而不发,留给教学中去发挥。全书修订稿汇集后,由钱理群统稿,他改得很细,我则最后通读,并做文字润饰和史实审核。清样出来后,又经由严家炎、樊骏、杨义和费振刚等几位权威学者组成专家组审定,封世辉和王信先生做了资料审核。1998年7月,修订本由北大出版社正式出版。

《三十年》修订本面世后,被教育部推荐为"九五"和"十一五"重点教材,又曾获得首届"王瑶学术奖"的二等奖(一等奖空缺)。需要说明的是,尽管这本书影响很大,我们没有去申请任何奖项,"王瑶学术奖"只是现代文学圈子里认可的奖,评得比较认真,"水分"比较少,评上后我们都很开心。有越来越多的学校中文系采用这本书作为现代文学课程的教材,大多数学校都规定本书为现当代文学研究生考试的参考书。

多年来,出版社希望能重新修订这本教材。我们几个也商量过,感觉该书的出版已有些年头,它的时代过去了,应当有新的更好的教材来取代。可是广大师生也频频提出修订的希望。还有一些认真的学者撰文研究这部书,在肯定其特色与成绩的同时,指出不少史实或者观点方面的错漏。既然书还年年在印刷发行,我们总还得吸收大家的意见做些修改。于是今年在出版社编辑艾英的催促下,《三十年》又做了第二次修订。这次修订部分章节吸收了学界近年来的一些研究成果,根据教学的需要适当调整了内容的写法,改正了一些字句表述和史料运用上的错漏。其中有些章节的改动比较多。如"文学思潮与运动"(一)(二)、"新诗"(一)(三)、"散文"(二)、"戏剧"(三)、"郭沫若""茅盾""巴金""沈从文""赵树理"。特别是"通俗文学"(一)(二)(三),有的章节几乎是重写。

《三十年》的30年,在我们几位撰写者的人生中留下深深的印痕。我们三师兄弟著作都不少,但又都格外看重这本教材。该书的问世、修订、传播及反应,亦能从一个侧面看到一门学科的变迁。感谢导师王瑶先生,感谢所有为这本书出过力的朋友,感谢这本书的上百万读者,因为有你们,这本书才拥有它的学术生命。

《温儒敏讲现代文学名篇》前言

怎样将中学课程与大学的基础课衔接起来,是个难题,但大有文章可做。

从1980年代初开始,我就在北大讲"中国现代文学"基础课。北大中文系对本科教育历来很重视,要求基础课必须有经验的老师来讲,年轻教员一般还没有资格上本系的基础课。我刚研究生毕业留校那几年,是先给外系(如几个外语系、图书馆系、中南海干部学校,等等)上课,到1980年代末,才给本系讲基础课,每隔一两年讲一轮。与此同时,还讲过与现代文学研究相关的十几种课程,大都是选修课,也有硕士生、博士生的课程,包括:现当代作家作品专题、现代文学批评史、现实主义思潮研究、现代文学与外国文学思潮、"文革"文学史研究、现当代文学学科概要、文论精读,等等。但讲得最多的还是现代文学基础课。我还作为这门课的主持人之一,于2005年获得"国家级精品课"的褒奖。"超星"也曾录制过我的授课。2011年我从北大退休,被山东大学聘为"文科一级教授",继续在山大文学院讲授现代文学课程。从1981年到现在,我讲现代文学课已经近40年。

我口才不太好,讲课一般都要有提纲或讲稿。虽然现代文学课已讲过多轮,但每次上课还得认真准备。我是南方人,有些字音容易读错,要查字典标注。要根据学生的情况调整讲课内容,若有自己新的研究心得,或者参照了他人新的研究成果,都会适当融合进去。因此讲稿就不断改动,几十年下来,积累了厚厚的一摞讲稿,很难说有哪一份是定稿。几年前,有朋友劝我把讲稿整理出版,但讲课和写文章还是不太一样的,整理成文的工作量很大,始终没有去做。这次新冠病毒疫情汹涌袭来,有几个月"宅"在家里,有了一些完整的时间,才又想起这项工作。原想主要就是内容删节,文字上顺一顺,但做起来就不是这样简单了,许多部分几乎重写。一做就是四五个月,确实也花了很大力气。

北大的现代文学基础课原来讲两学期,后来改为一学期,一般安排30多次课。这次整理没有照单全收,只是节录其中的一部分,即重点作家作品的评析部分,大约占原讲课内容的一半。有关文学史的叙述,包括思潮、流派、文体,以及一般作家的评述,则基本上不收。这本书说是"讲现代文学",其实淡化了文学史线索,重点是著名作家及其代表作的鉴赏分析。

这样来节录也是有考虑的。我和钱理群、吴福辉合作编撰有《中国现代文学三十年》,那是比较全面的现代文学史,该书已经出版30多年,印刷50多次,不少大学都采用为教科书。其实我多年讲课也并不全按照《三十年》,凡是《三十年》中已经有的,我就少讲,指示学生自己去读。我的课还是偏重作家作品分析。所以这本书和《三十年》并不重复,还可以互为补充,供修习现代文学课的大学师生参考。

全书共选现代著名作家26家,涉及代表性作品约40多篇(部)。所节录部分基本上保持原有讲课的内容,但也做了许多修改和补充。每一讲集中分析一位作家的创作。鲁迅成就比较大,原来讲课也用较多的课时,本书特别安排了5讲。其中有关《朝花夕拾》一讲,直接采用了最近我为人民文学出版社新出单行本所写"导读",是面对高中生的,特别加以说明。还有些比较重要的作家,如田汉、丁西林、叶圣陶、李劼人、夏衍、何其芳、林庚、卞之琳、张恨水、孙犁,等等,没有专列章节论述,也是考虑本书内容要少而精,尽可能选择经典讲析。

这本根据基础课节录的书,是现代文学欣赏和研究的"入门"书,讲的多是相对稳定的基本内容,是那些已经沉淀下来、学术界有大致共识的文学史知识,以及对代表性作家作品的评价。当然基础课也要不断更新,融入自己的或者学术界新的研究成果,但这种融入是有限度的,要考虑学生的接受能力,讲求认知规律,照顾到学科训练的体系性。希望读者读过这本书,对现代文学主要的作家作品有较深入的了解,对现代文学的轮廓有一个"史"的印象。

这本书可以提供给大学中文系的师生阅读参考,也适合社会上关心和喜欢文学的读者阅读。我看现在网上还有许多读者和听众在点播"超星"录制的我的课,如果他们有兴趣看这本节录整理的书,会发现内容变化不小,更加注意显示作品分析的"方法性知识",也更集中,让读者找到"干货"。

这本书可能比较"专业"一些,但对于中小学语文老师以及喜欢文学的中学生,也是适合的。不一定要把这本书的内容"移植"到中学语文课上,中学语文的教学内容目标和大学不一样,但在某些方面(比如多读书,思维训练,以及"方法性知识"的传授)又是可以衔接的。我在整理讲稿时有意把中小学师生当作"拟想读者",希望这本书对他们有些帮助。几年前我写过一篇文章《我讲现代文学基础课》,其中一部分专门论及大学低年级的课程如何与中学课程衔接。把有关的两段话转录于此吧:

> 拿语文课来说,多数中学现在还是采用那种处处面对考试的很死板的教学方式,大量标准化的习题把学生弄得趣味索然。这种方式培养的学生很会考试也很重视分数,但思路较狭窄僵化。比如接触一篇作品,习惯的就是摆开架势,追求思想主题"通过什么反映了什么"之类,而且很迷信标准答案。所谓艺术分析,也多停留于篇章修辞分类的层面,很琐碎,缺少个性化的体验与整体感悟。目前我们上大学基础课的讲授对象,就是这种教育模式"生产"出来的学生。现代文学课一般在一年级上,如果不考虑学生这种状态,上来就按照老师自己的研究习惯开讲,学生接受是有困难的。我的办法是开课伊始,先给学生"卸包袱",声明考试不是目的,也不会拿考试来限制学生,重要的是学会如何读作品,如何看待文学现象,以及培养艺术感悟力和思想力。我还有意强调中学语文教学的目标和大学中文系教学是不同的,中学要面对高考,对中学语文教学中存在的问题应有"同情理解",又有所超越与省思;上了大学就要有一种自觉,摆脱过去那种"应试式"学习习惯,转向个性化的、富于创新意识的研究性学习。我上基础课一开始就注意帮助学生实现这种"转化",把这种"转化"贯串整个课程。
>
> "转化"的措施之一,就是把文学感受与分析能力的培养放到重要位置。首先是读书。现在学生的阅读面与阅读量普遍都少得可怜,相当多的学生在中学时期没有完整读过几本名著,他们大量读的就是教材与教辅。基础课就必须来补救,承担引导阅读、培养阅读兴趣的任务。特别是文学课,主要依赖阅读,不读作品怎么讲?作业主要就是布置读作品。给学生开课之前,我会为学生开一份"最低限量必读书目",其中大部分是作品,少量是研究论作。……让学生顺藤摸瓜,自己去找书来读。教学中注意结合学生阅读印象和问题来分析作品,处处强调发掘与培育对文学的想象力、感受力和分析评判能力。现当代文学虽然不像古典文学那样,有大量经过历史沉淀的非常精美耐读的作品,而与时代变迁又紧密相关,但也不能不重视文学分析,特别是现代特点的审美分析,我不会把现当代文学史讲成文化史、思想史。将中学语文与现代文学衔接比较,是个"转化"的办法。

我们大学老师对中学情况可能不太了解。讲基础课恐怕还是要多少了解这些应试教育环境中出来的学生的思维习惯与爱好、想法。怎样将中学课程与大学的基础课衔接起来,把学生被"应试式"教育败坏了的胃口调试过来,是个难题,但大有文章可做。关键是重新激发学习兴趣,尊重学生的学习主动性,包括他们的想象力与感悟力,鼓励不断拓展思路,开阔视野。

以上引用旧文较多,有"炒冷饭"之嫌,对不起。只是想说明,这些年我在本专业研究之余,还用较多精力参与中小学语文教育的研究,担任全国统编的中小学语文教材总主编,这个角色也提醒我在整理这份讲稿时,多想想如果中小学语文老师读此书能得到什么帮助,想想如果中学生读这本书可能有哪些获益。我是有这份心,至于是否做到了,做好了,那还得听读者的意见。

2020 年 7 月 28 日

《为精神界之战士者安在》①题记

> 编这本自选集也就是做一番回顾与检讨——让后来者看看一个读书人生活的一些陈迹,还有文学研究界几十年的斑驳光影。

"今索诸中国,为精神界之战士者安在?"——这是鲁迅在《摩罗诗力说》结尾说的一句话。鲁迅于1907年写下这篇鼓吹浪漫主义反抗之声的檄文,时年26岁,还是个热血青年。怀抱"新生"理想的鲁迅希望能借域外"先觉之声",来破"中国之萧条"。记得40年前,我还是研究生,在北大图书馆二层阅览室展读此文,颇为"精神界之战士"而感奋,相信能以文艺之魔力,促"立人"之宏愿。40年过去,我要给自己这个论集起名,不假思索又用上了"为精神界之战士者安在"。这是怀旧,还是因为虽时过境迁而鲁迅当年体察过的那种精神荒芜依然?恐怕两者均有。

40年来,我出版了20多本书,发表了200多篇文章。说实在的,自己感觉学术上比较殷实,真正"拿得出手"的不多。现在要出个自选集,并没有什么高大上的理由,也就是做一番回顾与检讨——让后来者看看一个读书人生活的一些陈迹,还有文学研究界几十年的斑驳光影。

收在这本集子中的,只是我专著之外的部分论文,也有若干是在专著出版之前就单独发表过的,东挑西选,汇集一起,得55篇。论集分为四辑,鲁迅研究、作家作品论、

---

① 《为精神界之战士者安在》是笔者有关鲁迅及现代文学自选集的自序,该书选收笔者的研究论文50多篇,即将由人民文学出版社出版。

文学思潮与批评研究,以及学科史研究,大致就是我从事现代文学研究的几个方面。当然,我还关注过语文教育等领域,那些论文已经另外结集出版。

我的现代文学研究之旅,是从鲁迅开始的。1978年考研究生,找本书都不容易,但鲁迅还是读过一些,就写了一篇谈《伤逝》的文章(记得还有一篇关于刘心武的)寄给了导师王瑶先生。后来到镜春园86号见王瑶先生,心里忐忑,想听听他的意见,老人家却轻描淡写地说文字尚好,学术却"还未曾入门"。大概因为缺少资料,探讨的所谓观点,其实许多论文早就都提出过了。尽管如此,我对鲁迅研究还是一往情深,在研究生期间花费许多精力在这个领域。收在集中的谈论《怀旧》《狂人日记》和《药》的几篇,以及《鲁迅前期美学思想与厨川白村》,都是研究生期间的产品。后者是硕士论文,题目有点偏,想弄清鲁迅为何喜欢日本理论家厨川白村,当时这还是少有人涉足的题目。后来又断断续续在鲁迅研究方面写过一些文字。20世纪80年代受"理论热"的影响,一度还挺热心去"深挖"鲁迅作品的意蕴,做"出新"的解读。比如对《狂人日记》反讽结构的分析,对《伤逝》"缝隙"的发现,对《肥皂》的心理分析,等等,都带有当时所谓"细读"的特点。但我更关心的还是鲁迅的思想价值和现实意义。90年代以后学界对鲁迅的阐释注重脱去"神化",回归"人间",多关注鲁迅作为凡人的生活的一面。这也是必然的。然而鲁迅之所以为鲁迅,还在于其超越凡庸。我这时期写的几篇论文,格外留意鲁迅对当代精神建设的"观照",对当时那种轻率否定"五四"和鲁迅"反传统"意义的倾向进行批评。如《鲁迅对文化转型的探求与焦虑》《鲁迅早年对科学僭越的"时代病"之预感》,都是紧扣当代"文化偏至"的现象来谈的。始终把鲁迅视为"精神界之战士",看重其文化批判的功能,也许就是我们这一代学人的"宿命"。

我研究的第二个领域,是作家作品,涉及面较广,也比较杂。不过收入文集的评论并不多,只有15篇,研究的大都是名家名作。其中郁达夫研究着手比较早。我在研究生期间,就编撰过一本《郁达夫年谱》。当时还没有出版郁达夫的文集,作品资料都要大海捞针一般从旧期刊中去收集,很不容易,但也锻炼了做学问的毅力。年谱有20多万字,王瑶先生还赐以序言,当时交给香港一出版社,给耽误了。收在集子中的几篇关于郁达夫的论述,因为"出道"早,也曾引起过学界的注意。90年代以后,我教过一门作家作品专题研究的课,就一些名家名作进行评论,努力示范研究的方法,解决学生阅读中可能普遍会碰到的问题。收在集子中的《浅议有关郭沫若的"两极阅读"现象》和《论老舍创作的文学史地位》,最初就都是根据讲稿整理成文的。后来还写过好几篇类似的作家论,又和人合作,出版了《中国现当代文学专题研究》,被一些学校选作教材。我所从事的学科叫"现当代文学",名字有点别扭,现代和当代是很难区分的,应当打通。我主要研究现代,但也关注当代,写过不少当代的评论。比如贾平凹因为《废都》的出版正"遭难"受批判那时,我并不赞同对《废都》简单的否定,认为《废都》在揭示当代精神生活困窘方面是有独到眼光的,甚至提出20年后再来看《废都》,可能就不至于那么苛求了。而当莫言获奖,大量评论蜂起赞扬,我也指出莫言的《蛙》在"艺术追求"上的"缺失"。我在一些文章中曾抱怨当代评论有两大毛病:一是圈子批评多,"真刀真枪"的批评少;二是空洞的"意义"评论多,能够深入到作品艺术肌理的研究少。我虽然没有"圈子",也想做一些切实的批评,可惜力有不逮。

我研究的第三个领域,是文学思潮与文学批评。1981年留校任教,在现代文学教研室,鲁迅、小说、诗歌、戏剧等方面都有老师在做,那我就"填补空白"吧,选择做思潮与理论批评。一开始我并不打算就以文学思潮为研究方向,还是想研究鲁迅,或者写点诗歌评论。但有些"因缘"很可能就决定一个人的生活轨迹,学术研究也是这样。1985年我参加全国首届比较文学会议,写了一篇关于"五四"现实主义与欧洲思潮关系的论文,在《中国社会科学》发表了。王瑶先生认为还可以,适合我的理路,就建议我研究文学思潮与批评。这样我就开始用主要精力研究文学思潮了。收在集中的《新文学现实主义总体特征论纲》,其实就是我博士论文《新文学现实主义的流变》的微缩版。我主要做了"清理地基"的工作,把现实主义思潮发生、发展与变化的基本事实呈现出来。现在看来这篇论文也写得平平,但那时关于思潮流派系统研究的专著还很少,我等于开了风气之先,"带出了"后面许多篇思潮研究的博士论文。

1990年前后,学界空前比较沉闷,我给学生开批评史的课,意在接续古代文学批评史,认为现代文论也已经形成新的传统,清理现代文学的理论批评也应当是重要的课题。批评史这门课带有些草创的性质,讲授每一位批评家都要从头做起,非常费工夫。收在集子中的那几篇有关文学批评的论文,大都是在讲稿基础上写成的,后来成就了《中国现代文学批评史》这本书。这本书下了"笨功夫",也提出一些新的看法,我自己也是比较满意的。

新世纪初年,我着手做"现代文学传统研究"的课题,这也有其现实的针对性。面对那些试图颠覆"五四"与新文学的言论,我强调的是在当代价值重建中"小传统"(相对古代的"大传统"而言)的意义。集子所收《现代文学的阐释链与"新传统"的生成》等文,特别注重考察新的文学传统如何在不断的阐释中被选择、沉淀、释放和延传,分析当代文坛"现在"与"传统"的对话。这些观点在文学史观念与方法上都有一定的创新。而更实际的影响,是回应那些对"五四"与新文学的挑战。

2011年到山东大学后,我提出要做"文学生活"的研究,还和山大的团队一起申报了"当前社会'文学生活'调查研究"这个国家社科基金重大课题。收在集中的《"文学生活"概念与文学史写作》大致体现我的主要观点和研究设想。我认为以往文学研究大都围绕作家——作品——批评家这个圈子进行,对于普通读者的接受很少关注。而"文学生活"这一概念的提出,是想更广泛地认识文学的生存环境和生产消费状况,关注不同领域、不同层次读者的"反应",分析文学作品和文学现象在社会精神生活中所起的作用,激活被"学院派"禁锢的研究思路和方法。这项研究得到了学界普遍的认可。

我研究的第四个领域,是学科史,收文12篇。这也多是由教学所引起的课题。我给研究生开设了"中国现当代文学学科概要"课,目的是对现当代文学研究的历史做一番回顾与评说,了解这个学科发生发展的历史、现状、热点、难点以及前沿性问题。意图是给学生一幅"学术地图",领他们进门。收在集子中的多篇文章,都是当时讲稿的整理,侧重的是学科史的梳理。值得欣慰的是,一些大学现在也开设学科史这类选修课了。2006年后,我担任现代文学研究会会长,更加关注学科建设问题,不时写一些学科评论,比如收在集子中的《思想史取替文学史?》《谈谈困扰现代文学研究的几个问题》和《文学研究中的"汉学心态"》,都曾经引起过学界的热议。而写于2011年的《现代文学研究的"边界"与价值尺度问题》,也是紧扣目前现代文学研究的状况和某些争议而发言。后来这篇论文获得"王瑶学术奖",大概也是因为涉及学科发展的议题,大家都比较关心。

虽说是自选集,也并非就是把自认为最好的论作拿出来,还得照顾到不同阶段、几个领域的"代表性"。其中有些发表较早的"少作",现在看是有些青涩的,但也不失年轻时的天真,虽然惭愧,也还是收到集子中了。

给自己编集子,一面是埋藏,一面是留恋。这些芜杂的篇什其实"意思"不大,但毕竟留下几十年问学的脚印,其中或有一孔之见,那就不揣浅陋,以表芹献吧。只是想到那些读者省览拙集,要花费时间和精力,我是既高兴而又有点不安的,只能预先在此说一声谢谢了。

2019年6月1日

说说我的研究著作
——选自《温儒敏画传》

多年来我的用力处主要在文学思潮与文学批评，然后就是学科史和语文教育研究。

我学问做得比较杂，面也比较广，早年还关注过比较文学，编过几本比较文学的论文集，当时这门学科刚刚兴起，这些奠基的工作还是有些影响的。因为这是"交通之学"，我自感外语不灵，后来"洗手不干"了。多年来我的用力处主要在文学思潮与文学批评，然后就是学科史和语文教育研究。我的硕士论文写的是《鲁迅早期美学思想与厨川白村》，题目有点偏，想弄清鲁迅为何喜欢日本理论家厨川白村，和研究比较文学的影响有点关系吧。那个阶段还写过几篇鲁迅的文章，比如研究《怀旧》，研究《狂人日记》的体式如何受外来影响，还花很多精力研究郁达夫，甚至编过一本《郁达夫年谱》。那时做学问比较注重史料，编年谱是进入研究的路子，比较偏重于作家作品个案探讨。我比较喜欢诗歌，可惜这方面没有写过多少文章。

留校任教后，鲁迅、小说、诗歌、戏剧等都有老师在做，那我就"填补空白"吧，选择做思潮与理论批评。这也是工作需要。当时我在职师从王瑶先生读博士，博士论文《新文学现实主义的流变》就是研究思潮的。那是1985年，论文选题还举棋不定呢，我一开始并不打算做思潮，想往鲁迅靠。那时我为参加全国首届比较文学会议，写了一篇关

---

① 本文选自《温儒敏画传》(《名作欣赏》2019年第3期别册)。

于"五四"现实主义与欧洲思潮关系的论文,在《中国社会科学》发表了。王瑶先生认为还可以,也适合我的理路,就建议我还是写现实主义思潮。这可是个大题目。当时文坛正在呼唤回归现实主义,许多文章都在说这个问题,但是它的来龙去脉不见得很清楚,梳理一下是必要的。我就选择了这个难题。如果铺开写,等于是半部文学史了,很难把握。于是决定先"清理地基",把现实主义思潮发生、发展与变化的基本事实呈现出来。我找到一个当时还较少使用的词叫"流变",一下子把思路点亮了。下来的工作就是大量搜集整理材料,然后以史述为主,从繁复的文学史现象中选择一些最突出的"点",去把握数十年间现实主义思潮衍变的轨迹,其成为主流的原因,以及对新文学所起的推进或制约作用。现在看来这篇论文写得还是平,但那时关于思潮流派系统研究的专著还很少,这是第一部叙写现实主义思潮史的著作,等于开了风气之先,颇受学界的注意,很快被翻译到韩国出版,还被日本某些大学选作教材。20世纪80年代后期许多博士论文大抵顺着这个趋向,以思潮流派的梳理作为题目,出了一批殷实的作品,比如研究浪漫主义、象征主义、现代派、左翼文学思潮,等等。

我的第二本专著是《中国现代文学批评史》(1993年)。如果说前一本博士论文的写作还有些顾忌,要考虑如何通过答辩,那么这本批评史倒是比较放得开,也比较精心。那是1990年前后,我给学生开批评史的课,意在接续古代文学批评史。当时北大搞古文论的有三四位专家,可是没有人关注现代文论,现代文论给人的印象似乎学术"含金量"不高。别的大学大抵如此,当时各种文体与作家研究专题课都有人讲,就是很少有人专门研究现代批评。我心想古代文论研究当然重要,但是现代文论也已经形成新的传统,对当今文学生活有弥漫性的影响,所以清理现代文学的理论批评,也应当是重要的课题。我上现代文学批评史这门课,带有些草创的性质。为了实际的教学效果,我另辟蹊径,不面面俱到地总结所谓规律,也不注重系统性,而是选择了十多个比较重要的批评家做深入探究,让学生领略不同的理路方法,观千剑而识器,提高文学评论的能力。当时批评史的基础研究还十分薄弱,我讲授每一位批评家都要从头做起,非常费工夫。不过一两轮课教下来,我积累了大量第一手材料,更重要的,是研究的现实感强了,问题意识突出了。我的批评史研究也许并不全面,但现实的指向性明显。我意识到在现代文学研究格局中,理论批评是非常重要的,是贯穿性的,置身于当代文学批评的氛围,仍然能强烈地感受到以往那些批评家根须的伸展,我们如果能认识当今所讨论的许多文学命题,也就能从以往的批评家那里获得某种批评传统的连续感。后来,我花了两三年时间,才在讲稿基础上写成了这本批评史。讲课时论涉的批评家比现在书中多一些,包括鲁迅、钱锺书、闻一多都曾讲到,但出书时只集中论述了14家。和前一本专著一样,"论"的成分比较多。那时我很痴迷于韦勒克的文学理论,受他的影响,不刻意勾勒历史链条或者什么规律,而是重点论说最有理论个性和实际影响的批评家代表,注意他们对文学的认知活动的历程,以及各种文学认知在批评史上所构成的"合力"。这本书的确下了"笨功夫",也提出了一些新的看法,至今仍然是现代批评史研究中引用率最高的一本。

第三种是《中国现当代文学专题研究》,最初是为中央电大编的教材,我编现代部分,赵祖谟老师负责当代,框架体例是我定的,邀请一些年轻学者参与编写,我写的章节最多。没有料到这本书还很受欢迎,10多年来修订两次,有过30多次印刷,很多考博考研的学生都会找来参考。这是我讲授作家作品研究选修课时的产物,其章节设计也是有教学上考虑的,即通过重点作家作品的分析,以点带面,将"文学现象"的考察"带"起来,在特定的历史文化氛围中,从文学潮流发展变化的历史联系,去讨论某一文学现象产生的缘由,去评判作家作品的得失,尽可能从文学历史发展的坐标上来衡定其得失地位。还希望能引导学生顺藤摸瓜,找一些研究论著来参考,从中或许就可以得到某些启发,帮助自己进入研究状态,找到进一步探讨问题的空间。虽然这是一本教材,但几乎每一章的内容都对相关研究有所推进。比如研究郭沫若,就力图回答当下对郭沫若评价过低,甚至以道德化的评价代替学术评价的问题。这本书主要部分是我写的,也邀请多位学者参加了撰写,我从总体设计到最后定稿,花费了很大精力。几年前又修订一次,增加了许多当代的内容。

第四种是《中国现当代文学学科概要》,也是我多年来给研究生讲课的副产品,我带着一些年轻学者共同完成了这本书。目的是对现当代文学研究的历史做一番回顾与评说,后来发现有些吃力不讨好,因为距离还不可能充分拉开,要品评学术,难免顾此失彼,甚至"得失人情"。但这个工作还是很有意思,对于学生的学术训练尤为必要。让学生能尽快入门,获得更专业、更有学术自觉的眼光,就要领略各个阶段种种不同的方法理路,从学科评论的高度,了解现代文学研究发生发展的历史、现状、热点、难点以及前沿性课题。这等于在展示一张学术"地图",研究者可以从中了解和测定自己的方位,起码可以从中获取某种学科史评价的信息。该书原是给研究生写的,因为论及整个学科的历史与现状,并引发诸多新鲜的话题,也引起研究者的广泛关注。值得欣慰的是,一些大学现在也开设学科史这类选修课了。

第五种是《现代文学新传统及其当代阐释》,是我和陈晓明等几位学者合作的著作。大约是2001年,南京大学中文系召开过一次题为"现代文学传统研究"的研讨会。我在会上做了一个发言,其中谈到对"新传统"应当抱着历史同情的态度,不能只当"事后诸葛亮",抱怨历史上存在的不足和错误。研究当然有当代性,但历史毕竟不是任人打扮的女孩子,也不该用作显示自己理论杀伤力的靶子。我对那种动不动将现今的弊病往"五四"和新文学传统方面找病根的做法表示反感。会后,我将这次发言整理成一篇文章,题为《思想史取替文学史?》,还引起过一些争论。后来南大现代文学研究中心承担教育部人文社科规划重大课题,要全国招标,鼓动我申报一个关于"现代文学传统研究"

的课题。我意识到这个课题很重要,以我一人之力很难做好,就邀请了陈晓明、高旭东两位教授以及几个年轻的学者加盟。这本书的意图是较全面地考察现代文学传统的形成过程及其在当代社会生活中的渗透影响,强调在当代价值重建中"小传统"(相对古代的"大传统"而言)的意义。重点有两个,一是历史梳理,考察新的文学传统如何在不断的阐释中被选择、沉淀、释放和延传;二是分析当代文坛中"现在"与"传统"的对话。以往涉及新文学传统研究的论著不少,但这是第一本相对超越出来、专门把现代文学传统的延传及变迁作为研究对象的专著。书中不但全面梳理了现代文学传统的形成与发展过程,还对新传统的比较稳定的"核心部分"做了深入的探讨。其中提出了几个重要观点:一是要重视近百年来的"小传统"的价值;二是传统研究必须摆脱本质论束缚,注意观察阐释接受的"变体链";三是关注现代与当代的"对话"现象;等等。这些观点在文学史观念与方法上都有创新。研究过程中碰到一些困难,比如探讨当代作家与现代文学传统的关系,很难在具体材料上落实。书中借用"互文性"(intertextuality)研究视角,一是当代的创作文本,一是现代文学传统已有的文本,从文本之间相互影响、彼此交融的关系来看新的文本的生成,关注两者的异同及对话。这对于作家作品的"影响研究"有方法论的创新和启示意义。近些年许多关于文化转型与困扰的讨论,包括那些试图颠覆"五四"与新文学的挑战,都迫使人们重新思考现代文学传统的问题。本课题研究就是面对这些挑战而做出的一些思考。

第六种是《当前社会"文学生活"调查研究》,属于国家社科基金重大项目的结题报告,是我带着山东大学的一些同仁做的。其研究的重点是"文学生活",特别是普通国民的文学生活,包括文学阅读接受状况、文学影响下的社会精神现象。以往文学研究大都围绕作家—作品—批评家这个圈子进行,对于普通读者的接受及其对创作的影响很少关注,这种"内循环"的研究不够完整,甚至不接地气。而"文学生活"研究弥补了这一缺陷,使我们对当前文学的认识能够拓展到文学自身之外,帮助我们更广泛地认识文学的生存环境和生产消费状况。特别是对于处在市场经济背景和网络文化影响的当代文学来说,文学生活研究的介入,显然可以拓宽视野、调整方法,获得新的研究活力。国内外迄今尚未见有以"文学生活"为主题的研究和著作。文学生活研究既是文学的,也是社会学的。这本论集的出版带有一定的原创性和方法的独特性,在学界产生了较大影响。

第七种是我有关语文教育的论著,包括《语文课改与文学教育》和《温儒敏论语文教育》一、二、三集,还有近期出版的《温儒敏语文讲习录》和《温儒敏谈读书》。十多年来,我用部分精力投入基础教育,特别是语文教育的研究:在北大成立了语文教育研究所;领衔修订义务教育语文课程标准;带领北大老师参与人教版新课标高中语文教材编写;2012年以来,又接受国家的任务,担任总主编,组织编写从小学到高中的全国统编语文教材。这三四本书,都是我这些方面工作的一些积累,包括上课、讲演、访谈等文字,大致能体现出我对语文教育的一些思考,有些也曾产生很大的社会反响。这些虽然谈不上是专深的研究,但可以说都是比较"接地气"的论作。

除了这些著作,还有其他一些论集,包括《文学史的视野》《文学课堂》《温儒敏序跋集》,等等,收录了我专著之外的许多论文,也呈现了我多年来问学燕园的脚印。数十年来,写下三四百篇文章,收进文集中的只是一部分。有些论文在学界曾有过较大影响,但都未能收进集中。比如,《谈谈困扰现代文学研究的几个问题》(发表于《文学评论》2007年第2期),其中谈到对现当代文学研究中出现的某些趋向与问题的看法,包括学科的"边缘化"、"思想史热"、"泛文化"研究的缺失,以及"现代性"的"过度阐释"问题,等等。《文学研究中的"汉学心态"》(原载《文艺争鸣》2007年第7期,同年《新华文摘》第20期转载),指出所谓"汉学心态",不一定说就是崇洋媚外,但起码没有过滤与选择,是一种盲目的"逐新"。我主要是针对学风而言,带有学术反思的意味。《现代文学研究的"边界"及"价值尺度"问题》(《华中师范大学学报》2011年第1期,曾获"王瑶学术论文奖")则是针对无限制拓展现代文学"疆域"的做法提出质疑,也涉及学科定位与方法等问题。这些专著之外的论文,其实影响不见得比前述一些书要小,可惜还没有机会汇编成集。①

我在学术撰著之外,还有些余兴之作,散文、随笔之类,多发表于报刊,历时既久,所积也有二三百篇。只有一部分汇集出版,聊当闲谈,亦作芹曝之献,这就是《书香五院》和《燕园困学记》。

---

① 2020年9月9日注:已集成《为精神界之战士者安在》一书,即将由人民文学出版社出版。

附　录

以教师为"志业",不只是"职业"
——《教育家》杂志封面人物报道

"儒言经古道,敏志复民光。"这副书法作品挂在温儒敏在圆明园附近的"且竹居"客厅里,其含义不言而喻。温儒敏是文学史家,最近10多年,把大部分精力都用在语文教育的研究与组织工作上。他说这是"敲边鼓",说:"我们这些读书人受惠于社会,现在有些地位,有些发言权,更应当回馈社会。光是批评抱怨不行,还要了解社会,多做建设性工作。"

他始终看重"澹泊敬诚"四个字,低调做人,务实行事,绝不做"学术明星",而要成为一位"接地气"的学问家。2012年,温儒敏受聘于教育部担任中小学语文统编教材的总主编,组织数十位专家和特级教师,历时7年,经过几十轮评审,终于"熬"了出来。如今他已年逾七旬,但依然耕耘在教育第一线,因为教育于他,已经不单单是一份"职业",而是一份值得用整个人生投入的"志业"。

教育和做学问辛苦并快乐着

记者:您如今年逾七旬,桃李遍天下,却依然耕耘在教育第一线。2008年您被教育部授予"高等学校教学名师"称号,在发表获奖感言时您说:"我觉得教学是值得用整个人生投入的事业,是我所痴迷的乐事,是份完美的精神追求。"教书育人给您带来了怎样的"享受"?

温儒敏:人生在世几十年,除了衣食住行和必要的生存条件,总要有一些精神层面的依托和追求,最好还能为

---

① 本文发表于《教育家》杂志2019年6月第2期,作为封面人物报道,记者李香玉。

国家为社会做些事。如果一个人能把自己的职业与志向、兴趣结合起来,把"职业"变"志业",那么他既能把本职工作做好,又能收获一种真正的愉悦。在我看来,当老师是值得骄傲的事,这不只是"稻粱谋"的职业,更是一种可以充分张扬自己生命意义的"志业"。

我年轻时也当过公务员(当时叫干部),但觉得自己不是特别适合官场,所以一恢复高考,我就报考了北京大学的研究生。后来主要做两件事,当老师和做研究。有句话叫"辛苦并快乐着",做研究的过程虽然艰辛曲折,但最终能有所发现,有所建树,那种艰难的付出也就觉得很值。教学也同样,从事教育的几十年中,除了带硕士生、博士生,我一直特别重视给本科生上基础课。最高兴的莫过于看到自己的学生成才,在业界获得好评。教书育人跟做学问的艰辛与快乐,只有亲身经历的人才能体会到。

记者:硕士、博士阶段,您是王瑶先生的两届入室弟子,您也一直视此为"人生的福气"。谈谈王瑶先生给您带来的影响好吗?

温儒敏:王瑶先生原来任职于清华大学,20世纪50年代初期院系合并后他到了北京大学。当时他是三级教授,虽然级别不是很高,但他却是一位标志性教授,影响很大。一是由于他在学术界的影响力,二是他的人格魅力。跟一般教授相比,他更放达,也更接地气。我们能够找到这样的导师,实在是一种幸运。

王瑶先生做学问不死板,知人论世,能够把做学问跟社会的脉动联系起来,这一点对我影响很大。王瑶先生视野非常开阔,他是从古典文学研究转到现当代文学研究的,做学问的根底非常扎实。他研究文学史很注重从复杂的情况中归纳出一些"现象"进行研究。他做学问"进得去",也"出得来",这对我们治学也有很大的影响。

他的教学方式因人而异,注重学生未来的发展。在聊天过程中,他会对学生分析问题的思维方式进行点拨,帮助学生把握研究方向。我在写硕士论文时本想做郁达夫研究,但王瑶先生建议我不要满足于做自己已经熟悉的领域,而建议我做关于鲁迅的研究,虽然难以突破,但题目重要,学术含金量大,要敢于去碰。后来我的硕士论文研究鲁迅与厨川白村,博士论文研究现实主义思潮,都离不开王瑶先生的指点。

教改是"补台"不是"拆台"

记者:您的专业是文学史研究,为何如此关注基础教育?为何要在北京大学建立语文教育研究所?这个机构是怎么运作的?

温儒敏:对语文教育的关注,其实是"五四"的传统,也是北大的传统。北大历史上有很多老先生都对基础教育非常关注,像王力先生、朱德熙先生等。近一二十年,北大和许多大学一样,学科分工越来越细,每人抱着一块研究,虽然很深入,但也可能比较脱离社会现实。许多师范大学都不愿做"师范"。我想做学问总还得关注社会,北大中文系也应当关注基础教育,于是就在 2004 年领衔成立了北大语文教育研究所。我们也是想以此来影响师范大学提高对基础教育的重视。果然,语文教育研究所成立后影响很大,全国各师范大学陆续成立了六七所研究语文的机构。

北大语文教育研究所实际上是个虚体,没有国家的资金支持,起初甚至连个办公室都没有。但它借助北大校内外资源,以项目制做过很多大型调查。从 2004 年成立至今,三次被北大评为优秀机构。我们想通过北大语文教育研究所来跟全国中小学研究界发生一些联系,帮助他们提升教学水平。

记者:从 2012 年起,您受教育部聘任,担任中小学语文教科书总主编,据说今年小学初中要全国投入使用,高中也将陆续使用新教材。作为总主编,您对这这项重大工程的完成有什么感想?

温儒敏:不得不说这是一项非常艰难的工程。因为教材是公共知识产品,万众瞩目,社会上的认知各种各样,谁都可以对此发声。而且中央也有很高的要求,既要保留教材的科学性,又要体现改革的力度。所以这是一个需要平衡的工作,背后的艰辛和曲折外人难以理解。我曾经说过,喊喊口号或者写些痛快文章容易,要做成一件事、要推进改革就比想象难得多,现在教育领域哪怕是一寸的改革,往往都要付出巨大的代价。

新教材有新面貌,特别是在培养读书兴趣,以及提倡学会学习上,有许多改进。特别是小学和初中语文,我比较满意,是体现了"守正创新"的编写理念的。社会反响也比较好。高中语文改革幅度很大,但还是力求能适合大面积使用。效果如何,要看一线教学的实践检验。课程改革和教材编写都要"守正创新"。教育要改革,不是说以前的错了,要推倒重来。教育是"农业",其改进和创新,是需要一步步积累的。以前好的东西还是要保留的,要改掉的是不适应的东西,有新的东西要补充进去,教改是"补台"不是"拆台"。

记者:"部编本"语文教材作为新教材,它的使用应该也有"磨合期"吧。近两年,"部编本"语文教材已陆续在全国范围投入使用,在使用过程中有没有遇到什么问题?

温儒敏:会有一些磨合,但有些改革在逐步达成共识。比如,过去小学生一上学就先学汉语拼音,而"部编本"语文教材改为先认识一些字,再学拼音。为什么这样安排?要的是孩子们对汉字的原初感觉。"第一印象"不是字母 abcd,而是汉字"天地人",把汉语、汉字摆回到第一位,而拼音只是辅助学汉字的工具,不是目的。先认字后学拼音,还有一个考虑,是幼小衔接,放缓坡度。对于刚上学的孩子而言,一上来就学拼音,等于给了下马威,不利于培养对语文课的兴趣。

再比如,古诗文篇目的增加。小学一年级开始就有古诗,整个小学 6 个年级 12 册共选有古诗文 132 篇,平均每个年级 20 篇左右,占课文总数的 30% 左右,比原有人教版增加很多。初中 6 册选用古诗文的分量也加重了。这样做,是因为古诗文的学习不仅是文化的传承,而且是给学生打底色的过程,对语言的学习和运用都有所裨益。还有就是重视读书,把课内和课外的阅读结合起来。新教材的阅读量有大幅增加。

记者:新修订的高中课程标准与新教材都"加重"了语文的阅读量,社会上反响较大,网上还出现某些批评您的声音,有的还很激烈。对此您有什么澄清或者说明?

温儒敏:批评者说得最多的是高中必背古诗文从14篇增加到了72篇。其实这里面存在误解。所谓原来规定背诵14篇,其实并不存在,只是在2003年的高中课程标准中曾以举例方式提到过15篇古诗文,给教材编写者和老师选择古诗文时参考。所谓"猛增至72篇"也并不符合事实。早在2000年,教育部颁布了《全日制普通高级中学语文教学大纲(试验修订版)》,其中就明确规定了古诗文背诵篇目为70篇,这个数字与2017年课标定的72首基本持平,并无"猛增"。网上有些人借"猛增"背诵篇目这个并不存在的事实来指责我"增加学业负担",可能是因为只从网上拼贴材料,找错了批评对象,我其实没有这么大的"能耐",也根本没有参加高中课标的修订。至于教材增加阅读量,这个改革显然得到绝大多数老师的支持,大家越来越意识到,培养读书兴趣,是语文教学的"牛鼻子"。阅读兴趣高了,阅读能力强了,就不会感到读书是负担,这总比反复刷题好,真正增加负担的不是读书,是僵化的作业和考试。

"学好语文"比"考好语文"更重要

记者:作为"部编本"语文教材总主编,您的一些话被视为透露教改的动向。前一段网上炒作您主张语文高考要"让15%的考生做不完",很多家长为此担心。您能说说到底是怎么回事吗?

温儒敏:2017年我在一次座谈会上讲,高考是选拔考试,必须有难度系数、信度和效度的要求,要适当拉开分距,还要考阅读速度。根据几年高考的调查,很多考生阅读能力差,读得太慢,结果做不完卷子。每年总是有15%左右考生做不完,但这也是正常的。我说的是一种事实,而并不是"不顾学生死活","就是要让"15%的人做不完。有些话被断章取义,"标题党"起"吓人"的标题,以讹传讹,引起不必要的担忧。后来我也做过澄清,但作用不大。道理大家一想就明白,高考是选拔性考试,有15%左右的考生做不完,这个概率始终是存在的,不光是语文,其他学科也都有类似情况。如果全部考生都能答完答好,你好我好大家好,都得高分,怎么选拔?那些担心孩子高考做不完卷子的家长,应当考虑如何让孩子提升实力,而不要只是指望考试降低难度。即使再容易的题,也会有竞争。要想考得好,还得尽早培养起读书兴趣与习惯,多读书,读好书,阅读能力上去了,就不会"做不完"卷子了。

记者:马上又到高考季,近几年每年高考作文题出来以后,各大媒体都会邀您做一些评论和解读。您认为目前高考作文最大的问题是什么?

温儒敏:高考作文,整个社会都非常关注,有各种各样的要求,这些年也逐步在改进。据我的观察,这些年的高考作文命题在往理性靠拢,多出一些评论性的题目;另外,设题注重引导关注社会,贴近学生的生活,让学生有话可说。但也存在一些遗憾,就是有些作文题比较空,容易被套题,大家写得都差不多,评分就很难拉开距离。此外,高考作文还有一个大问题,就是评分的区分度不够,60 分的作文,给 40 多分的甚至可以占到 70%。结果一线教学就基本不用教作文了,因为怎么考都 40 分上下。这个我以前也呼吁过,要拉大高考作文的区分度。要增加满分作文、一类作文和三类作文,以此来"指挥"一线教师对作文教学加以重视。

记者:"既让学生考得好,又不把脑子学死,兴趣搞没。"关于中小学语文教育,老师如何平衡素质教育与应试教育,您有什么建议?

温儒敏:社会竞争加剧,焦虑增加,自然就会辐射到教育领域。看来在短期内是不可能摆脱应试教育的。我们可以从另一角度想,能否既面对应试教育这个巨大的现实,又不完全被其左右和淹没,努力在有限的空间内让孩子既能考好,又不把脑子搞死。把近期利益和长远的考虑结合,虽然很难,但有水平的老师和家长会懂得尽量去平衡。

小学阶段应试教育的压力还不像高中那么大,应当抓紧这一段,多做一些素质教育,就语文而言,很重要的就是培养起读书的兴趣、习惯。有良好的读书习惯的孩子,不会被游戏、网络所牵制,不会迷恋流俗文化,这些孩子到了初中、高中,语文水平肯定差不了。考试当然重要,但不能总盯着考试,"学好语文"比"考好语文"更重要。有水平的老师和家长是需要兼顾素质教育和应试这两方面的。

记者:对于激发学生的读书兴趣,您认为老师应该从哪些方面来做?

温儒敏:首先,对学生尤其是对小学生来说,阅读不要任务驱动,比如一个暑假规定他读完多少本书,读书要写读书笔记、读后感等。这是学生不喜欢读书的最主要的原因。对于阅读,范围不要限定得太死,让孩子适当接触一些"闲书",培养他自由阅读和思考的习惯,然后再给以适当的引导。相对应地,我鼓励目标驱动,当孩子完成一定阅读量时,老师给予奖励和鼓励。

温儒敏：温良儒者，敏慧前行①
——《中华儿女》杂志报道

如今已经年过七旬的温儒敏先生仍然每日花费大量时间在阅读、研究和写作上，这是老先生几十年以来一直保持的习惯。客厅里摆放着一块"澹泊敬诚"的牌匾，那是温儒敏先生的自勉，几十年来，温先生始终坚守这种对学问的真诚与谦逊，投入到他终身热爱的文学教育事业中。他是一位儒者，用温柔优雅的态度待人接物，用敏锐的心灵去感知世界，始终保持着"入世""济世"的心态，这或许就是"温儒敏"名字背后的寓意。

人生最要紧的那几步

温儒敏1964年毕业于广东紫金中学，考入中国人民大学语文系读书，其间因为"文革"爆发，延至1970年毕业，分配到粤北的韶关地委办公室担任秘书。在韶关的8年，温儒敏跑遍了10多个县的山山水水，还担任过"生产队干部"，这段经历让他对农村生活有了真切的体验，打掉了很多不切实际的书生气。当时温儒敏在韶关地委是受重用的，如果走仕途，也可能有不错的发展。但温儒敏总觉得自己不适合当干部，他渴望安静的读书生活。转向学术的契机出现在1978年，怀揣着做学问的情怀，温儒敏报考了北大的研究生。

温儒敏说，因为是北大"文革"后首次招考研究生，考生很多，报考现代文学专业的甚至超过了800人，竞争激烈。按规定，录取名额6人，容许参加复试的名额11人，

---

① 本文系《中华儿女》杂志（海外版）2020年6月号刊出的人物报道。

但温儒敏的笔试(初试)成绩排在第 15 名,他觉得"没戏"了。没想到北大竟然还是通知他参加复试,最终成为"文革"后第一批研究生。为什么会有这样的"幸运"呢?原来导师王瑶和严家炎两位先生在考前收到过他"投石问路"的信,里面附有两篇评论鲁迅和刘心武的文章。导师认为其他入围的考生几乎都是中学老师,多少还有时间接触文学,而温儒敏在基层的机关工作,能腾出手来写评论就很不错了,所以"网开一面",特别给予考虑。回忆起这样的一段经历,温儒敏感慨:"这就是北大,不拘一格降人才!"

回忆起当时去北大报到的场景和感受,温儒敏印象深刻:"1978 年 10 月 9 日,我到北大中文系报到,住进了 29 楼 203 室。新粉刷的宿舍油漆味很浓,10 多平方米的房间要住 4 个人,挤得很,但心里却是那样敞亮。带上红底白字的北京大学校徽,走到哪里,仿佛都有人在特别地看着你,那种充满希望与活力的感觉,是很难重复的。"

读研时温儒敏已过而立之年,新生活带来的活力、时间的紧迫感和对学术的追求让他发奋读书。每天早晨在食堂吃过馒头、玉米糊早饭,就去图书馆,常常在图书馆里一待就是一天。那时不实行学分制,规定选修的课不多,主要是自己读书,隔段时间写个读书报告。导师一两个月找学生开讨论会,由某一人围绕某一专题主讲自己读书和思考的心得,大家展开议论,最后是导师从研究方法上去总结和引导。这种几近于"放养"式的培养方式,恰恰给温儒敏提供了自由选择的开阔空间,让他在博览群书的同时,能够相对从容地挖掘与找寻自己的研究方向和路子。

研究生 3 年当中,要数王瑶和严家炎两位老师对温儒敏的影响最大。温儒敏回忆道,王瑶老师虽然表面严厉,但熟络之后,会感到他其实是个幽默的人,那是种历经磨难之后的练达,谈学论道潇洒通脱,透露着人生的智慧。王瑶老师辅导学生时也喜欢联系现实,议论时政,品藻人物,这种入世的、批判的精神,对温儒敏做人做学问都有潜移默化的影响。严家炎老师为人很是严谨认真,当时人们都说他是"严加严",据温儒敏回忆,有一回他有论文要投稿,请严老师指教,严老师花许多时间非常认真地做了批改,教他如何突出问题,甚至连错别字也仔细改过。温儒敏在文章中把"醇酒"错写为"酗酒"了,严老师指出这一错意思也拧了,这个小事虽然过去快 40 年了,但温儒敏觉得这个场景还历历在目。

1981 年研究生毕业之后,温儒敏选择留在北大任教,直到 2011 年退休,刚好 30 年。这 30 年间,无论再忙,温儒敏始终坚持给本科生上课,因为他觉得"教学"是身为人师的"第一要义"。因为深感自身求学之路的波折,温儒敏希望能够切实地帮助到一些辛苦求学的年轻人。温儒敏常说,"人生的路可能很长,要紧处常常只有几步,特别在年轻的时候。也许就那几步,走好了就改变或确定了你的生活轨道。"

为语文教育"敲边鼓"

除了现当代文学方向上的专业研究,温儒敏还把相当部分精力用在中小学语文教育的研究上。2002年,温儒敏带领北大十多位教授与人民教育出版社合作,编写高中语文教材。2006年,温儒敏担任召集人,主持国家义务教育语文课程标准修订工作,历时4年,新课标终于在2011年正式颁布。此外,温儒敏还花费3年时间,带领北大、人大、首师大等校十多位青年才俊,编写了《语文素养读本》,从小学到高中,共24册,是目前坊间很受欢迎的一套课外读物。更值得一提的是,2012年温儒敏担任中小学语文统编教材的总主编,在教育部直接领导下,从全国调集数十位专家和特级教师,历时7年,编撰一套全新的教材,现已在全国投入使用。教材是公共知识产品,也是国家事权,编写过程受到各方面关注和制约。温儒敏说,"这是我这一辈子做过的最难的事,但也值得。"中央领导称赞这套教材是"铸魂工程"。温儒敏说,关于基础教育改革,他就是"敲边鼓"的。如同观看比赛,看运动员竞跑,旁边来些鼓噪,可助一臂之力。可敲着敲着,温儒敏手里的鼓槌也越来越难放下了。

谈到当下基础语文教育的问题,温儒敏指出:"现在的语文教学的确是存在很多弊病的,比如教学内容方法僵化,繁复,琐碎;形式主义,花架子,过分依赖多媒体;教学活动几乎完全指向中考与高考,反复操练,题海战术;等等。这些年实施课程改革,大家都在想办法给语文课治病,千方百计提高教学效果。但情况如何?不见得很好,在某些学校甚至越来越糟。我们似乎有这样的感觉,这些年在课改中转了一圈,又回到应试教育,特别是到了初三和高二之后,语文课基本上就是被中考与高考裹挟,考试至上,分数第一,百变不离其宗。我们大家都感到很累,很焦虑,也很沮丧。"

针对基础语文教育的这个"通病",温儒敏也给开了一剂"猛药",在温儒敏主持编辑的新"部编本"中小学语文教材中有一个非常鲜明的观点——把培养读书兴趣,作为语文教学头等大事。新版教材和以往教材比,更注重突出人文性,考虑尽量调动学生学习的主动性和创造性,比如问题探究(思考题)设计就注意多样选择,贴近学生语文生活,培养开放性思维,每一课还有阅读链接或拓展书目,供有兴趣的学生课外探究。关于写作教学,新教材也有改进,主要是强调读写结合,特别重视写作背后的思维训练。他认为写作教学不能停留于教一些技巧方法,还要教"用脑"。

关于温儒敏的教材改革,一位一线语文教师如此评价道:"温儒敏的语文教育思想在课程改革、课程目标、阅读及作文教学中都有很高的指导意义与应用价值,有助于教师把握语文教育的正确方向,更合理地培养学生的语文能力,更有效地进行阅读教学与作文教学,全面提高学生的语文素养。"

不过"新教材"和"新观念"的出现,在引发大家对语文基础教学关注的同时,也掀起了一些热议。这些讨论有的是断章取义的"标题党",蹭取热度,有的则是观点犀利的讨论和批驳。针对有意义的问题,温儒敏从来不逃避,而是认真地进行回应和思考。针对教材课文选择的激烈讨论,温儒敏先生表示:"存在的问题的确不少,媒体的有些批评是中肯。特别是某些版本的小学教材,其选文以及问题的设计,包括教师用书编写,对儿童心理照顾不够,导读和问答题设计过于说教,所谓思想性的体现也往往生硬表面,甚至有泛道德化倾向。还有的课文删改过于随意。社会上批评语文教材的意见大都是围绕课文的选择,哪些作品可以选,哪些不一定选,都可以讨论。"

温儒敏认为,语文课最基本的,还是学习语言文字运用,培养读书的兴趣和习惯。有了读书的兴趣和习惯,很自然就可以把素质教育、人文教育等带动起来。要重视培养学生广泛的阅读兴趣,扩大阅读面,增加阅读量,提高阅读品位;提倡少做题,多读书,好读书,读好书,读整本的书。中小学阶段,读书是精神和智力获得成长的主要营养源。读书不仅是一种能力,也是一种良性的生活方式,对整个人生都有影响。温儒敏希望通过统编教材的推广使用,能逐步改善教师教学方式,使之重视培养读书习惯,立德树人,真正为学生一生的发展打好底子。

开创"文学生活"研究的新空间

进入新媒体时代,大众阅读在方式跟内容上已经发生了天翻地覆的改变,但是学术界对大众阅读的状态缺少关注。温儒敏意识到了这个问题的严重性,于是提出了"文学生活"的概念,希望将普通读者的文学接受与消费纳入研究视野,为学科建设拓展一个新生面。温儒敏认为:"关注文学生活,其实也是关注民生——普通民众生活中的文学消费情况,事实上,每一个当代普通人每天接触报纸、电视、互联网或者其他媒体,自觉不自觉都在以某种方式参与文学生活。引入文学生活的视野,文学研究的天地就会陡然开阔。"

温儒敏表示"一代有一代之学术",而现下的文学研究有点陈陈相因,缺乏活力和温度。现在的很多文学评论或者文学史研究,大都是"兜圈子",在作家作品—批评家—文学史家这个圈子里打转,很少关注圈子之外的普通读者的反应。可是现在我国每年出版三四千部长篇小说,学者们弄不清楚这些小说的生产、销售、传播、阅读情况:那些畅销小说是怎样出炉并引发效应的?如何看待"策划"在文学生产中所起的作用?这些小说(包括那些发行量极大的小说)主要在哪些方面引起当代读者的兴趣或关注?普通读者的"反应"和批评家的评说之间可能存在哪些差异?小说在普通读者的精神生活中有什么影响?畅销书、通俗文学产出与"出版工作室"及"图书销售二渠道"有怎样的关系?等等。这些问题,亟须学者参与讨论。

在2011年受聘担任山东大学"文科一级教授"之后,温儒敏的"文学生活"概念得到了诸多山大同仁的认可与支持。温儒敏也随即组建团队,展开了"文学生活"的调查研究。2012年,温儒敏为首席专家、山大文学院为主体的学术团队申报的课题"当前社会'文学生活'调查研究"被批准为国家社科基金重大项目。在温儒敏带领下,课题组对多省市的"文学生活"状况进行了多项调查,撰写了50多万字的调查报告。调查中对文学社会学、传播学、历史学、心理学等多门学科知识进行交叉综合,以"田野调查"的方式,通过实证、量化归纳和数据分析,得出了许多令人"出乎意料"的结论,如农民工的文学阅读量高于普通国民的平均阅读量、大学生的文学阅读状况不如小学生等。这些结论的得出依托大量的调查问卷和数据分析,使我们对当代人的文学阅读和文学接受情况有了更为直观的认识。这是新的研究视角,新的学术生长点,引起了学界广泛的关注。

2013年10月,山东大学成立了当代中国文学生活研究中心,温儒敏任主任。为了扩大调查范围,普及文学经典,直观地了解普通国民对文学经典的接受情况,同年12月,在温儒敏倡议下,文学新闻传播学院积极参与,开设了山大"文学生活馆"。2015年"当前社会'文学生活'调查研究"这一重大项目如期完成,验收时得到专家一致好评。紧接着,在温儒敏的建议下,山大文学院又开始了有关"20世纪文学生活史"的系列课题研究,关注最近100年中国人的文学生活,关注普通人对文学的"自然反应"。2017年1月24日,《人民日报》发表专访,报道"文学生活"的成果,标题就叫《温儒敏:生活在文学生活中》,"文学生活"作为一种崭新的文学研究的方式,以其鲜明的时代性与解释力,逐渐推广开来。

对于一位多年从事文学研究的学者而言,日常的工作便是与"纯文学"打交道,但是温儒敏能跳脱出传统文学研究范式的限制,提出"把文学还给生活"的观点,这是极为可贵的。在温儒敏的倡导下,诸如"韩寒现象""杨红樱现象"、网络文学、《故事会》《知音》等热销故事杂志等等,也渐渐被纳入学术研究的视野中来,为文学研究的拓展开了一条新路。

温儒敏如今七十有四,有很多成就和头衔,在旁人看来他早可以"功成身退"了,但他仍然在做学问,写文章,带博士生。近期又被山东大学聘为讲席教授,实际上还不能退休。这次新冠疫情期间,温儒敏宅在家里,各种会议和活动少了,正好可以静心读书和研究,他利用这一段时间编了一本大学生的文学通识读本,还为中小学生写了几篇名著导读。温儒敏虽然闻名全国,却始终比较低调,并没有想过要做"学术明星"。他只是希望扎扎实实做学问,通过自己所学,为社会发展多做点贡献。诚如其名,温良儒者,敏慧前行!

澹泊敬诚的问学之道

——《传记文学》刊载温儒敏学术传略

北京,圆明园附近一个小区,温儒敏教授的书房。书架上摆着一块小的牌匾,上书"澹泊敬诚"四个遒劲的大字。温老师说:"那是我多年前在承德避暑山庄买来的,一看就心生欢喜,不时观摩玩味,也当作自己治学的精神督导吧——做学术不能太功利,要淡泊一点,多些尊崇和敬畏。"

"澹泊敬诚",也许能用来概括温儒敏的学术人生。

先看看温儒敏的简历:1964年广东紫金中学毕业,考入中国人民大学语文系读书,其间经历了"文革"。延至1970年毕业,分配到广东韶关地委当秘书,曾长期到农村工作和劳动。他不属于毛泽东所说的"三门干部",青少年动荡而艰难的生活,以及大学毕业后基层工作的经历,对温儒敏后来的治学是有潜在影响的。转向学术的契机出现在1978年,温儒敏通过"文革"后第一次研究生考试,考入北京大学中文系,师从著名学者王瑶先生攻读硕士学位和博士学位。从1981年起,温儒敏在北大中文系任教,直到2011年退休,刚好30年。实际上退而不休,仍然担任北大语文教育研究所所长,同时又受聘为山东大学文科一级教授。这也是个显要的职务,至今全国大学的文科极少有"一级教授"的头衔。此前温儒敏还历经许多学术要职:北大中文系主任、北大出版社总编辑、北大中文系学术委员会主席,兼任过中国现代文学研究会会长、《中国现代文学研究丛刊》主编、国务院学位委员会学科评议组成员、义务教育语文课程标准修订组召集人、"部编本"中小学语文

---

① 本文连载于《传记文学》2016年第5—6期,作者王彬。

教科书总主编、国家级高校教学名师……这众多职务和称誉，拿出任何一个都会被人们视为"牛人"。但温儒敏却一点也不"牛"，他低调做人，务实行事，努力践行"澹泊敬诚"。在温儒敏这里，学问与人生融为一体，不是"两张皮"。

家世与少年时期

1946年，战乱频仍，温儒敏出生于广东省紫金县中坝镇乐平村。紫金是粤东的一块贫瘠之地，多山岭和丘陵。由于位处偏僻，交通不便，资源短缺，紫金的经济发展至今仍然缓慢。这里是所谓"纯客住县"，绝大多数居民都是客家人，民风淳朴，讲求气骨观念，推崇文墨体面，即使贫穷，也总要让子弟读书传家。据说温儒敏的远祖是古代从山西、福建辗转迁移过来的。温儒敏在北京住了数十年，讲话还带有客家口音，不过他似乎有些"自豪"，说那保留有"中原音韵"。

温儒敏没有见过祖父，打小就听说祖父温恩荣出身贫寒，家徒四壁，当过"崇真会教士"，属于级别较低的乡村牧师。祖父膝下三子一女，小儿子温鹏飞（望生）是温儒敏的父亲。因为家里穷，父亲十六七岁就外出漂泊谋生，在香港东华医院当学徒，多年苦练掌握了一些医术，后来回到紫金龙窝圩开设西医诊所，是当地最早的西医之一。父亲聪明好学，医术不错，待人和善，还能写一手漂亮的字，在龙窝一带颇有名气。晚年"下放"到一家铁锅厂当厂医，独自一人用煤油炉做饭。温儒敏出生在老家紫金县中坝镇，童年大部分时间是在龙窝圩度过的。家里算是小康，但他从小就目睹中国底层民众生活之艰辛。

对温儒敏人格影响更深的是母亲。他管母亲叫"阿㜣"，那是古音，客家人特殊的称呼。"阿㜣"名黄恩灵，1917年生于广东紫金一个基督教家庭，幼时颇受父母宠爱，上过教会学校，读到初中毕业。在二三十年代，女孩子读书是非常奢侈的事。温儒敏的外祖父也是个牧师，在粤东几个县传道，在当地有很高的威望。在幼小的温儒敏眼中，当牧师的外公是很有学问的，几个舅舅也都上过大学，一家出了好几个医生。"阿㜣"生养过9个子女（养活7个），体弱多病，性格倔强，有"男女平等"的想法，总希望能相对独立，有一份自己的工作，这也许和她受过的教育有关。可是"阿㜣"一辈子都待在家里相夫教子，只是50年代曾经有半年在一家诊所当了药剂师，每天上班穿着白大褂给病人拿药。那是她最舒坦的日子，后来常常要提起的。其实"阿㜣"养育子女也是很大的贡献，她不自觉罢了，这是温儒敏后来常念叨的。"阿㜣"是虔诚的基督徒，知书达理，幼小的温儒敏常常听"阿㜣"讲《圣经》故事，以及各种民间谚语传说，背诵《增广贤文》等蒙学书籍中的名言警句。可见50年代虽然全社会处于政治化的旋涡中，但也依然有私人生活的缝隙。多年后温儒敏常常和妻子提到："阿㜣"真"有才"，是个"语言学家"。

温儒敏的兄弟姐妹多，加上表兄表姐，十几个孩子，经常在一起聚会玩耍，家里也不太管束,童年是热闹而快乐的。上小学了,温儒敏是十足的"淘气包",捉迷藏、看把戏、爬山、远足、游戏打仗,常常玩得昏天黑地,甚至旷课缺席。温儒敏心性好奇,常异想天开,搞个小的发明探索。比如用棉线和纸盒制作"电话",从一楼到三楼闹着玩(那时电话还是个稀罕物件);把闹钟拆了看个究竟;自己动手做矿石收音机;等等。他的个性和爱好无拘无束地发展,但功课却受到妨碍,成绩不好,小学毕业考试居然没有及格(虽然那时没有小升初考试),父亲决定让他休学一年,再上初中。当了中学生的温儒敏令人惊奇地发生"突变",学习突然变得自觉,而且有了目标,希望长大了成为一名作家。那是受到上中学的哥哥姐姐的影响,哥姐那时都在县城读高中,喜欢文学,温儒敏最高兴的事就是哥姐回家时带来文学课本和书籍。后来温儒敏还记得,1956年的高中语文教材分为语言和文学两本,文学编得很厚,中外作品都有,自己读了真是大开眼界。文学的魔力让淘气的温儒敏变得安静,从此爱上读书,甚至开始模仿写作。

一次偶然的机会,温儒敏被老师推选为当地一家专区报纸的小通讯员,这让年少的温儒敏颇感意外,兴奋得差点儿跳起来。温儒敏知道自己并不是老师眼中的"好学生",但可能是因为平时喜欢写点山歌或者街头剧什么的,老师就想到了他,给他安排点"重要任务",鼓励一下。没想到"无心插柳柳成荫",这让温儒敏更加爱上文学,喜欢上写作。他甚至模仿过艾青、裴多菲写诗,还给自己起了笔名叫"艾琳"。

温儒敏写作的热情被点燃了,一发不可收。他利用课余时间创作了许多诗歌和曲艺作品,其中不少发表在报纸和一些少年期刊上。他甚至还利用一个假期的时间,创作出一篇中篇小说《悠扬的笛声》,写大革命时期老区的革命斗争。这篇粗糙、稚嫩的仿作,连温儒敏自己也不甚满意,但它却凝聚着一个懵懂少年的文学梦。

1961年,温儒敏升入县城紫金中学高中部。因为离家远,上学不便,他便在学校附近租了一间狭小潮湿的屋子住下。这一年,正是3年自然灾害最严重的时候,吃饱饭不是容易的事。温儒敏已经15岁了,正在长身体,对一个"半大"小伙子来说,政府每个月配给的十几斤粮食和一二两食油怎么够填饱肚子呢?至于荤菜,那更是连半点儿味也闻不到。那时,每天蒸一钵米饭,就着咸鱼,分早中晚三餐,每顿吃三分之一。经常都是早上吃了三分之一,上午课间太饿了,又回去吃掉三分之一,午餐再吃最后的三分之一,晚餐就没得吃了,硬挺着到天亮。

那时,学校为了保证学生伙食,开展生产自救,学生一边读书,一边养猪种菜,为了减少体力消耗,甚至连体育课也停掉了。不少学生因为饥饿或者营养不良而生病,无法继续学业,而温儒敏却坚持了下来。文学梦成为支撑他的强大动力,生活虽然清苦,但他对未来的希望和理想却从未动摇。他坚信,国家总会好起来,而物质生活的艰苦是对心性的磨炼,能让精神变得充实。为了实现自己的文学梦,高中阶段温儒敏更有计划有目的地阅读书籍。那时高考录取率极低,学生却不会像现在这样压力大。温儒敏的阅读是自由的,涉猎的范围相当广,哲学、历史、逻辑学、修辞学、古代汉语,甚至天文地理等各方面的书都找来读,兴趣最大的则是中外文学名著,从但丁、莎士比亚到李白、杜甫,再到现代的鲁迅、郭沫若,他都读得饶有兴味,手不释卷,常常超额超前完成阅读计划。当然,也有浮躁懈怠的时候,为了鞭策自己,他还给自己写了一首小诗,其中用了一句"无志者常立志",时刻提醒他要把握住自己,好好珍惜时光。高中三年的发奋苦读,使温儒敏积累了丰富的知识,为以后的学业打下了坚实的基础,而且,此时养成的良好的阅读习惯让他的大学并没有因为时代原因而荒废。

后来成为语文教育专家的温儒敏经常和老师说:"中小学语文课的'牛鼻子'是激发读书兴趣,让孩子养成好读书的生活方式,这是为一生打底子。"他说的是自己深切的体会。

从大学生到基层干部

1964年,温儒敏考入中国人民大学语文系。初到北京的温儒敏完全是个乡巴佬,连看到电车都有些惊奇。天凉了,这位南方孩子领到政府补助的一条棉裤,还有每个月9块钱的助学金。那时温儒敏有个姐姐在部队文工团,每月再给他15元,基本生活费就解决了。多年后温儒敏还常说起那条棉裤和9块钱,他说是人民供养自己读完大学的,不能忘本。在班上,温儒敏的基础不是最好的,但他有志向,发奋学习。有一回上写作课,老师把温儒敏的文章抄在黑板上,作为有毛病的例证来分析,温儒敏简直无地自容,但这反而促使他下决心好好学习,学会写文章。到大二,温儒敏的一篇文学评论便发表在《光明日报》上。当他到食堂吃饭听到学校广播台播送这篇文章时,有一种特别的自豪感。温儒敏后来回忆说,那时的大学课程受到时代的影响,太过追求配合"大批判",其实学不到什么东西,但有些基础课如古代汉语,却让自己受益匪浅。每次古代汉语课都要背诵古文,因此积累了一些底子。温儒敏很注重书面语的简洁,那种语感和认真学过古汉语是有关的。

可惜到大二时,"文革"便爆发了。温儒敏也参加过红卫兵,当过《人大三红》小报的主笔,但他很快厌倦了那种狂乱的氛围和派别争斗,当起了"逍遥派",在读书中寻得内心的平静。

他说:"历史是有缝隙的,有心总能寻到。"

1968年到1969年,温儒敏到天安门东侧的历史博物馆参加制作"毛泽东思想光辉照耀安源"的展览("安展"),负责文稿撰写工作。这也是一段读书的好时光,正如他自己所言,是"漫羡而无所归心"的"杂览",古今中外文史政经无所不包。许多内部发行的作品,他都想方设法弄到手来看,其中既有"二十四史"、《中国哲学史》《论语》《孟子》《左传》《红楼梦》《世说新语》等这样的古代经典,也包括大量翻译过来的西方作品,如

《麦田里的守望者》《第三帝国的灭亡》《多雪的冬天》《拿破仑传》等,甚至连艰深晦涩的政治经济学他也不放过。对马恩经典的系统阅读正始于此,马恩选集他通读过几遍。在那个躁动的年代,"忙里偷闲"的阅读为温儒敏开启了一扇窗户,他并没有因为运动的席卷而耗尽精力和能量,而是在书本的海洋中,积蓄着某种隐忍待发的精神力量。在"安展"两年,等于又上学两年,这是他愉快的时光。值得一提的是,在"安展"他认识了当讲解员的女孩王文英,当时还是北京女子二中的高中生,一个聪慧端庄的姑娘。后来她成了温儒敏的妻子。

1969年,大学毕业的温儒敏未能走上工作岗位,由于"备战备荒"和清理阶级队伍,分配工作一直拖到1970年夏天。温儒敏被分配到粤北的韶关地委办公室,担任秘书一职,一待就是8年。这8年,温儒敏跑遍了韶关10多个县的山山水水,还在英德蹲点半年多,与农民同吃同住同劳动,催耕催种,犁地插秧,等于当生产队长。当时很多政策是脱离实际、剥夺农民的,温儒敏在贯彻上头指示时常常感到无奈与尴尬。这段经历让温儒敏对中国农村的生活有了真切的体验,也打掉了不切实际的书生气。他开始意识到批评写文章往往比做实事容易,而社会改造要比纸上谈兵复杂得多,知识分子在面对现实时所构想的乌托邦"美好愿望",在"残酷的现实"面前多是行不通的。韶关8年虽然暂时远离学术,但也是在调整思路、积累经验与感觉,对于一个从事人文社会科学研究的学者来说,类似的"积累"是非常切要的。

温儒敏在韶关地委受重用,在仕途上会有不错的发展。但在他的内心深处,官场这块"地"却并不适合他"扎根",他不想从政,不喜欢交际应酬,渴望安静的读书生活。

1977年10月,温儒敏在广播中听到全国恢复高考制度和研究生制度的消息,心中犹如平静的湖面投下了一颗石子,泛起层层涟漪,沉积在心底多年的文学梦重新被勾起了。他意识到,这是改变命运的一个绝好机会,一定要好好把握,于是他决定报考北京大学研究生。妻子是北京人,也希望返京,极力支持他考研。温儒敏只有个把月的复习准备时间,但他的人生篇章却就此改写了。

北大研究生生活

"人生的路可能很长,要紧处常常只有几步,特别在年轻的时候。也许就那几步,改变或确定了你的生活轨道。"[①]这是多年后温儒敏回忆研究生生活的感慨。

1978年秋,温儒敏考入北大中文系读研究生,做了著名学者王瑶的学生。他坦言,北大研究生3年是他一生"最要紧,最值得回味的3年"。事实上,温儒敏被北大录取的过程颇有些"惊险",如果不是有幸遇到"伯乐",恐怕他就要与这宝贵的学习机会擦肩而过了。

---

① 温儒敏:《难忘的北大研究生三年》,《书香五院》,北京大学出版社2008年版,第45页。

那是"文革"后首次招考研究生,报考现代文学专业的有800多人,规定参加复试的名额是11人,而温儒敏笔试的成绩排到第15名,按理说"没戏"了。但北大居然还让他参加复试,努把劲儿就考到了前6名。后来才知道,容许破格复试是因为导师王瑶和严家炎在考前收到温儒敏"投石问路"的信,附有两篇评论鲁迅和刘心武的文章。导师认为其他入围的考生几乎全都是当中学老师的,多少还有时间接触文学,而温儒敏在基层的机关工作,能腾出手来写评论就很不错了,所以"网开一面",特别给予考虑。温儒敏说:这就是北大,不拘一格降人才。

1978年10月9日,温儒敏来到北大,成为"文革"后第一批研究生,主攻中国现代文学专业。同一年被录取的还有钱理群、吴福辉、赵园、凌宇、陈山等,他们日后都成为中国现代文学研究领域有影响的学者。

读研时温儒敏已过而立之年,时间的紧迫感和对学术的追求,让他发奋读书。每天早晨在食堂吃过馒头、玉米糊早饭,他就去图书馆,常常在图书馆里一待就是一天。被推选为研究生班长的温儒敏,不时帮大家从图书馆借书,一借就是几十本,甚至有些库本都借来了,大家轮着看。看完就一起讨论,展开思想交锋,有时这种辩论还会从课堂研讨延伸成宿舍"卧谈"。

温儒敏采用细读和浏览结合的办法,每天的阅读量很大。3年下来,他读了上千种书,而此时的读书已不同于大学时代的"杂览",而是有明确目的性的阅读,旨在"感受文学史氛围"。

那时不像现在实行学分制,规定选修的课不多,主要是自己读书,隔段时间写个读书报告。导师一两个月找学生开讨论会,由某一人围绕某一专题主讲自己读书和思考的心得,大家展开议论,最后是导师从研究方法上去总结和引导。这种几近于"放养"式的培养方式,恰恰给温儒敏他们提供了自由选择的开阔的空间,帮助他们各自寻找适合自己的研究方向与路子。为了夯实研究基础,打开思路,温儒敏还选修过现代文学之外的各种课程,包括吴组缃的"红楼梦研究"、金开诚的"文艺心理学",甚至还旁听过历史系的课。他一开始就注意超越学科壁垒,不拘泥于现代文学这个领域,这对他后来学术的发展是大有帮助的。

在导师的指导下,温儒敏很注重对自己实行严格的学术训练,掌握文学史研究必须具备的文学与历史的眼光。他的办法是从最基本的作家论开始,通过阅读作品、搜集史料,深入了解研究对象,聚焦具有文学史意义的"现象",给予历史的和文学的理论解释。温儒敏在研究生期间的第一个课题是研究郁达夫,当时还认为郁达夫是比较复杂的作家,研究的论作也比较少,甚至有多少作品都还不清楚,研究是有难度的。温儒敏必须首先广泛搜集郁达夫的全部作品,以及有关郁达夫的评论资料,工作量极大。温儒敏翻阅了大量史料,编撰了20多万字的《郁达夫年谱》,并通过分析论证,写成论文《论郁达夫的小说创作》,发表在刚创办不久的《中国现代文学研究丛刊》上①。虽然是温儒敏的学术"首秀",但文章不是从定义出发,而是从创作实际出发,考察作家作品的文学史价值,写得十分老练,对郁达夫笔下的"零余者"形象、病态描写以及自叙传形式的分析深入透辟,是当年作家作品研究的代表性论作。完成于1981年的研究生论文《鲁迅前期美学思想与厨川白村》②是温儒敏的又一重要论作。该文选择了当时人们谈论不多而对鲁迅影响甚大的日本理论家厨川白村作为研究对象,比较清晰地梳理了鲁迅文论思想的一个重要来源,被誉为比较文学中影响研究的殷实之作。讲究文学史料的分析,注重历史和文学眼光的配合,这种风格在温儒敏最初的论作中已初露端倪。

教学与科研相辅相成

1981年夏天,温儒敏研究生毕业,留校任教。他先是教外系的现代文学史,担任中南海业余大学的课程,还做过1983级文学班的班主任。他亦师亦友,和同学"混"得很熟,这个班出了一批杰出的校友,温儒敏为之自豪。初留校那几年,在教学之余,温儒敏陆续发表了《试论〈怀旧〉》③、《略论郁达夫的散文》④、《外国文学对鲁迅〈狂人日记〉的影响》⑤、《〈朝花夕拾〉风格论》⑥、《欧洲现实主义的传入与"五四"时期的现实主义文学》⑦等论文,逐渐取得在学科领域的"发言权"。

在80年代初,温儒敏曾经涉足比较文学,在季羡林、杨周翰、乐黛云等著名学者带领下,参与组建北大比较文学研究会,这是全国第一个比较文学研究机构。温儒敏还和张隆溪联手编过《比较文学论文集》⑧,自己又编了一本《中西比较文学论集》⑨,翻译过美籍理论家叶维廉的比较文学论文,这些工作对于推动比较文学这门学科的建立有过实质性的影响。

但那时生活条件很是艰苦。温儒敏一家三口挤住10平方米的集体宿舍,屋里摆不下书桌,做饭只能在楼道,经常为借人家的煤气本犯愁,生活的确艰难。1983年温儒敏得到了一个奖学金名额,有机会到美国留学;也曾想过不如去广东发展,生活条件都会比北大好得多。但最终都很犹豫,没有离开北大。温儒敏说,早上起来呼吸到校园那特别

---

① 发表于《中国现代文学研究丛刊》1980年第1期。
② 发表于《北京大学学报》1985年第2期。
③ 发表于《鲁迅研究丛刊》1980年第3辑。
④ 发表于《读书》1982年第3期。
⑤ 发表于《国外文学》1982年第4期。
⑥ 发表于《北大研究生学刊》1985年创刊号。
⑦ 发表于《中国社会科学》1986年第3期。
⑧ 张隆溪、温儒敏编:《比较文学论文集》,北京大学出版社1984年版。
⑨ 温儒敏编:《中西比较文学论集》,北京大学出版社1988年版。

的自由的空气,就舍不得离开了。这样在北大一待就是几十年。多年后温儒敏说,在人生有些关键时刻,命运就掌握在自己手上,当年要是离开北大,去了美国或者南方,也许那就是完全不同的道路。

1984年,温儒敏又做了个决定——考取北大中文系第一届博士研究生,继续跟随王瑶先生学习。能成为王瑶先生的两届入室弟子,温儒敏一直视为"人生的福气"。温儒敏学习很刻苦。进入论文写作时,家里房子小,挤不开,每晚只能到五院办公室用功。"夜深了,窗外皓月当空,树影婆娑,附近果园不时传来几声鸟叫虫鸣,整个五院就我一人在面壁苦读,是那样寂寞而又不无充实。"①温儒敏选择的是一个颇具挑战性的博士论文题目:《新文学现实主义的流变》。当时"现实主义"已经被人们"谈腻"了,成为一个司空见惯的话题,温儒敏却靠着他敏锐的学术洞察力发现现实主义被"丑化""异化""泛化"的问题。在西方理论"满天飞"的时候,他静下心来做这个比较"笨",其实又非常厚重、切要的题目,他把这看作为文学史研究"清理地基"的工作。博士论文的材料准备是比较充分的,写起来很顺利,只用了大半年时间,就拉出了初稿,然后反复检讨、调整,几次来回"折腾"。温儒敏总结说,论文要讲究气势,有了基本立论和论述的轮廓,就要一气呵成,哪怕粗糙,也不能步步为营。有了初稿才好打磨完善。这部论文就"一气呵成",第一次完整地勾勒出新文学30年现实主义作为一种思潮发生、发展、流变的轨迹。1987年温儒敏的博士论文通过答辩并得到较高的评价,第二年正式出版。这是第一本系统研究新文学现实主义的专著,以史带论、史论结合的写作风格,尤其是新颖的比较文学视野,受到学界的关注与好评,1990年获得首届全国比较文学书籍一等奖。这一时期温儒敏还发表过几篇作品细读的论文,如《〈围城〉的三层意蕴》②、《〈肥皂〉的精神分析读解》③、《成仿吾的文学批评》④、《胡风"主观战斗精神说"平议》⑤、《周作人的散文理论与批评》⑥、《王国维文学批评的现代性》⑦,观点比较新颖,引用率很高。

这里还要专门提到的是温儒敏和钱理群、吴福辉、王超冰合作编著的《中国现代文学三十年》(以下简称《三十年》)。这部影响巨大的学术性教材,其编写、出版和修订多少带点"传奇"。⑧ 1982年,电大、函授大学最"火"的时候,一家名不见经传的刊物《陕西教育》邀请王瑶先生编一部现代文学史,作为成人进修的教材。王瑶先生接受邀请,但

---

① 温儒敏:《书香五院》,北京大学出版社2008年版,第11页。
② 发表于《中国现代文学研究丛刊》1989年第1期。
③ 发表于《鲁迅研究月刊》1989年第2期。
④ 发表于《文学评论》1992年第2期。
⑤ 发表于《北京大学学报(哲学社会科学版)》1992年第5期。
⑥ 发表于《上海文论》1992年第5期。
⑦ 发表于《中国社会科学》1992年第3期。
⑧ 参考温儒敏《中国现代文学三十年出版往事》,发表于2016年6月30日《中华读书报》,收入本书。

把这任务转交给他的几个研究生,也是希望给学生一个"锻炼"机会。于是温儒敏就和钱理群、吴福辉,还有王超冰接受了编写任务。大家是分工写作,温儒敏分到的是3个10年每一段的文学思潮与发展概况,还有散文部分,以及老舍、巴金等多位重点作家,大约10多万字。稿子完成后,先是在《陕西教育》连载,从1983年10月连载到1984年底。当时他们都是初出茅庐,总想超越一般教材的写法,放手往"深"和"新"里写,使教材带点专著性质,但又较有生气,反而受到欢迎。刊物连载后,他们又做了许多修改,希望北大出版社能出版,但因为温儒敏他们当时还是讲师,资历浅,被退稿了。于是就转投给上海文艺出版社出版,未想到竟印刷数次,得到出乎意料的好评。1997年,温儒敏就任北大出版社总编辑,大力推进教材出版,就把上海出的《三十年》版权拿回北大出版社。他们几人在香山住了个把星期,认真讨论好修改的框架,然后分头写作。经过几乎是"重写"的修订,1998年全新的北大版《三十年》面世。该书陆续被推举为"九五""十一五"重点教材,还获得行业内看好的"王瑶学术奖"。2016年9月这本书第二次修订,又做了不小的修改。至此,《三十年》已经印刷50多次,印数达130万册。温儒敏后来回忆说,最初写这本书时,思想解放刚刚启动,现代文学研究非常活跃,但基础性的研究还不够深入,很多史料都要重新去寻找、核实和梳理,论述的观点也需要拿捏,许多章节等于是写一篇论文,费力不小,但也等于是把整个现代文学史认真"过"了一遍,对他们后来的研究开展是有莫大帮助的。

1988年冬,温儒敏一家住进了未名湖北畔的镜春园82号,是原燕京大学教授宿舍,一个老式小四合院。这一年他42岁,终于熬到有一个"有厕所的家"。他很感恩。在这个院落,他一住就是13年。天道酬勤,厚积薄发,经过10多年的积累,温儒敏的学术爆发期也到来了。博士毕业后的10年间,他先后在《中国社会科学》《文学评论》《中国现代文学研究丛刊》等权威刊物发表论文十余篇。1993年,学术专著《中国现代文学批评史》问世,标志着温儒敏的学术研究达到一个新的高度。该书以点带面,选取了14位有代表性的批评家,通过对其批评理论及批评个性的展现,及其所代表的不同批评倾向对文学运动、文学活动影响的挖掘,勾勒出中国现代批评的历史轮廓,考察不同派系的批评之间的冲突、互补与制衡关系。在评价不同批评流派的历史地位时,温儒敏首次提出"合力"说,即现代文学批评的发展是各种批评流派共同作用的结果,在多元竞存互补的格局中不应当简单否定某一部分制衡的力,不能以肯定主流、贬抑支流、否定逆流的方式对现代文学批评认识简单化。这种方法论的自觉对文学史研究有启示意义。《中国现代文学批评史》字数不多,却写得很殷实,出版后被誉为"一部垦拓性的专著","大大提高了现代文学批评史的学术水准"。该书获得全国社会科学研究成果二等奖,其中一些章节如《王国维文学批评的现代性》等,被当作主要论作选进一些版本中,引用率很高。温儒敏说,当初住在镜春园82号,每晚写到深夜,这本书的确是下过一些功夫的。

温儒敏后来陆续写了另外一些著作,也在学界产生很好的影响。如《中国现当代文学专题研究》(与人合作)①对现当代 10 多位代表作家逐一做深入讨论,回应学界的相关研究结论,从不同的角度与方法层面呈现新的视点。《中国现当代文学学科概要》②(与人合作)从学科史角度梳理既有的研究,引发许多新的问题与研究的生长点。这两种书都被多个大学中文系指定为考研用书。稍后出版的还有《现代文学新传统及其当代阐释》③(与人合作)一书,提出近百年来形成的现代文学传统,已经渗透到了当代社会生活的各个方面,影响和制约着人们的思维和审美方式,成为当代文学/文化发展的规范性力量,必须重视研究这个"小传统"。近些年许多关于文化转型与困扰的讨论,包括那些试图颠覆"五四"与新文学的挑战,迫使人们重新思考现代文学传统的问题。这种研究既是学科自身发展的需要,也是对当下的"发言",其重要性在于通过对传统资源的发掘、认识与阐释,参与价值重建。

总编辑与系主任

在学术研究上投入极大精力的同时,温儒敏的行政事务也多了起来,1996 年,温儒敏开始担任北大中文系副主任,分管研究生工作,大刀阔斧开展改革。为了打破学术壁垒,充分发挥北大多学科的综合实力,提升博士生培养质量,他主持创办了"子民学术论坛",专门邀请校内外各个学科领域顶尖的学者讲学,让博士生开拓眼界。在他的极力推动下,北大中文系在全国率先实行博士论文匿名评审制度,现在这个制度已经在各校普遍实行。此外,温儒敏还和南京大学同仁发起全国重点大学中文系发展论坛,为院长、系主任交流经验提供平台,每年召开一次,轮流坐庄,这个"生产队长会议"制度持续到现今,对全国中文系的学科建设起到很好的推动作用。

1997 年 7 月,温儒敏接受学校委任到北京大学出版社担任总编辑,两年后,又回到北大中文系,就任系主任。他一边教书做研究,一边从事教学管理工作,在这个岗位上兢兢业业做了 9 年。中文系是个文科大系,也是老系,学术渊源深厚,学术"大腕"多,有良好的学风,但也有不少这样那样的矛盾。而外部环境又比较浮躁,教育界患了所谓"多动症",动不动就"改革",花样很多,受益甚少,还不断挫伤教师教学科研的积极性。针对这种情况,温儒敏鲜明地提出以"守正创新"作为中文系的宗旨,强调中文系的基本格局不能大动,特别是几个古字号的"王牌"学科,要保持特色,在这个基础上适当增加一些学科分支。在到处都扩招和改名的情势下,学校领导曾经问温儒敏,要不要把中文系

---

① 北京大学出版社 2002 年初版,2013 年修订版。
② 北京大学出版社 2005 年版。
③ 北京大学出版社 2010 年版。

改为文学院。温回答：全国大学中文系都改为学院了，我们再考虑吧。现在全国大学中文系绝大多数都改学院了，北大中文系依然故我，顶住了虚浮的改名风。当然，不改名并不等于拒绝改革，温儒敏的意思是"守正创新"，在努力继承和发扬优良的学风及办学传统、保持学术品格的基础上，围绕教学科研，去推进一些切要的改良措施。

一是完善研究生培养管理制度，鼓励开设专门为研究生设计的学科概论、方法论、专题研究等系列课程，采取多种措施活跃研究生学习氛围，严格实施学位论文（主要是博士论文）匿名评审制度，严格答辩和评议。每年都有几篇虽然答辩通过，却因为有硬伤或其他重大缺失而被系学术委员会"卡住"的论文。这些措施保证了硕士生博士生培养的质量，在温儒敏担任系主任期间，中文系有5篇论文摘取了全国百篇优秀博士论文的大奖，其中包括他本人指导的姜涛的论文。

二是认真抓本科教学质量。温儒敏当时提出，本科阶段很难要求有多少创新，但基本训练非常重要。在他的带领下，重新梳理和设立了专门面向本科生的选修课，打破因人设课的格局；重视写作训练，要求主干课每学期布置2次以上小论文，还规定本科生阅读一些基本的书。此外，还要求教授上好本科生基础课。温儒敏以身作则，始终坚持给本科生上课。

三是在全国率先实行"代表作"制度，即在教师职称晋升中，学术评价格外看重"代表作"，而不是数量。这一举措使教师的科研"减负"，教学质量随之相应提高了。在温儒敏担任系主任期间，北大中文系有5个学科评为全国重点学科，7门基础课中有5门被评为"国家级精品课程"，稳居全国大学中文系之首，而温儒敏所在教研室的"中国现代文学史"名列精品课之榜首。

2010年北京大学中文系迎来建系100周年，温儒敏主编《北大中文系百年图史》，给这个学术重镇献上了一份厚礼。这是北大中文系的第一本系史。其实在北大中文系90周年诞辰时，温儒敏就领衔编撰过《百年学术：北大中文系名家学术文存》①、《北大风》②（北大历史上的学生社团刊物作品选）等书，汇集先贤的代表性论作，展示学术流脉。温儒敏还写过《书香五院》③一书，用散文笔触回忆和描画北大中文系的历史。温儒敏如此重视对中文系历史的总结，也是出于"守正创新"的理念。如今，"守正创新"已经成为北大中文系办学的宗旨，深深植根于广大师生的心中。最近，北大校长在《人民日报》发文谈如何向一流大学迈进，其中标题就采用了温儒敏当年提出的"守正创新"。④ 后来这一提法广为流传使用。

---

① 江西教育出版社1998年版，北京大学出版社2008年版。
② 北京大学出版社1998年版。
③ 北京大学出版社2008年版。
④ 林建华：《守正创新，引领未来》，发表于2016年3月11日《人民日报》。

这里还要专门回顾一下温儒敏出任北京大学出版社总编辑的经历。那是他担任中文系系主任前的事,1997年7月到1999年7月。

出版社的工作不限于学术把关,还要参与管理和经营,这对温儒敏来说都是新课题。他虚心学习,不怕担责任,不怕得罪人,雷厉风行,依靠总编室建立起严格的选题、审稿和出版制度,在社里很快树立起威信。

温儒敏到北大出版社后第一项主要任务是筹备出版北大百年校庆的画册、藏书票和几十种纪念书籍,时间紧迫,工作量大。他带领团队每天加班加点,同心协力,圆满完成了任务。初战告捷,温儒敏在行政方面显露出他的热情与才能。

温儒敏到出版社的"第二战",是主持出版大型古籍《全宋诗》。这是当时北大,也是全国古籍整理的重大成果,共72卷,上千万字。可是因为这套大书不赚钱,又投入巨大,出版社并不积极对待,在温儒敏到出版社之前,拖拖拉拉才出版了六七卷。温儒敏虽然以现代文学为专业,但对于古典文化研究和积累有天然的尊崇感,他意识到《全宋诗》的价值和意义。经过调查和筹备,温儒敏决心用一年多时间把《全宋诗》72卷全部出完。当时困难很多,有一位老编辑说:要一两年出齐,不睡觉也难做到。但温儒敏调动全社力量,连续苦战,真的用一年多就让《全宋诗》整体面世,成为当年出版界的大事,获得最高级别的奖项——国家图书奖。与此同时,温儒敏还主持出版了《十三经注梳》(整理本),也是当年古籍出版界的一个亮点。

面对市场化的猛烈冲击,温儒敏认为北大出版社不应以营利为第一目的,而应当既立足市场,又保持独立的学术品格,他提出"以学术为本,以教材出版为中心"的方针,将北大出版社作为展示北大学术成果的窗口。经过温儒敏沟通,这一宗旨最终获得领导班子的支持。温儒敏担任总编辑期间和随后一段时间里,北大社出版了多种既有学术含量又有市场效益的丛书,其中包括"口述传记丛书"、"名家通识讲座书系"("十五讲"系列)等等。另外,上百种大学教材也陆续启动。这些书大都一版再版,有的成为常销书,在学界和教育界赢得良好的声誉。1998年,北大出版社在香港举办书展时,温儒敏为展销会设计了主题条幅"学术的尊严 精神的魅力",其中蕴含着这位总编辑对北大出版社很高的期望,后来成为北大出版社的社训。

上课是"第一义"的

1981年留校到2011年退休,温儒敏始终坚持上课,在他看来,大学老师当然要做科研,但教学应当是"第一义"的。教学工作,尤其是本科生教学在一所大学中的地位是举足轻重的,他不止一次地提到"本科教育应是大学立校之本"。

即使在他出任北大出版社总编辑和中文系系主任时,不论行政工作如何繁忙,他依然坚持带博士生、硕士生,给本科生上基础课。有许多大学老师当上教授后,主要精力便放在做课题写文章,顶多上点研究生的课,本科生的课能不讲就不讲了。而温儒敏却喜欢给本科生上课,每隔一年就要给大一学生上一轮基础课。从北大到山大,温儒敏被聘为文科一级教授,年岁大了,他仍然主动要求给本科生上课。

在学生眼中,温老师温和慈祥,平易近人,说话慢条斯理,学生私下亲切地称呼他"温爷爷"。温儒敏说他自己不属于口才好的老师,但他的课很受学生欢迎,被认为有"干货",不止于"授人以鱼",而更强调"授人以渔"。在课堂上,除了廓清中国现代文学的发展脉络以外,他更加注重学生审美分析能力和艺术感悟力的培养。他每次课都有新的"套式",常常通过分析文学作品过程中所形成的问题来调动学生探究学术的积极性。在学习曹禺话剧时,他会提出"《雷雨》的主人公是谁?"这样的开放式问题来激发学生的思考,通过引导式地带领学生分析文学作品和文学现象,逐渐培养学生发现问题、分析问题、解决问题的能力。对于给学生们布置的"小论文"作业,温儒敏总是尽量抽时间亲自批阅,并且给出中肯的意见。他说:"这很重要,学生会很看重老师的批阅,有些意见会影响他们的学习。所以花时间为学生改文章是值得的。"

温儒敏指导过31名博士生和38名硕士生。① 他的办法是给学生充分的自由去读书和思考,使其发现自己的潜力,寻找自己的研究方向,以学问之道来历练和充实自己。他不希望博士生完全顺着导师的路数来选题,拒绝学生"克隆"老师。温儒敏带出来的博士生选题大都比较"野",不拘一格,能出新意。

作为一名教师,温儒敏除了传道、授业、解惑,更多地是通过言传身教让学生感悟做人的道理,他对学生的关爱浸润在课堂内外。上课时,他会让学生站在讲台上做报告,自己坐在学生中间认真倾听;日常生活中,温儒敏家的大门永远为学生们敞开着,每当学生有学术上的疑问、生活中的困惑,只要轻轻叩响温老师家门,离开时就会得到些许开悟……

在温儒敏看来,教学与科研是相辅相成的,教师应该在教学上投入更多精力,以教学来推进科研,并将科研成果转化到自己的教学中。这是温儒敏亲身践行的经验,他的许多学术成果,如《中国现代文学批评史》《中国现当代文学学科概要》《中文学科论文写作训练》等,都是在课堂讲稿的基础上修改完成的。

"一分耕耘,一分收获",温儒敏的辛勤付出也得到了认可。2008年,温儒敏获得教育部授予的全国"高等学校教学名师"称号。在发表获奖感言时,他道出了自己的心声:"我觉得教学是值得用整个人生投入的事业,是我所痴迷的乐事,是一份完美的精神追求。"他享受这种追求与奉献的过程,这会让他感到充实。

---

① 至2017年1月,温儒敏指导过31名博士生,其中包括北京大学的26名,山东大学的5名,已经毕业获得学位的22名;硕士生38名,其中包括北京大学的30名,山东大学的8名,已经毕业获得学位的33名。

为语文教育"敲边鼓"

最近 10 多年,温儒敏除了专业研究,把相当部分精力用在语文教育的研究与组织工作上。他首先注重抓好大学语文。这是一块"鸡肋",都说重要,可是又都几乎上成"高四"语文,学生不感兴趣,教学效果不佳,很多大学干脆不再设这门课。温儒敏认为必须对大学语文的课程定位做些调整,变成一种引发读书兴趣的课,"把学生被'应试式'教育败坏了的胃口调试过来"①。2003 年,由温儒敏牵头,朱寿桐、王宁、欧阳光等全国 10 余所大学学者合作编写的《高等语文》②教材出版,打破了以往单纯的文学作品加讲解的结构模式,而是选取 25 个涉及文史哲及自然科学的专题,通过引导阅读、思考、写作的"三步曲"给授课老师和学生提供充分的发挥空间。教材出版后在教育界反响强烈,引起过关于大学语文"命运与出路"的讨论。之后,温儒敏亲力亲为,又编写了《大学语文》③、《中国语文》④、《大学语文读本》⑤、《中外文学作品导读》⑥等五六种大学语文教材,在版本繁多的大学语文之中,总显示出某些独特气质,很受一些大学师生欢迎。

为了整合资源,更好地开展语文教育研究,2004 年,北京大学语文教育研究所成立,温儒敏任所长。虽然这是个虚体科研机构,但又是可以整合校内外科研力量的一个平台,如徐中玉、刘中树、陆俭明、蒋绍愚、钱理群等一批著名学者,都加盟了这个平台。温儒敏在语文所成立大会上说,北大来做语文教育研究,是要推动师范大学的老师重视师范类的语文教育,做的是"敲边鼓"的工作,什么时候大家重视师范教育了,北大语文所也就可以"撤了"。果然,语文所成立后影响很大,全国各师范大学陆续成立了六七所研究语文教育的机构。

北大语文教育研究所曾三次获得北大校方的奖励,因为它是做实事的。温儒敏说,语文教育研究就是要本着实事求是的态度,面对现实普遍存在而解决不了的问题,找出原因并寻求解决的办法。2002 年,温儒敏担任人民教育出版社新课标高中语文教材的执行主编,并以语文所名义,组织北大 10 多位教授参与编写这套在全国覆盖面最广的教材。2006 年,温儒敏受聘教育部,担任召集人,主持国家义务教育语文课程标准修订工作,历时 4 年,新课标终于在 2011 年正式颁布。此外,温儒敏还花费 3 年时间,带领北

---

① 温儒敏:《大学语文:把"败坏"了的胃口调试过来》,发表于 2005 年 12 月 6 日《人民日报》第 11 版。
② 江苏教育出版社 2003 年版。
③ 该书由温儒敏和陈庆元共同主编,北京师范大学出版社 2005 年出版,系全国高校网络教育公共基础课统一考试指定用书。
④ 《中国语文》,温儒敏总主编,重庆出版社 2007 年版,有文科版、理科版、艺术版、高职版、应用版等 5 种。后转北京大学出版社出版。
⑤ 《大学语文读本》(分大学版与高职高专版 2 种),温儒敏主编,西安交通大学出版社 2010 年版。
⑥ 该书由外语教学与研究出版社 2012 年出版,系全国高等教育自学考试指定教材。

大、人大、首师大等校 10 多位青年才俊,编写了《语文素养读本》①,从小学到高中,每学年 2 册,共 24 册,与各年级教学有所呼应,是目前坊间很受欢迎的一套课外读物。

更加值得一提的是新的语文统编教材的编写。2012 年,教育部聘任温儒敏为中小学语文教材的总主编,以人教社编辑为主,从全国调集数十位专家和特级教师,历时 4 年,编撰一套全新的教材。目前,这套中央直接过问的"部编本"教材已部分在全国投入使用,今后数年将成为全国统编的语文教材。温儒敏为此投入大量精力,一遍一遍地改,可谓呕心沥血。温儒敏说,教材是公共文化产品,既要体现先进的教育理念,又要照顾一线的需求,还得应对各方面的批评,没完没了的审查更把人搞得筋疲力尽,有时还得做些妥协。这的确是非常"吃力不讨好"的事,但想到编教材意义重大,再难也总有改进的空间,也就竭尽全力去做,比写自己的文章重视多了。

作为一个学者,10 多年间,温儒敏腾出手来,为基础教育做大量的事情,这是为什么?

他在《语文课改与文学教育》②的序言中曾这样写道:"我觉得所有大学中文系,包括像北大这样的综合大学的中文系,都应当适当关注中学语文课程改革,这是我们学科的'题中应有之义'。"对中小学语文教育改革,温儒敏有很多独到而深刻的见解,但依然坚持"守正创新"的宗旨,认为课改要与以往的教学衔接,在遵循基本教学规律的前提下进行,而不可激进地彻底否定,一刀切。他明确语文教学的目标不是培养文人作家,而旨在提高学生的人文素养,让学生学会熟练准确地使用汉语;课改要认清实际,关注国情,在高考不可能完全取消的前提下,应当在高考的框架下逐步推进;阅读教学应当激发学生的好奇心、求知欲和想象力,把培养读书习惯放在首位,读书可以"不求甚解",可以跳读、猜读,"连滚带爬"式地读;作文教学应当训练学生的文字表达能力,培养思维的逻辑性,不能只看重文笔……他的思考涉及高考、语文教学、课程改革等的方方面面。

为了从根本上改变中小学教育的现状,提升教学水平,2009 年,温儒敏带领北京大学语文教育研究所团队与继续教育部及相关培训机构合作,开展教育部"国培"计划,通过面授、网络培训、集体研讨研修等方式,让中小学教师在教学理念、教学方法以及职业规划等方面得到提升。到目前为止,全国已有 20 多万中小学教师在北大"国培"中获益。

温儒敏有关语文教育的思考是务实而又有建设性的。他说,近年关于课程改革树立了很多标准,观念也很先进,但要贯彻实施时,在现实中却遇到很大的阻碍,因此改革要面对现实解决问题,在应试教育无法废除的情况下,好的观念贯彻必须面向应试教育,在教育部门、教师、家长等方面求得发展空间。面对课改过程中出现的阻力与压力,他呼吁

---

① 人民教育出版社 2015 年版。
② 江苏教育出版社 2007 年版。

"对课改应当补台,而不是拆台"。温儒敏提出的一系列观点并非知识分子理想主义下的空想,他经常到基层中小学听课调研,参加教师培训,深入边远地区和农村了解一线教师的工作和生活情况,通过大量的跟踪调查,在掌握大量数据基础上发现问题,提出观点,找出解决办法。很多一线教师问:"温老师,您怎么这么了解情况?"温儒敏也颇感意外,细思其中缘由,就是因为他常用"平常心"探究教学中存在的普遍性问题。

2014年,温儒敏主持的《语文课改调研报告》出版,其中汇集了北大语文所面向全国招标的8个课题的调研报告,涉及师资队伍、教材编写、课程实施、阅读情况等方面,通过大量数据分析,真实地反映了当下的教育状况。温儒敏还发表了大量文章探讨语文教学的趋向与问题,提出切实的解决之道。有些文章在语文老师中流传甚广,如《"不要输在起跑线上"是误导》[①]、《语文教学中常见的五种偏向》[②]、《不妨往理性思维靠一靠》[③]、《忽视课外阅读,语文课就只是半截子的》[④]、《语文教科书编写(修订)的十二个问题》[⑤]、《高考语文改革的走向分析及建议》[⑥]、《培养读书兴趣是语文教学的"牛鼻子"》[⑦]等,发表后在语文教师中引起过广泛的关注,有些观念如提倡在应试与素质教育之间取得某些平衡、让学生"连滚带爬地读书"、用"1+X"办法拓展阅读面、让高考"指挥棒"朝正面指挥,等等,已经对一线教学产生实质性的影响。

温儒敏说:"对语文教育的关注,其实是'五四'的传统,也是北大的传统。"而我们更多看到的是一个有良知的知识分子的责无旁贷。"我们这些读书人受惠于社会,现在有些地位,有些发言权,更应当回馈社会。光是批评抱怨不行,还是要了解社会,多做建设性工作。"对于语文教育改革所面临的阻力与困难,他有着清醒的认识,他知道在中国要进行改革的阻力之大:"我深感在中国喊喊口号或者写些痛快文章容易,要推进改革就比想象难得多,现在教育领域哪怕是一寸的改革,往往都要付出巨大的代价。"因此他提出中小学课改应当"从长计议",稳步改革,量力而行。他多次谦虚地说自己现在做的事情是"敲边鼓",不追求什么核心思想,也不刻意营造什么语文体系,或是发明一种新鲜的语文理论,只想利用空间做点实事,"能做多少是多少"。实际上,他的许多努力已经取得显著的实绩,目前,全国许多大学已经相继成立了类似的研究机构,语文课程改革引起了政府、研究机构和越来越多人的重视,许多新的教育理念也逐渐被人们了解和接受。敲了10多年"边鼓",温儒敏对课改的探讨不断深入,他的点滴思考业已结集为《语文课

---

① 发表于2010年6月4日《人民日报》。
② 发表于《课程·教材·教法》2011年第1期。
③ 发表于2011年6月8日《人民日报》。
④ 发表于《课程·教材·教法》2012年第1期。
⑤ 发表于《语文教学通讯》2013年第11期。
⑥ 发表于2014年3月18日《光明日报》。
⑦ 发表于《课程·教材·教法》2016年第6期。

改与文学教育》①、《温儒敏论语文教育》(一至三集)②等论集出版。

"接地气"的学问家

2006年到2014年,温儒敏接任中国现代文学学会会长。在任8年,中国现代文学学科发展空间得到拓展,但也碰到许多困扰。为了加强学术对话,鼓励学术创新,其间召开了多次专题学术研讨会,并组织了"王瑶学术奖""唐弢学术奖"等多个评奖活动,同时由他主编(该刊物实行双主编制)的会刊《中国现代文学研究丛刊》从季刊改为月刊。他非常关注研究的趋向与学科发展,发表《谈谈困扰现代文学研究的几个问题》③、《文学研究中的"汉学心态"》④、《中国现代文学的阐释链与"新传统"的生成》⑤、《现代文学研究的"边界"及"价值尺度"问题》⑥等文,对学术发展中某些趋向性的问题及困扰提出看法,在学界产生很大反响。其中《现代文学研究的"边界"及"价值尺度"问题》一文还获得了"王瑶学术奖"。

温儒敏针对多年来现代文学研究日趋"边缘化"的困境、"仿汉学"心态、"思想史"取代"文学史"、"泛文化"研究等现象,进行分析和批评,大胆指出现代文学学科存在着"自我解构的危险",应当做做"瘦身运动",找回现代文学研究的"魂"。同时提醒研究者,一方面应当对本土研究保持相当的自信;另一方面,文学研究应当有人文关怀,与现实对话,"学术工作应更贴近社会"。

温儒敏就是这样一位"接地气"的学问家。他说:"我们那一代学者,一般都不是毛主席批评过的所谓'三门干部'(既从家门到校门再到机关门),他们比较接触社会,是带着浓重的人生体验进入学术研究的,做学问往往有自己生命的投入,不全是为稻粱谋,事业心和使命感也比较强。"学术与人生的融合让他思索更多的是如何让文学研究打破画地为牢的局面,走出书斋,走入生活。

2011年9月,刚刚从北大退休的温儒敏来到泉城济南,被山东大学特聘为"文科一级教授"。温儒敏以前的生活轨迹中并没有济南,之所以选择山大,他坦言,一是离北京近,二是山大学风淳厚,是学术重镇,他想利用这个平台再做点事情。在与山大的黄万华、贺仲明、郑春等教授谈起现代文学的研究状况时,针对文学研究"陈陈相因"等问题,温儒敏提出"文学生活"的概念,希望将普通读者的文学接受与消费纳入研究视野,为学

---

① 江苏教育出版社2007年版。
② 《温儒敏论语文教育》一、二、三集,先后于2010年、2012年和2016年由北京大学出版社出版。
③ 发表于《文学评论》2007年第2期。
④ 发表于《文艺争鸣》2007年第7期。
⑤ 发表于上海《学术月刊》2008年第11期。
⑥ 发表于《华中师范大学学报(人文社会科学版)》2011年第1期。

科建设拓展一个新生面。他的提议得到山大同仁的认同与支持。

"文学生活"提倡关注文学的"民生",拓展了新的研究维度,是有学术突破意义的概念,一经提出,就引起学界的注意。2012年,以温儒敏为首席专家、以山大文学院为主体的学术团队申报的课题"当前社会'文学生活'调查研究"被批准为国家社科基金重大项目。温儒敏先后在《人民日报》《光明日报》《求是》《中国现代文学研究丛刊》《北京大学学报》等刊发表系列文章,阐释"文学生活"的概念,探讨学术生长的可能性。①温儒敏认为文学研究不能只在作家作品和批评家之间"兜圈子",应打破这种"内循环",将文学生产、传播、接受、消费等纳入研究视野,特别要关注普通读者的接受情况。在温儒敏带领下,课题组对多省区市的"文学生活"状况进行了多项调查,撰写了50多万字的调查报告。调查中将文学、社会学、传播学、历史学、心理学等多门学科知识进行交叉综合,以"田野调查"的方式,通过实证、量化归纳和数据分析,得出了许多令人"出乎意料"的结论,如农民工的文学阅读量高于普通国民的平均阅读量、大学生的文学阅读状况不如小学生等。这些结论的得出依托大量的调查问卷和数据分析,使我们对当代人的文学阅读和文学接受情况有了更为直观的认识。新的研究视角,新的学术生长点,引起了学界广泛的关注。

为了支持这一课题研究,2013年10月,山东大学成立了当代中国文学生活研究中心,温儒敏任主任。为了扩大调查范围,普及文学经典,直观地了解普通国民对文学经典的接受情况,同年12月,山大又开设了"文学生活馆"。这是一个公益性的文学经典阅读平台,以周末讲座的方式面向普通民众推广文学经典的阅读。到目前为止,参加者已近万人次。2015年"当前社会'文学生活'调查研究"这一重大项目如期完成,在验收时得到专家一致好评。紧接着,在温儒敏的建议下,山大文学院又开始了有关"20世纪文学生活史"的系列课题研究,关注最近100年中国人的文学生活,关注普通人对文学的"自然反应"。2017年1月24日,春节前夕,《人民日报》发表专访,报道"文学生活"的研究成果,标题就叫《温儒敏:生活在文学生活中》。

温儒敏年逾七旬,桃李遍天下,依然在教育的第一线耕耘。他对现当代文学的悉心研究,对语文教育的理性探索,所发出的声音常引起学界和社会的关注。但温儒敏不是"学术明星",他始终看重"澹泊敬诚"四个字,希望扎扎实实做学问,不蹈空,最好还有些建设性,能与人生社会紧密关联。

---

① 这些文章包括:《关注我们的"文学生活"》(2012年1月10日《人民日报》)、《"文学生活":新的研究生长点》(《中国现代文学研究丛刊》2012年第8期)、《"文学生活"概念与文学史写作》(《北京大学学报(哲学社会科学版)》2013年第3期)、《文学研究也要"接地气"》(《求是》2013年第23期)、《提倡"文学生活"研究》(2016年8月30日《人民日报》)。